님께

드림

삶을 풍요롭게 하는 인문학

쉽/게/ 시/작/하/는/ 인/문/학/ 스/케/치

삶을 풍요롭게 하는
인문학

Humanities
for
Life

· 선호상 지음 ·

MIRAE
BOOK

삶을／풍요롭게／하는／인문학

세상을 꿰뚫는
안목의 힘, 인문학

21세기에 들어서면서 지식도 이제 돈 버는 산업 수단으로 전락하고 말았다. 인문학 역시 예외가 아니다. 사상과 역사와 문화를 다루고, 인간의 본성과 삶의 올바른 방향을 제시하는 학문임에도 말이다.

각종 매스컴에서 인문학의 위기를 거론한다. 그런 가운데 또 한편에서는 인문학 공부 열풍이 불고 있다. 이는 기술에 인문학을 접목한 첨단 제품으로 세계를 변화시킨 스티브 잡스 등의 혁신가들 영향 때문이다. 그러다 보니 증권가는 물론 보험업계에서조차 인문학 접목 연구가 활발히 이루어지고 있고, 급기야 대기업에서 인문학 전공자들을 우대하는 현상이 벌어지고 있다. 대학에서는 인문학이 고사 위기에 처했는데, 아이러니하게도 기업에서는 인문학 광풍이 불고 있는 것이다.

대척되는 이 두 현상은 사실 하나의 맥을 관통하고 있다. 동전의 앞면과 뒷면의 차이가 있을 뿐이다. 이는 한마디로 향후 돈 되는 인문학이 살아날 것이라는 이야기다. 좀 더 솔직하게 말한다면, 인문학

은 이제 자본의 시녀로 전락하고 말았다는 이야기다. 애플을 따라잡으려면 인문학을 공부해야 한다는 말이다. 물론 인문학을 전공하는 사람들에게는 참으로 어처구니없는 논리일 것이다. 경쟁사의 기술을 따라잡고 경쟁사보다 더 많은 상품을 파는 데 어떻게 인문학이 그 수단이 되느냐 하는 말이기 때문이다.

인문학을 연구한 한 사람으로서 말하고 싶은 것이 있다. 인문학에 깊이 몰두하면 창의적인 아이디어가 나오고, 인간과 역사에 대한 이해의 수준이 높아진다. 인문학은 본디 세상과 인간을 바라보는 수준 높은 안목을 키워주고, 인간을 인간답게 살도록 하는 학문이다. 그렇기에 역사와 문학, 철학과 예술을 공부한다고 하여 돈을 많이 벌고, 그리하여 부자 대열에 합류하게 되는 것은 아니다. 다만, 분명한 것은 세상을 꿰뚫는 통찰력이 생긴다는 점이다. 인문학은 세상과 사람들 사이에 일어나는 일들을 통합적으로, 유기적으로 바라보는 안목을 길러준다. 그뿐만 아니라 '어떻게 사는 것이 인간답게 사는 것인가?', '인간의 본성은 무엇인가?'에 대한 지식을 준다.

이 책은 대학에서 배우는 무거운 학문으로서의 인문학을 다루지

않는다. 그저 한 인격체로서 어떻게 살아야 하는지, 그 삶의 올바른 방향을 제시하는 나침반 같은 생활 밀착형 학문으로서의 인문학을 밝히는 데 주안점을 두었다. 또한 인문학 본래의 역할을 알리는 데 역점을 두었다. 인류가 세상에 등장한 이후 수많은 사람이 어떻게 살면서 위대한 업적을 남겼는지, 그 역사와 인문의 관련 작품들을 이 책을 통해 파악할 수 있을 것이다.

인문학이 우리 삶과 무슨 관계가 있고 어떤 역할을 하는지 궁금해하면서도 정작 어려운 학문이라는 선입견 때문에 엄두를 내지 못하고 있는 독자들에게 이 책은 그야말로 쉬운 인문학 입문서가 될 것이다. 이 책을 통해 인문학 재발견과 더불어 인문학에 대한 갈증이 풀리길 기대한다.

2014년 11월

선호상

CONTENTS

CONTENTS

1부

인문학의 의미

삶을
느끼게 하는
인문학

살아 있는 사람은 누구나 지금 이 순간을 산다. 인간은 똑같이 오늘 하루만을 손에 쥐고 살아갈 따름이다. 다른 건 몰라도 시간만큼은 모두에게 공평하다. 주어진 시간을 살아가는 것, 딱 그만큼의 삶이다. 세상에 나서 죽을 때까지 시간을 거스를 수 있는 사람은 없다. 그렇기에 우리는 '어떻게 살아야 하는가?'를 놓고 고민할 수밖에 없다. 인문학은 바로 이 물음 때문에 생겨났고, 또 이 물음에 대하여 부단히 답하려 애쓴다.

인문학은 사람을 다루는 학문이자 인생에 대한 학문이다. 인생을 논하고, 사람이 살아가는 모습을 논한다. 어떻게 살아야 올바른 삶일까에 대해 논한다. 그러므로 인문학은 가치 담론이다.

'인간이란 무엇인가?', '인생이란 무엇인가?', '어떻게 살아야 하는가?', '무엇이 더 나은 인생인가?' 등등의 질문에 대한 진지한 성찰이 바로 인문학의 핵심이다. 우리는 알게 모르게 집에서 가족과, 직장에서 동료들과, 술자리에서 지인들과 인문학을 논한다. 사실, 사는 얘기, 사람 얘기, 세상 돌아가는 얘기, 이런 것들 모두가 인문학의 소재다.

❖ 인문학을 통해 삶을 느껴라

삶을 느끼기 위해 인문학적 사고(思考)하기를 즐기자. 인류는 지금까지 인문학적 사고를 거듭하며 살아왔다. 인류는 공부하면서 발전했다기보다는 실은 생각하면서 발전한 셈이다. 앞으로 기술 문명이 얼마나 발전하든지, 사는 모양이 어떻게 바뀌든지 간에 인문학적 사고는 계속될 것이다.

인문학은 단순히 책을 읽고 이해해야 할 지식이 아닌, 삶이자 사람 그 자체이다. 우리는 인문학을 통해 인간을 읽어내야 한다. 진짜로 살아 있는 사람 말이다. 이게 진정한 인문학 공부다.

❖ 인문학이 인생을 바꾼다

돈은 사람을 행복하게 해줄 수도 있지만, 반대로 더 불행하게 만들 가능성 또한 높다. 하지만 인문학은 사람을 행복하게 해줄 뿐만 아니라 절대로 불행하게 만들진 않는다. 그 이유는, 인문학은 삶의 진짜 가치를 가르쳐주기 때문이다. 따라서 인생을 제대로 즐기면서 살고 싶다면 인문학을 배워야 한다.

우리는 매스컴을 통해 삶의 극단까지 떠밀린 노숙자들이 인문학을 배우면서 새로운 삶을 살게 됐다는 걸 안다. 베네수엘라 우범 지대에 사는 아이들이 오케스트라 활동을 통해 삶이 달라졌다는 이야기도 한 번쯤 들어보았을 것이다.

그럼에도 우리는 정작 자신에게도 인문학이 필요하다는 사실을 잘 모른다. 정말로 인문학이 필요한 사람은 공부를 많이 한 이들이 아니다. 하루 종일 육아에 바쁜 엄마들, 입시와 취업에 지친 청춘들, 알바와 스펙에 쫓기는 휴학생들과 취업준비생들, 경쟁에 치여 진지하게 생각할 여유조차 없이 살고 있는 직장인들이야말로 인문학이 절실한 사람들이다. 인문학에는 삶의 문제에 대한 해답이 들어 있기 때문이다.

인문학이 아닌 다른 무엇으로도 삶을 혁신적으로 바꾸지 못한다. 세상은 늘 무엇인가에 의해 쉴 새 없이 변한다. 사람도 예외는 아니다. 세상은 늘 변화를 요구한다. 당신은 무엇으로 당신의 인생을 바꿀 것인가? 그 해답이 인문학에 있다.

인문학은 가장 작으면서도 일상적인 변화를 만들어낸다. 물론 그 변화는 키가 자라는 것처럼 금방 눈에 띄지는 않을 것이다. 하지만 확실하게 삶을 변화시킨다. 삶이 바뀌는 것이 인문학의 진짜 힘이지만 그렇다고 책에 파묻히는 것만이 인문학 공부 방법은 아니다. 진정한 인문학 공부란 지식을 쌓는 데 그치는 것이 아니라 그것을 실질적으로 삶의 경륜과 연결하여 체화하는 것이다.

인문학적 사고를
하라

인간의 가치가 무엇인지 알고 싶다면 인문학을 공부해야 한다. 그러기 위해서는 먼저 인문학적 사고를 해야 한다. 즉, 인문학적 사고를 활용하여 일상에서부터 뒤죽박죽 엉켜버린 삶의 가치들을 찾아보고, 인간다운 삶이 무엇인지 알아봐야 하는 것이다. 사는 자체를 어렵고 골치 아프게 생각할 필요는 없다. 인문학을 알면 인생을 재미있게 살 수 있다.

그러면 먼저 인문학적 사고하기의 몇 가지 기본적인 방법을 알아보자.

첫째, 인문학적 사고는 질문과 상상에서부터 시작한다.

당연한 줄 알았던 모든 것에 질문을 던진다.

'직장인은 왜 9시에 출근해서 6시에 퇴근해야 하는가? 왜 하루에

8시간을 일해야 하는가?'

'가족은 왜 꼭 같이 살아야 하는가? 육아는 왜 엄마가 주로 하는가?'

'학생은 왜 학교를 가야 하는가? 학교라는 수단 없이 다르게 공부할 순 없는가?'

'연애를 안 해도 즐겁게 살 수는 없는가?'

이런 식으로 누구나 한 번쯤 해봤을, 하지만 군이 입 밖으로 내지 못했던 무수한 질문이 바로 인문학적 사고의 도화선이 된다.

둘째, 질문에 그치지 말고 더 실감나게 상상한다.

오전 9시에 출근해서 오후 6시에 퇴근하는 당신의 모습을, 혈연으로 맺어진 가족이 아니라 마음 맞는 사람들과 함께 사는 모습을, 아이를 돌보는 다정한 아빠, 학교에 가지 않고도 집에서 즐겁게 공부하는 광경, 연애하지 않고도 행복하게 사는 모습 등을 상상해본다. 이것은 무조건 현실을 부정하는 게 아니다. 오히려 현실을 잘 이해하기 위해 한 번 더 따져보는 계기가 된다. 이는 상상해봄으로써 머릿속으로 새로운 삶의 모습을 그려보자는 뜻이다. 질문과 상상은 이리저리 뒤바뀐 우선순위와 가치관을 올바로 잡아주는 좋은 수단이 된다.

셋째, 적극적인 표현과 실천적인 탐색을 모색한다.

질문하고 상상한 것들을 할 수 있는 모든 방법으로 표현한다. 마치 옷을 입은 채 바닷가에 풍덩 빠져보듯이 말이다. 이를테면 상상한 것들을 글로 적어보고, 그림도 그려본다. 음악적 재능이 있다면 노래로 표현할 수도 있다. 사진을 찍어도 좋고, 직접 행동에 옮겨보면 더 좋을 것이다. 마음껏 표현하고 알맞은 표현 수단을 찾아보는 것, 이게 진짜 살아 있는 인문학 공부다. 그렇다고 일일이 다 해봐야 하는 건 아니다. 나에게 가장 적절한 방법으로 표현하면 된다.

무엇보다 이미 우리에게는 주어진 질문과 상상의 산물이 있다. 바로 책이다. 인문학 공부의 최선책은 책을 읽는 것이다. 책에는 대부분의 질문과 상상이, 다채로운 이야기로 녹아 있다. 내 질문과 상상을 어떻게 표현해야 할지 모를 때, 책은 아주 유용한 도구가 된다. 책에서 얻은 아이디어를 가지고 내 방식대로 알맞게 바꿀 수도 있다.

책은 나보다 앞서 세상을 살았던 이들의 상상과 표현이 담긴 생생한 보물 창고와도 같다. 그래서 책은 인문학적 사고와 뗄 수 없는 탁월한 무기다. 책을 통해 질문과 상상, 표현과 탐색을 마음껏 펼쳐봄으로써 우리 사회가 암묵적으로 무시하거나 감춰버린 인문학적 가치들을 재발견하는 작업을 하고, 다시금 원래의 가치대로 살아보려고 시도하는 것, 이것이 바로 인문학적 사고인 것이다.

우리는 알게 모르게 뇌리에 박힌 몇 가지 고정관념을 가지고 있다. 고정관념을 버리지 않으면 인문학적 사고를 제대로 맛보기란 힘들다. 인문학적 사고를 할 때에는 다음 세 가지 원칙들을 꼭 지켜야 한다.

첫 번째 원칙은 '모든 것을 돈으로 환산하지 않는다'는 것이다. 자본주의 사회에서는 모든 것이 다 돈으로 환산된다. 그게 규칙이다. 이런 체제에서 우리는 무엇이든지 일단 돈으로 환산하고 보는 이상한 습관을 갖게 됐다.

인간의 가치를 탐구하는 인문 정신을 되살리려면, 인문학을 맛보는 동안만이라도 이 습관을 버려야 한다. 돈으로 환산하는 순간 우리는 인생의 진정한 가치를 놓쳐버리고 만다. 반드시 기억해야 한다. 그 무엇도 돈으로 절대 환산하지 말라. 대신 돈보다 더 중요한 본래 가치가 무엇인지를 찾아라.

두 번째 원칙은 '사물이 아닌 사람을 중심으로 생각한다'는 것이다. 인문학의 주인공은 바로 사람이다. 언제나 사람을 중심에 두어야 한다. 무엇을 먹었느냐가 아니라 누가 먹었느냐가 중요하다. 무슨 일을 했느냐보다 누가 했느냐가 중요하다. 이렇게 모든 것을 사람 중심으로 놓고 생각할 때, 비로소 인문학적 사고의 전환이 일어난다.

세 번째 원칙은 '의심을 가지고 그 이유와 원인을 따져 묻는다'는 것이다. 인문학적 사고의 참맛은 생각하지 못했던 사람의 가치, 삶의 가치를 발견하는 데 있다. 가치를 발견하기 위해서는 아무리 당연하고 새삼스럽더라도 의심을 가지고 물어야 한다. 처음부터 당연한 것은 아무것도 없다. 무조건 그 이유를 따져보자.

인문학은
통찰의
기반이다

삼성그룹의 설립자 고(故) 이병철 전 회장은, 자신은 물론 삼성이 있게 된 원동력으로 《논어》를 꼽았다. 애플의 창업자 스티브 잡스 역시 리드대학 시절 플라톤, 호머, 카프카 등의 인문학 서적을 탐독한 것이 애플을 만드는 데 큰 힘이 되었다고 말하였다. 마이크로소프트의 창업자 빌 게이츠 역시 "인문학이 없었다면 오늘의 나는 존재하지 않았고, 컴퓨터도 없었을 것"이라면서 자신을 키운 것은 도서관이었다고 말하였다. 이처럼 오늘날 첨단과학을 이끌어가는 세계의 선도자들은 너나없이 모두 인문학의 중요성을 거론한다.

뛰어난 통찰력의 소유자 스티브 잡스는 인문학에 대해 아주 의미심장한 말을 하였다.

"인문학과 과학 기술 사이에는 마법이 존재한다. 애플은 항상 인문학과 기술의 교차로에 놓여 있다."

그의 말처럼 애플의 모든 제품에는 인간에 대한 사랑이 담겨 있다. 제품 기술과 인간애, 이 두 가지를 융합하려고 노력하였기 때문에 애플은 모든 사람에게 사랑을 받을 수 있었다.

세계적인 미래학자 대니얼 핑크는 그의 저서에서 인문학의 필요성에 대해 이렇게 역설했다.

'정보화 시대에 성공을 꿈꾸는 사람은 다양하고 독립된 분야와의 관계를 알아야 하며, 새로운 것을 창조하기 위해서는 그것이 무엇이든지 연관성이 없어 보이는 것들을 연관시킬 줄 알아야 한다.'

그는 인문학적 요소와 첨단과학 기술이 만나야 비로소 놀라운 결과물이 나올 수 있다고 말한 것이다.

이제 디지털 시대에 접어들었지만, 첨단 IT 기업의 경영은 인문학과의 접목을 기반으로 해야 한다. 즉, 사람의 마음과 세상의 다양한 현상에 대한 깊은 이해와 그 안목이 경영의 기반이 되어야 하는 것이다. 이를 입증이라도 하듯 최근의 경영학 서적 대부분은 경영과 인문학의 융합을 강조하고 있다. 오늘날 기업에서 인문학을 강조하는 이유는 기업 경영에서 가장 중요한 것이 세상과 사람에 대한 통찰이기 때문이다. 이런 통찰은 인문학에 대한 공부와 연구 없이는 얻을 수 없다.

인류가 지금까지 여러 문제를 해결하고 발전을 거듭하는 데에는 통찰력의 힘이 컸다. 이제 경영 역시 이러한 통찰력이 더 적극적으로 필요한 시대가 되었다. 거듭 말하지만 통찰력을 발휘할 튼튼한 기반이 바로 인문학인 것이다.

자기 정체성
발견을 위한
지적 활동

삶에 관한 열정은 모든 학문의 기초가 되어야 하고 인간의 궁극적 관심이 되어야 한다. 삶에 대한 열정은 인간과 자연을 아우르고 모든 존재를 살리는 길과 연관되어 있다. 그러면 열정이란 무엇을 말하는가에 대해 먼저 이야기해보자.

열정(Passion)이라는 영단어는 라틴어에서 유래된 말로, '내 안에 신(神)을 둔다'는 뜻이다. 자신 안에 있는 신은 사람을 흥분시키고, 잠재력을 발휘하게 하는 원동력이다. 따라서 열정은 불을 기다리는 장작과 같다. 물에 젖은 장작에 불을 붙이기 위해서는 햇빛에 말려야 하듯이, 열정은 인간탐구에 대한 불씨 같은 역할을 한다.

20세기 후반부터 왕성하게 펼쳐진 여러 운동, 즉 시민운동, 녹색운동, 대안교육, 평화운동 등은 모두 삶에 대한 열정에서 비롯되었다. 이런 운동들은 모두 생명을 옹호하는 것으로, 삶의 지평을 확대하는 데 크게 기여하였다. 사람과 자연과의 화해는 물론이고, 사람과 사람 간의 이해와 신뢰는 어떤 형식이든, 인간에 대한 인식을 전제로 한다. 그것을 학문으로 나타낸 것이 바로 인문학이다.

인문학을 한마디로 말하기에는 어려움이 있다. 그러나 분명한 것은 인문학은 인간을 대상으로 하는 연구이자 탐구 작업이라는 것이다. 따라서 인간성이나 인간다움과 관련된, 인간에 대한 성찰이나 문화를 창출하는 인간의 속성 등이 바로 인문학이 지향하는 것이다.

인간의 인문학적 속성은 문학적, 종교적, 미학적, 철학적 가치 추구와 함께 역사적 자기반성의 경험으로 나타난다. 이러한 경험은 문학과 예술, 종교적 믿음과 실천, 그리고 철학적 사유와 역사적, 인류학적으로 표현되고 기록되었다. 따라서 인문학의 대상은 현재까지 존재하는 문학 작품과 예술 작품, 역사, 종교, 철학, 인류학의 저서들이다.

따라서 인문학은 이러한 작품들과 저술들을 통해 인간성을 탐구하고 이해하려는 학문으로 정의할 수 있다. 이러한 탐구와 이해는 인간의 반성과 성찰을 나타내는 표현에 지나지 않는다. 한마디로 인문학은 자기 정체성을 발견하기 위한 지적 활동이다.

2부

인문학의 역사

고대 인문학의
탄생 및
발생 동기

플라톤이 설립한 '아카데메이아'는 세계 최초의 대학이라 일컬을 수 있다. 이렇게 최초의 대학이라 불릴 수 있었던 이유는 이곳 아카데메이아에서 아테네 리더들에게 '인간됨의 본질'에 대해 교육을 실시했기 때문이다.

그리스인들은 예로부터 수사학, 문법, 수학, 음악, 철학, 지리학, 자연의 역사, 체육을 통해 인간됨의 본질에 도달할 수 있다고 믿었다. 그들은 이러한 교육을 통해 이상적인 삶을 지향했다. 다시 말해 교육을 통해 탁월하게 사는 것이 그들의 목표였다.

호메로스가 서사시 《일리아스》와 《오디세이아》에서 거듭 강조한 것도 바로 이 '탁월함' 덕목이었다. '발이 빠른' 아킬레우스의 용기와 '지혜가 뛰어난' 오디세우스의 판단력과 자제력은 모든 그리스인이 본받아야 할 인간됨의 이상이었다. 용기와 지혜로, 탁월한 삶을 사는 것이 아테네 리더들이 지켜야 할 인간 덕목이었던 것이다. 호메로스는 그의 두 서사시를 통해 인간의 본질에 대해서도 물었다.

'당신은 누구인가?'

'당신은 지금 어디로 가고 있는가?'

특히 호메로스의 두 번째 작품 《오디세이아》는 10년간 트로이전쟁을 마치고, 또 10년 동안 온갖 고난을 물리치고 고향에 돌아가는 영웅 오디세우스의 이야기다. 호메로스는 《오디세이아》를 통해 '나는 누구이고, 어디로 가고 있는가?'에 대한 인간의 보편적 고민을 담아냈다. 분명, 호메로스는 최초의 인문학적 고민을 한 사람이며, 인문학적 사상을 잉태한 사람이라고 할 수 있다.

그러나 고대 그리스의 정신은 점차 빛을 잃어갔다. 알렉산드로스 대왕의 동방 원정 이후 그리스-마케도니아 왕국은 분열되었고, 위대한 철학자와 문학자의 존재감도 점

플라톤 Plato

고대 그리스의 대표 철학자. 소크라테스의 제자이자 아리스토텔레스의 스승으로 알려져 있다. 30여 편의 대화록 속에 남긴 이데아론, 국가론 등은 고대 서양철학의 정수로 평가받는다.

호메로스 Homeros

그리스의 서사시인. 그리스 최대의 시성이다. 두 서사시 《일리아스》와 《오디세이아》는 고대 그리스의 국민적 서사시로 그 후의 문학, 교육, 사고에 큰 영향을 끼쳤다.

플라톤 두상

〈소크라테스의 최후〉, 자크 루이 다비드, 1787

차 사라져갔다. 지혜의 향연장이던 그리스의 지적 세계는 폐쇄적으로 변했고, 풍성했던 학문 잔치도 편협한 자기주장에 묻혀버렸다. 소크라테스가 아테네 법정에서 사형 선고를 받은 그 순간부터 이런 불길한 조짐이 보였던 것이다.

인간의 본질을 성찰하며 창조적 사고를 이끌어냈던 그리스의 학문이 폐쇄적이며 배타적으로 변해가고 있을 때, 이에 대한 반발로 신생국 로마에서는 새로운 학문이 싹트기 시작했다. 그 중심에 로마의 법률가, 정치가, 사상가였던 키케로의 인문학이 있었다.

> **소크라테스** Socrates
> 고대 그리스의 대표 철학자. 문답법을 통한 깨달음, 무지에 대한 자각, 덕과 앎의 일치를 중시하였다.

키케로는 '인문학'이라는 용어를 최초로 만들어낸 사람이다. 또한 인문학을 유행시킨 첫 인물이라 할 수 있다. 인문학이라는 개념을 통해 키케로는 로마 사회의 리더가 갖추어야 할 지도자 덕목을 제시했다. 그

키케로 Marcus Tullius Cicero
고대 로마의 문인 · 철학자. 변론가, 정치가로도 활동하였다. 카이사르와 반목하여 정계에서 쫓겨나 문필에 종사했다. 수사학의 대가이자 고전 라틴 산문의 창조자이기도 하다.

리스의 수사학적 전통을 로마공화정 교육에 접목하여, 일반 대중을 설득하고 이끌어가야 할 정치가나 법률가가 갖출 덕목을 제시했다. 여기서 덕목은 반드시 '탁월함'을 요구했다.

키케로는 '시인 아르키아스를 위한 변론'에서 이 '탁월함'을 추구하는 인문학의 효용가치에 대해 설명하고 있다. 이때가 바로 인문학이라는 단어와 그 필요성이 처음으로 제기되는 순간이다.

〈키케로의 연설〉, 체사레 마카리, 1889

아르키아스는 그리스 출신이었지만 시민권을 획득하여 로마에서 시인으로 활동하고 있었다. 그러나 기원전 62년 아르키아스가 취득한 로마시민권이 불법이라며 고소를 당하게 되고 평소 그와 친분이 있던 변호사 키케로가 이에 대한 변론에 나섰다. 이 유명한 변론에서 키케로는 시(詩)를 포함한 인문학의 존재 이유와 목적에 대해 유려한 라틴어 명문장으로 설명했다. 키케로는 로마왕정과 공화정의 위대한 인물들을 차례로 열거한 다음, 이런 인물들은 모두 "탁월함을 습득하고 훈련하기 위해 인문학의 도움을 받았다"고 강조하면서 인문학의 궁극적 목적에 대해 설명했다. 인문학에 관하여 이보다 더 정확하게 표현한 사람은 없을 것이다.

인문학은 출발할 때부터 인간에 의해서, 인간을 위해서만 존재하였다. 인문학은 젊은 사람들의 마음을 바르게 잡아주고, 나이 든 사람들의 마음을 평온하게 해준다. 무엇보다 우리가 아무리 어려운 시련을 당해도 마음의 평안을 이끌어내 시련을 극복하는 힘을 주고 종국엔 풍요로운 삶을 가져다준다.

암흑기,
중세의
인문학

로마 시대의 키케로가 그토록 강조했던 인문학의 존재 이유와 필요성은 중세 시대 사람들의 머릿속에서 점차적으로 잊히게 되었다. 이른바 '암흑기'가 유럽 전체에 도래한 것이다. 이로써 인간됨의 본질에 대한 성찰은 개인의 종교적 책무로 돌리는 전환기를 맞이한다. 키케로가 추구하던 리더의 덕목을 고양하기 위한 인문학적 교육의 중요성이 교회 지도자인 사제를 위한 교육으로 대체되었다.

1348년부터 전 유럽을 강타한 흑사병의 공포도 인문학에 대한 관심을 쇠퇴시키는 요인으로 작용했다. 인구의 3분의 1이 흑사병으로 죽어나가자, 중세 유럽인들은 너나없이 죽음의 공포에 시달렸다. 언제 다가올지 모르는 죽음의 심판대를 상상하며 그저 천국행을 바라면서 전전긍긍 하루하루를 보낸다. 인간됨의 의미 성찰은 뒤로하고 종교적 의무감에 시달렸기에 자연히 인문학에 대한 관심은 급격히

줄어들었다.

당시 중세 학문은 신앙 증진을 위한 교회의 도구로 활용되었기에 '신에 대한 학문'이 주류를 이루었다. 종교가 모든 것의 우위에 있었던 만큼 사고 또한 종교적으로 하였다. 종교가 범람했던 중세는 당연히 인문학이 제대로 존재할 수 없는 시대였다.

이를 두고 페트라르카는 '암흑기'라고 표현했다. 그는 《데카메론》의 저자 보카치오와 더불어 폐쇄적으로 변한 중세 인문학에 다시 불을 지핀 인물로, 르네상스 인문주의 운동의 아버지로 불리는 14세기 이탈리아 문학가다. 그는 고전을 즐겼으며 도서관을 지어 토론의 장을 마련하기도 했다. 그가 말년(1338년)

페트라르카 Francesco Petrarca
이탈리아의 시인 · 인문주의자. 교황청의 계관시인이 되었다. 성 아우구스티누스와의 대화 형식인 라틴어 작품 《나의 비밀》을 집필하였고, 이탈리아어로 된 서정시 《칸초니에레》로 소네트의 극치를 보여주었다.

에 쓴 편지에는 다음과 같은 글이 적혀 있다.

'내 시대를 잊기 위해 끊임없이 나 자신을 다른 시대의 분위기 속으로 몰아넣었으며, 그 결과 역사 속에서 나는 기쁨을 느꼈다.'

여기서 잠시, 페트라르카와 더불어 르네상스 인문학의 초석을 다져놓은 피렌체 출신의 인문학자 보카치오의 대표작 《데카메론》을 소개하고자 한다.

이 이야기의 무대는 14세기 흑사병이 만연해 있던 피렌체다. 죽음의 공포 속에서 일곱 명의 젊은 부인과 세 명의 청년이 전염병을 피해

보카치오 Giovanni Boccaccio
이탈리아의 소설가. 근대소설의 선구자로 칭송된다. 《데카메론》은 명실상부한 산문의 본이 되었다.

시골 별장으로 들어간다. 이들은 10일 동안 무려 100편의 이야기를 서로 주고받으며 생활한다. 이 이야기 속에는 인간의 자유로운 본능과 욕망, 그리고 그 시대상이 잘 반영되어 있다. 《데카메론》에 다음과 같은 말이 나온다.

'키스를 받은 입술은 윤기를 잃지 않는다. 오히려 달처럼 더욱 빛난다.'

이처럼 《데카메론》에는 인간 본능에 충실한 표현들이 꽉 차 있다. 그러나 지나치게 선정적 내용을 담고 있던 탓에 당대 문인들에게는 외면당했다. 그럼에도 불구하고 대중의 마음속에 계속 파동을 쳤고, 그렇게 사랑받았으며 마침내 새 시대를 대변하는 작품으로 자리매김하였다.

보카치오 동상

인문학자로서 보카치오가 본격적으로 활동한 것은 역시 1350년 밀라노에서 만난 페트라르카의 영향이 컸다. 보카치오는 페트라르카와 인문학 활동을 펼치며 그리스 출생의 인문학자 레온티우스 필라투스를 피렌체로 초청했다. 그러고는 1360년 레온티우스를 유럽 최

1467년 파리에서 발간된
《데카메론》의 삽화

초의 그리스어 교수로 임명했다. 그렇게 보카치오에 의해 유럽 역사
상 처음으로 그리스의 사상이 그리스인에 의해 직접 소개되는 계기
가 마련되었다.

레온티우스 필라투스는 1360년대 초, 최초로 호메로스의 《일리
아스》와 《오디세이아》를 라틴어로 번역하여, '탁월함'을 추구하던 고
대 그리스 정신을 이탈리아에서 부활시켰다. 그는 보카치오와 함께
파도바에 체류하고 있던 페트라르카를 찾아가 자신이 번역한 호메로
스 서사시의 라틴어 번역본을 증정했다. 그리고 페트라르카는 그를
콘스탄티노플로 보내 그리스 원전을 수집하도록 부탁했다.

동서 문명의 교류라는 막중한 임무를 성공적으로 마치고 이탈리아로 귀환하던 레온티우스는 1366년 베네치아에 거의 다 도착할 즈음, 불행하게도 벼락을 맞아 사망한다. 그러나 그가 처음으로 번역한 호메로스의 두 저서와 비잔틴 문명에서 보존하고 있던 그리스의 철학적 전통은 서유럽인들에게 그리스 인문학을 부활시키는 계기가 되었다.

근대
인문학의
탄생

근대 인문학은 근대 자연과학의 출현과 함께 새로운 학문으로 탄생했다.

서양의 전통에 따라 문학의 경우에는 주로 수사학을 통해 연구되어왔다. 따라서 한 작품을 다루더라도 작품 그 자체보다는 수사학적 설득을 위한 도구로, 또는 도덕적 모범의 사례로 취급되어왔다. 또한 역사는 과거에 있었던 인물이나 사건에 대한 서사적 담론이었고, 철학은 어떻게 살 것인가를 보여주는 삶의 기술과 방법의 하나로 사람들에게 인식되고 사랑받아왔다. 이처럼 고전적인 인문학은 대체로 주어진 공동체적 삶의 틀 안에서 각각 역할을 제대로 수행할 자질을 키우는 데 집중되었다.

그러나 근대 인문학은 여러 다른 근대 학문과 함께 엄밀한 탐구 방법과 탐구 대상이 있는 하나의 학문으로 스스로의 자리매김을 새롭게 시도했다. 그리하여 마침내 단지 창작이나 작품을 읽고 감상하는 수준을 넘어서 이러한 문학적 산물을 대상으로 삼는 문학 연구와 실증적 연구 방법론을 채택한 사회학과 더불어 엄밀한 학문의 이념을 표방한 근대 철학이 자리 잡기 시작했다.

또한 경건한 삶과 예배 행위가 '종교'라는 이름으로 불리기 시작하면서 예컨대 기독교, 불교, 힌두교 등을 연구하는 종교학이라는 분야가 탄생되었다. 그리하여 근대 인문학은 다른 여러 학문과 마찬가지로 하나의 과학이 되었다. 우리가 지금 이 땅에서 하고 있는 인문학은 이렇게 서양에서 오랜 변화와 함께 굴곡을 거친 것이었고, 우리는 그것을 고스란히 수입했던 것이다.

전환기를 맞이한 인문학, 그리고 위기

앞서 언급했듯, 인문학은 '인간'에 대한 시점에서 출발했다. 모든 학문은 인간이 이룩한 문명과 더불어 발달해왔다. 고도로 문명이 발달하면서 그에 따른 인간에 대한 연구 역사 또한 깊어졌다. 그러나 장구한 세월 동안 학문 업적이 축적되는 과정에 연구 방법이 다양화되기는커녕 오히려 과거 습성에 머무르는 경향이 있다. 기존에 '옳다'라는 기준으로 정립된 이론도 시대가 변하면 '아니다'라고 재해석할 수 있는 유연성도 필요한데, 인문학계 현실은 그렇지 못하다. 또 시대 변천에 따라 혁신적 새 연구 방식도 나올 법한데 '연구의 엄밀성'을 유지하라는 기존 전문가 집단에 의해 독창적인 새 연구 방식은 제대로 평가받지 못하고 현실에서 결국 밀려나는 경우도 발생한다.

물론 전문가를 위한 학문적 가치가 높은 연구도 분명 필요하다. 그러나 너무 전문적인 연구에 치중하다 보면 학문의 깊이는 더해질

지 모르나 이에 치중한 나머지 일반 대중에게서 멀어지고 만다. 대중은 변천해온 역사 속에서 어떻게 우리 인간이 가족과 사회를 이루며 그 과정 속에서 좌절하지 않고 위기를 극복해왔는지, 그 중심에 서 있는 인간에 대해 알고 싶어 한다. 그리고 그러한 관심은 더욱 커져만 간다. 자기 모습을 과거의 역사와 현재, 미래와 연결하며 막연한 '앎'에 대한 동경을 하면서 이러한 앎을 토대로 삶에 대한 가치를 부여했다. 즉, 인간 사회를 정립하는 정의, 진리, 도덕의 끈을 놓지 않았다.

이른바 세계화 현상이 심화되면서 이런 인문학계의 전문화 현상은 더욱 강화되고 있다. 이제 국내 대학끼리의 우위경쟁도 무의미해졌고 아시아 10대 대학, 세계 100대 대학 등의 구호가 한국 캠퍼스에 등장하기 시작했다. 그에 걸맞은 학자와 교수 집단의 전문성은 더욱 강화되었다. 일반인들이 이해하기 힘든 전문가들의 저술과 논문이 쏟아져 나왔다. 자연스럽게 전문가들은 일반 대중이 원하는 인문학적 관심과 요구에 대해 등을 돌리고 오로지 전문가들을 위한 저술과 논문 발표에 혈안이 되어 있었다.

❖ 극단에 이르러서 맞이하는 전환기

늘 그렇듯 모든 것이 극단에 이르렀을 때 새로운 전환기를 맞이하는 법이다. 이런 학문의 전문성과 경직성이 정점에 달했을 때, 이른바 '패러다임의 전환'이 도래하고 학문 또한 새 도약의 계기를 마련하게 된다. 학계도 인간 집단이기에 일반인들이 어떤 학문을 원하는지 영원히 등을 돌릴 수는 없었던 것이다. 인문학의 역사도 그러했다. 인간 본질에 대한 일반인들의 당연하고 정당한 관심이 전문 연구가들에게 외면당했을 때, 역설적으로 인문학 또한 새 전환기를 맞이했다. 지금 한국에서 불고 있는 '인문학 열풍'은 경직된 전문가 집단의 인문학 연구에 대한 반발에서 나온 측면이 있다.

❖ 인문학의 위기

일반적으로 거론되는 인문학의 위기는 주로 인문학의 사회적, 경제적 유용성과 관련되어 있다. 즉, 문과 대학생 출신들이 비문과 대학생 출신보다 입사시험 응시 자격에서부터 더 많은 제한을 받는다든가, 인문학 관련 분야에 대한 연구비가 다른 분야에 비해 적다든가, 인문학 분야의 학자 지망생이 비인문학 지망생보다 실질적으로 그 수가 떨어진다고 하는 것 등은 인문학이 지금 사회적으로나 경제적으로 받고 있는 홀대를 단적으로 보여주는 방증이다. 이런 현상이 인문학의 위기를 초래한 것이다.

하지만 인문학이 처한 현재의 사회적, 경제적 유용성의 위기는 아무리 강조해도 그것이 인문학 자체의 성격에서 기인한 위기라고는 말할 수 없다. 사실, 어떤 학문이든 간에 사람들의 인정과 존경뿐만 아니라 경제적 이득으로 연결되기를 바라는 것은 자연스러운 일이다. 하지만 위의 사항들을 획득하기 어렵다는 이유로 그것을 곧 학문의 위기로 치부하는 것은 옳지 않다. 그것은 어디까지나 외적인 위기일 뿐, 결코 그 학문 자체의 유일한 사명을 실현하지 못하거나 기능을 수행하지 못한 데서 오는 내적인 위기는 아니라는 말이다.

❖ 인문학의 내적 위기

인문학의 내적 위기는 인문학도 과학이 되고자 했던 데서 온 위기다. 다시 말하면 인문학이 스스로 과학이 되고자 함으로써 원래 인문학이 겨냥한 목적을 이루어내지 못해서 일어난 위기인 것이다. 그리하여 인문학은 도덕적 판단을 위시한 가치 판단과 인간 의식과 내면성, 그리고 인격적 인간 자체를 배제해버렸다.

'과학성'이라는 요구를 수용하기 시작하면서 인문학은 더 이상 인문학이 되기를 포기했고, 진정으로 인문학을 필요로 하는 사람들과는 다른 길로 가버렸다. 다시 말해 인문학의 일부분인 철학은 삶의 의미에 관한 문제에 관여하기보다는 논리 분석의 도구가 되어버렸고, 종교 역시 어떤 종교적 헌신이나 참여 없이 그저 국외자로서 종교 현상을 기술하는 과학이 되어버렸다. 또한 언어 연구는 언어의 형식적, 구조적 측면만을 강조하여 현대 사회 속에서 유용한 의사소통의 수단으로써 그 기능만을 다루게 되었다. 역사 연구 역시 실증적 자료에만 얽매여 단지 현재를 이해할 배경으로 과거를 다루는 것에 치중해버렸다.

근대 인문학은, 요약해서 말하면 자기 인식과 자기 이해, 그리고 자기 형성을 위한 길에서 벗어나 여타 다른 과학처럼 인간이 남긴 여러 표현들, 즉 사상, 종교, 역사, 문학을 대상으로 연구하는 활동에 그쳐버렸다.

3부

인문학의 필요성

인문학을
가르쳐야 하는
세 가지 이유

인문학이 표류하고 있다. 노를 젓는 사람들은 많지만, 대부분의 사람이 목표와 방향을 잃고 있다.

방향에 대해서 생각하지 못하는 것은 지금처럼 급변하는 시대에는 위험한 일이다. 이 배가 새로운 여행을 생각하지 않고 오랫동안 정착해온 것이라면 방향에 대한 논의는 불필요하다. 하지만 끊임없이 움직이는 중이고, 관점이 항상 변해왔다면 방향에 대해 숙고하지 않으면 안 된다.

오늘날 스티브 잡스 등의 혁신가들 영향으로 인문학이 많은 사람의 관심 대상이 되어 있고, 특히 대기업에서 인문학 전공자들을 선호하는 경향이 짙어졌다. 그러나 멀리 내다볼 때 여전히 인문학의 위기는 아직 해소되지 않았으며, 표류하고 있다고 하겠다.

그렇다면 과연 인문학을 우리 후세들에게 가르쳐야 하는 이유는 무엇일까?

첫째, 인문학은 인류의 위대한 작품들을 보존하고 양육하는 것이기 때문이다.

인문학을 가르치는 일은 인류의 역사와 업적에 대한 숭배에서 우러나온 경건한 행위이다. 물론 그렇다고 과거 지향적이 되어서는 안 된다. 여기서 중요한 점은 무엇을 가르칠 것인가의 문제가 아니라 어떤 마음으로 가르칠 것인가이다. 만약 교수가 비극 시인들과 렘브란트, 모차르트 등에 생기를 불어넣고, 학생들에게 이들의 인간성과 타인에 대한 예민한 감수성을 접하게 해준다면, 그 교수에게 학생을 인간답게 만들어줄 기대를 해도 괜찮다고 생각한다.

둘째, 인문학이 삶의 방향과 밀접하게 관계되어 있기 때문이다.

철학과 종교, 문학과 예술은 삶의 목표와 실존의 이유, 그리고 인간의 궁극적 목적을 다룬다. 이것들에 대한 올바른 해답이 이미 최종적으로 주어져 있고, 그것을 비판 없이 분명하다고 믿는 사람들은 다른 대안을 공부할 필요가 없을 것이다. 그러나 인류 역사상 많은 사람이 그 대안에 관심을 갖고 연구해왔다.

사실, 그 대안에 대한 관심은 이미 2,000여 년 전에 유대교의 지도자인 랍비들에 의해서 시작되었다. 이들은 성서에 제시된 해답을 믿었지만 끊임없이 다른 대안도 찾으려고 했다. 그 후 중세 시대 때 학자들은 그 뒤를 이어 또 다른 대안을 구하고자 했다. 결국 이들이 구했던 대안들은 멀리 나가지 못하면서 오늘날 우리에게 주어진 과제가 되고 만 것이다.

문학을 가르치는 것으로부터 자신의 인생 목적이 지닌 문제들을 대면하는 것에 실패했다면 다른 더 큰 문제를 만날 수 있다.

셋째, 인문학에는 비전이 있기 때문이다.

겉으로 보기에는 이것이 불가능해 보이고, 비전은 소수의 사람만이 소유한 것이고 그 밖의 사람들은 그저 구경꾼에 불과하다고 생각할 수 있다. 그러나 이는 참으로 잘못된 생각이다. 비전은 누구나 소유할 수 있으며, 누구나 그것을 이룰 수 있다. 이 비전을 심어주고 현실화하도록 이끄는 것이 바로 인문학의 임무다.

인문학을
가르치는
효과적인 방법

전형적인 인문학 수업들은 대개 강의, 독서, 토론으로 이루어져 있다. 이것은 상당히 모범적인 것이지만 그중 가장 중요한 부분은 독서다. 강의와 토론은 보조적인 것이지만 이것들을 불필요하다고 여긴다면 인문학을 가르치는 대학들 또한 필요가 없을 것이다. 도서관만으로 충분할 테니까 말이다.

먼저 사람들은 스스로 독서하는 방법에 대해 배워야 한다. 따라서 강의와 토론은 사람들에게 독서법을 가르쳐주고 그들이 혼자 읽을 때보다 많은 것을 독서에서 얻어낼 수 있도록 고안해야 한다.

어떤 사람들은 개별지도 방식이 인문학 공부의 방법이라고 하지만, 이 방법에는 뛰어난 지도교수가 전제되어야 한다. 만약 지도교수가 그저 그런 사람이거나 형편없는 사람일 때는 다른 해결책이 없다. 왜냐하면 학생은 일주일에 한 시간, 또는 격주로 두 시간을 그와 붙어 있어야 하고, 학생은 자신이 원하는 수업을 선택할 수 없기 때문이다. 게다가 만약 그 지도교수가 20대에 선발된 것이라면, 대략 40년을 그 자리에 머물러 있게 된다. 이런 자리에 이직율은 아주 낮은 편이기 때문이다. 이렇듯 학부생들은 2년 동안 서로 다른 성향의 다양한 교수와 접촉하기보다는 두세 명의 지도교수만을 만나게 된다.

강의 수업 역시 매우 문제가 많다. 대부분 시간 허비일 경우가 많다. 만약 교수가 강의 내용을 글로 쓰지 않았다면, 그것들은 과제로 대체될 프린트 자료보다 질적으로 열등한 것이 될 확률이 높다. 그리고 만일 교수가 이미 강의 내용을 책으로 낸 적이 있다면, 학생들에게 쉽게 읽어보도록 할 수 있기 때문에 강의에서 굳이 그 내용을 읽어나갈 필요가 없다. 만일 교수가 자신이 자료를 청중에게 읽어주는 것에 특별한 재능이 있다면, 그의 강의를 녹화해서 학생들이 어디에서든 이용할 수 있게 만들 수 있다. 반대로 교수에게 그런 재능이 없다면, 이 교육 방법은 갈수록 빈약해질 것이다.

이럴 경우 학생들에게 진부한 라이브 강의보다 훌륭한 녹화 강의가 훨씬 더 도움이 되는 것은 아닌지 자문해보아야 한다. 강의에 소질이 없는 사람이 수십 년 동안 강의를 하고 학생들에게 소외감을 느끼게 하는 것이 이치에 맞는 일은 아니다. 형편없는 교수의 비율을 줄이기 위해서라도 무엇인가를 해야만 하는 것은 적어도 분명해 보인다.

확실한 해답 한 가지는 일반적인 강의 형식으로 50분간 중단 없이 이어져서는 안 되고, 토론과 병행해야 한다는 것이다. 물론 여기에도 문제는 생긴다. 왜냐하면 이들은 교수의 이야기를 듣고 싶어 하기 때문이다. 이런 문제는 젊은 동료 교수나 대학원 학생들이 주도하는 소그룹의 토론 시간을 따로 만들거나 강의 중간에 짧게 질문을 받으면서 진행하면 해결할 수 있다. 그리고 만약 많은 학생을 상대로한 강의라면 서면으로 질문을 받아서 강의 초반이나 후반에 교수에게 건네도록 할 수도 있다.

이제 남은 문제는 '교수가 질문에 대답하지 않는 동안 무엇을 시도해야 하는가?'이다. 그것은 당연히 학생들에게 대체물로 읽도록 요구한 교재나 소논문으로는 할 수 없는 것이어야 한다. 즉, 교수는 학생들이 마주하게 된 새로운 관점에 생기를 불어넣기 위해 혼신을 다해야 하고, 자신의 피와 영혼, 생동감을 쏟아부어야 한다.

학생들은 가능하면 스스로 작가들의 작품을 읽어야 한다. 그러나 이때 불편한 점은 의견이나 주장들이 쉽게 간과된다는 것이다. 모든 독자는 자신이 좋아하는 것만을 보려 하고 불편한 것은 보지 않으려는 경향이 있다. 거의 대부분의 사람은 작가 역시 자신과 같은 인간이라는 것에 대해서 생각하지 않는다. 교수는 이 모든 점을 바로잡기 위해 노력해야 하고, 그들과 그다지 다르지 않은 작가들이 어떻게 그런 생각을 할 수 있었는지를 학생들에게 보여주어야 한다. 또한 학생들이 텍스트에 맞서면서 자신의 목소리를 갖도록 해야 한다.

시대별
인문학이 갖는
의미

인문학은 그리스 시대, 로마 시대, 그리고 르네상스 시대를 거치면서 각각 그 시대의 경직성에 저항하고 새로운 인간에 대한 이해를 시도해왔다.

그렇다면 이 시점에서 우리는 지금 대학에서 목격되고 있는 인문학의 급격한 쇠퇴 현상에 대해 생각해보아야 한다. 그리고 상아탑과는 반대로 일반 대중에게서 인문학에 대해 폭발적으로 관심이 높아가고 있는 점에도 주목해야 한다.

일반 대중 사이에서 인문학에 대한 관심이 고조되고 있는 것은 우리 시대의 학문이 그만큼 경직되어 있음을 보여주는 것이다. 동시에 이 경직성에 저항하다 보면 '인간에 대한 관심'이 상대적으로 증폭된다는 사실을 깨닫게 된다. 이렇게 시대에 따라 인문학을 내세우는 방법이 달라졌다.

그렇다면 이 인문학은 어떤 기본적 가치와 목표를 추구하며 변천해왔을까? 전 시대를 관통하며 모든 인간에게 요구되던 인문학적 성찰의 본질은 과연 무엇일까? 그리고 시공을 초월한 본질적인 '인간에 대한 관심'은 어떤 내용을 포함하고 있는 것일까? 이 세 가지 질문은 시대를 떠나 인문학이 대답해야 할 기본적 명제다. 이제 이 명제에 대한 해답을 시대별로 찾아보자.

❖ 역사 발전과 함께 인간에 대한 연구가 활발해지다

르네상스 시대의 인문학자들은 인간이 되기 위한 덕목으로 역사, 도덕, 철학, 문법, 수사학, 시를 공부해야 했다. 청소년들은 이러한 교육 과정을 거치며 어른이 되어 그 사회 조직의 리더가 될 수 있었다. 이러한 분류는 역시 고대 로마 시대의 인문학을 그대로 본뜬 것이다. 즉, 로마 시대의 '후마니타스(인문학)'가 요구하던 기본 과목과 일치한다. 키케로를 포함한 로마의 인문학자들도 역사와 도덕적 판단력, 그리고 대중을 설득시키고 정책을 효과적으로 설명하기 위해 '잘 쓰고 잘 말하는 법'을 배워야 한다고 강조했다.

키케로의 인문학을 15세기에 다시 부활시켰던 피렌체 인문학자들은 1428년 대학 교과 과정을 혁신했다. 기존의 의학, 천문학, 논리학, 문법, 법률의 학문체계에 도덕, 철학, 수사학 및 시학을 새로 추가했다. 이러한 변화는 피렌체는 물론이고 이후 전 유럽 대학으로 퍼져나갔다. 그리하여 18세기까지 영국과 프랑스의 대학에서 인문학 교과 과정으로 정착되었다.

이때의 인문학 분류가 지금 우리가 말하는 이른바 '문사철(文史哲)'의 기원이 되었다. 아직도 많은 사람이 인문학이라고 하면 문사철을 떠올리는데, 이것은 18세기 이후의 발전 방향 때문이다. 그리고 실제 인문학은 대학의 문사철을 위한 것이 아니라 그 사회나 조직의 리더를 기르기 위한 방편이었다.

르네상스 시대의 인문학 기본 과목인 문법, 수사학, 시는 모두 '잘 쓰고 잘 말하는 법'을 세부 학문으로 분류한 것이다. 이런 의미에서 르네상스 시대 인문학의 기본 과목은 로마 시대의 '재탄생', 즉 '르네상스'인 셈이다.

인문학의 기본 분야를 이처럼 크게 세 분류로 나누던 방식은 이른바 '문사철'이라는 대학의 인문학 기본 분야와도 일치한다. 각 기본 분야가 추구하는 정신을 한 단어로 요약하면 다음과 같다.

	르네상스 시대	근대와 현대	추구 정신
역사로부터 얻는 지혜	역사	역사	진
도덕적 판단력	도덕, 철학	철학	선
글과 말로 대중을 설득하는 능력	문법, 수사학, 시	문학	미

이를 한 문장으로 정리하자면, 시대와 공간을 초월하는 인문학적 성찰의 기본 정신은 '탁월함'의 추구를 통해 '진선미(眞善美)'의 삶을 사는 것이다.

❖ 진선미의 삶이란 무엇인가?

'탁월함'의 추구를 통해 진선미의 삶을 사는 것이란 과연 무엇일까? 그것은 그리스 시대의 현자들이 추구하던 진리의 세계, 키케로를 비롯한 로마 시대의 리더들이 추구했던 윤리적이며 선한 삶, 그리고 옛 시대의 탁월함이 재탄생하던 르네상스 시대의 아름다움에 대한 추구를 뜻한다. 인문학적 성찰을 한다는 것은 결코 우리가 대학에서 전문 연구자들이 수행하는 인문학 연구를 하는 게 아니다. 탁월함을 추구하여 진선미의 삶을 사는 것이다.

탁월함을 추구하여 진선미의 삶을 살기 위해서 우리는 다시 그리스 시대, 로마 시대, 르네상스 시대로 돌아가서 인문학의 첫 샘물을 길어 올린 현자들을 만나야 한다. 내가 과연 누구인지, 진실로 나 자신의 본질을 깨닫고자 노력했던 그리스의 서사시인 호메로스, 이성적 판단을 통해 도덕적인 삶의 의무를 강조했던 로마의 철학자 키케로를 만나야 한다. 그리고 위대한 아름다움의 흔적을 남기면서 미래의 기준이 되었던 르네상스의 천재 예술가 미켈란젤로 등등 이들이 바로 우리를 진정한 인문학 세계로 인도하는 안내자이다.

인문학은 출발 그 순간부터 인간을 위해 존재했다. '젊은 사람들의 마음을 바르게 지켜주고 나이 든 사람들의 마음을 행복하게' 해줄 뿐만 아니라 우리가 시련과 역경에 처해 있을 때 '마음의 안식과 평화'를 주는 원천이 바로 인문학이다. 그래서 그 옛날 키케로는 시련을 극복하고 불굴의 용기를 주는 힘이 인문학에 있음을 강조하였던 것이다.

인문학을
특별히 공부해야 하는
사람들

삶의 가치와 의미를 찾는 사람이라면 누구나 인문학을 공부해야
한다. 그럼에도 특별히 공부해야 할 사람을 분야별로 꼽자면 다음과
같다.

❖ 기업의 모든 책임을 지고 있는 경영자

경영 활동에서 끊임없이 내려야 하는 의사결정은 일반 사람들이
생각하는 것처럼 단순하지는 않다. 수치로 손익을 가늠할 수 없는 의
사결정이나 장기적인 안목으로 의사를 결정해야 하는 것부터 시작해
윤리 문제, 환경 문제 또는 국가의 이익 심지어 자기 본인의 이익과
부딪히는 문제까지 실로 다종다양한 문제를 끊임없이 해결해나가야
한다. 이런 문제들에 대한 정답은 사실 따로 있을 수 없다. 경영학 교

과서를 들춰보더라도 원론적인 이야기들만 나오지, 기업 현장에서 다양한 가치들이 충돌하는 문제들에 대한 답은 나오지 않는다.

이때 경영자가 현명한 의사결정을 내리는 데 도움이 되는 것이 바로 인문학이다. 인문학에는 인류사가 시작된 이래 존재했던 수많은 경영자가 등장한다. 역사의 경영자들은 갈등의 순간마다, 절체절명의 순간마다 최선의 최종적인 의사결정을 내렸다. '최종적인'이라는 것은 그 누구에게도 책임을 전가할 수 없는 고독한 의사결정을 의미한다. 어느 쪽을 택하든, 어떤 행동을 취하든 본인이 모든 책임을 부담해야 한다.

의사결정의 결과는 위대한 성업으로 이어지기도 하고 때로는 돌이킬 수 없는 패망으로 이어지기도 했다. 그 의사결정의 결과가 바로 지금 우리가 읽고 있는 역사다. 지금 기업의 경영자들이 내리는 의사결정과 본질적으로 다르지 않다. 경영자들이 《로마제국 쇠망사》를 읽고, 사마천의 《사기》를 읽으며, 처칠의 자서전을 읽는 이유가 바로 여기에 있다.

경영자에게 인문학이 필요한 분명한 이유는 세계화 때문이다. 글로벌화가 빠른 속도로 진행되면서 요즘 기업들은 그 규모에 관계없이 경영 활동의 범위가 국제화되고 있다. 이는 사업 기회가 확대되었다는 긍정적인 의미도 있지만, 반대로 경쟁 범위와 경쟁 상대가 확대되고 있다는 의미도 된다. 사업 범위가 국내에만 머물던 예전에는 한국 사람들에 대해서만 잘 알면 됐는데, 이제는 외국 사람들에 대해서도 잘 알아야 한다는 얘기다.

그러다 보니 경영자 모임에서 한동안 유행했던 것이 바로 와인

특강이다. 서양 사람들의 문화를 잘 알아야 그들과 비즈니스를 잘할 수 있는데, 문화 중 일상적으로 접하는 것이 식문화 그리고 그 식문화 중에서 빠지지 않는 것이 와인이니, 결론은 와인에 대해 좀 알아야 촌티도 벗고 비즈니스도 잘될 거라는 생각에서 와인을 공부한 것이다.

물론 서양의 문화에 와인만 있는 것은 아니다. 위스키도 있고 버터도 있고 그림도 있고 조각도 있고 건축도 있고 축제도 있다. 와인 말고 조각이나 그림이나 건축은 또 어떻게 공부할 것인가? 또한 비즈니스를 하다 보면 서양 사람만 만나는 것이 아니다. 중국 사람도 만나고 유태인도 만나고 인도인도 만난다. 그렇다면 이들과 비즈니스를 하기 위해서 와인 말고 또 무엇을 배울 것인가? 와인을 아는 것이 당장 유용할지 모르나 그것은 어디까지나 지엽적인 것일 뿐이다.

외국 사람들을 제대로 알기 위해서는 그들 문화의 바탕을 알아야 한다. 서양이면 성경과 그리스 로마 신화, 그들의 철학을 알아야 한다. 중국이나 일본이면 유교와 도교 그리고 불교와 그들의 역사 같은 것들을 알아야 한다. 이런 주제들이 인문학에서 가장 큰 비중을 차지하는 테마들이다.

기업은 글로벌화되어가고 있는데 경영자는 로컬에 머물러 있다면 결국 그 기업은 진정한 글로벌을 이루기가 어렵다. 지금도 그렇고 역사를 통해 봐도 그렇다. 조직은 최고경영자의 그릇 크기대로 성장할 수밖에 없다.

❖ 경영자를 꿈꾸는 일반 사원

경영자들뿐만 아니라 일반 사원들에게도 인문학 학습은 꼭 필요하다. 내일의 경영자이기 때문만이 아니다. 기업 경영 활동에서 실제로 손발이 되어 뛰는 이들은 바로 현장에서 일하는 사원들이기 때문이다.

21세기 조직 활동에서 조직원들에게 기본적인 소양 외에 가장 요구되는 것은 창의력이다. 기업의 경쟁력을 높이기 위해서는 핵심 역량을 가져야 하고, 이 핵심 역량은 궁극적으로 사원들의 창의성에서 나올 수밖에 없다. 사원들의 창의성을 높일 절대적인 방법은 없다. 다만, 가장 가능한 방법으로 독서가 있을 뿐이다.

일단 새로운 지식이나 관점 또는 아이디어가 머릿속에 들어가야 거기에서 창의성이 발현될 수 있다는 점에 대해서는 누구나 동의할 것이다. 아무것도 들어간 것이 없는데 무엇인가 나온다면 그것은 자연의 법칙이 아니다. 창의력을 높일 기술적인 부분과 함께 독서 경영이 병행되어야 된다. 그리고 독서에서도 인문학 학습에 비중을 많이 두어야 한다.

21세기에 가장 창의력이 뛰어난 인물로 평가되는 스티브 잡스가 아이패드 I 과 아이패드 II 를 발표할 때 자신의 창의력의 원천이 인문학이라는 것을 거듭 강조한 데는 그만한 이유가 있었다. '시카고 플랜'이라는 인문학 프로젝트가 70명 이상의 노벨상 수상자를 배출한 원동력이었다는 시카고대학교의 발언만 보더라도 인문학이 창의성의 모태라는 것은 확실히 입증되었다고 할 수 있다.

조직원들이 인문학을 공부해야 하는 또 다른 이유는 그들 자신의 행복을 위해서다. 21세기 경영에서는 경영 성과를 매출 증가나 이익 증대 등으로 잡지 않고 직원들의 만족도로 가늠하는 경우가 많다. 어떤 특정 요인이 매출이나 이익 증대에 직접적으로 어떻게 기여했는지 그 인과관계를 밝히기가 어려워 직원들의 만족도 증가로 나타내는 것이기도 할 수 있으며, 실제 직원들의 만족도 증가가 경영 성과에 상당한 영향을 미치기 때문에 그렇게 간주하는 것이기도 하다.

어쨌든 오늘날 경영 성과를 높이기 위해서는 직원들의 만족도를 높이는 것이 매우 중요하다. 그리고 인문학 학습으로 직원들의 행복도와 만족도를 높일 수 있다. 인문학 자체가 인간에 대한 이해도를 높이는 학문이기 때문에 자기 자신에 대한 이해와 함께 동료들에 대한 인정으로 개인의 직장생활에 대한 만족도를 높일 수 있다.

이러한 개인의 만족도는 생산성 향상과 연결된다. 실제 오늘날 기업체들을 자세히 관찰해보면 상시적인 학습 커리큘럼이 이루어지고 있는 구성원들의 조직에 대한 프라이드는 상당히 높은 것을 알 수 있다. 그리고 인문학 학습을 통한 자기 긍지나 자존감의 증가도 확인할 수 있다.

글로벌 리더로서의 자질 함양에 인문학은 필수다. 신입 사원 때부터 인문학 학습의 토대를 탄탄히 해주면서 업무 능력을 키워나갈 때 그 조직원은 이미 준비된 글로벌 리더라고 할 수 있다. 조직의 구성원들이 모두 업무 능력과 함께 개개인의 교양인 인문학적 토대를 갖추었을 때 그 조직은 그야말로 글로벌 조직으로서 소프트웨어가 완전히 갖추어졌다고 할 수 있다.

❖ 강의를 직업적으로 해야 하는 전문 강사

인문학을 반드시 공부해야 하는 이들로, 당연히 강의하는 것을 직업으로 하는 전문 강사들을 꼽을 수 있겠다. 강의하는 이들의 가장 큰 적은 '자기 방전'이다. 자기 방전은 남의 도움이나 협조 없이 또 독서나 글쓰기 같은 방법을 사용하지 않고 스스로의 지식만으로 충전하는 것을 의미한다. 강의라는 것이 지식과 함께 기를 전달하는 것인데, 자기 방전이 되면 강의를 에너지 넘치게 할 수 없다. 그러면 강의는 즐거움이 아닌 고통이 된다.

경험과 관찰로 보건대 자기계발서들을 보면서 자기 방전을 막는 데는 한계가 있다. 자기계발서가 고전에서 에센스를 추려 정리된 내용으로 나름 사람들에게 에너지를 공급해주기는 하지만 그 내용들이 대부분 엇비슷하고 내용 자체도 당위론적인 것이 많아 어느 정도 읽다 보면 읽는 것 자체가 관성이 될 뿐 에너지원으로서의 기능은 점점 떨어지게 마련이다.

이럴 때 체계적인 인문학 학습은 강력한 에너지원이 될 뿐만 아니라 강의 내용을 탄탄하게 하는 데 큰 도움이 된다. 인문학의 깊이와 범위는 무한대이기 때문에 자기계발서처럼 가다가 시들해질 염려가 전혀 없다. 물론 그 전제는 인문학의 테마를 종합적 · 균형적 · 체계적으로 학습했을 때다. 그리고 덧붙여서 자기가 주로 강의하는 주제와 관련해서도 새로운 관점을 만들어볼 수 있다는 플러스 효과가 있다. 동서고금의 최고 지혜들을 종합적으로 구축하는 과정에서 자신의 강의 주제와 관련해 새로운 시각이 나오는 것은 어찌 보면 당연한 일이다.

❖ 국제 업무에 종사하는 공무원

인문학을 꼭 학습해야 할 또 다른 이들은 국제 업무에 종사하는 공무원들이다. 앞서 언급한 경영자와 일반 직장인 못지않게 국제 업무에 관여하는 공무원 역시 글로벌 감각이 필요하다.

글로벌 감각은 골프나 와인 알기에서 끝나지 않는다. 상대하는 국가의 바탕을 형성하고 있는 것들을 누구보다도 더 잘 알아야 한다. 여기서 안다는 것은 단순히 지식을 의미한다기보다는 그 지역의 문화를 형성하는 핵심 요소들을 전체적으로 얼개를 엮어 알고 있어야 한다는 말이다. 그래야 우리나라를 홍보하거나 또 외교상 업무를 처리할 때 상대 국가에 대한 체계적인 인문학 지식을 활용하면서 효과적으로 적절히 대응할 수 있다. 어떻게 보면 적은 투자로 가장 큰 효과를 볼 수 있는 것이 바로 국제 관련 업무에 종사하는 공무원들의 체계적인 인문학 학습이다. 이는 국가 세일즈맨으로서 갖추어야 할 기본 소양이라고 할 수 있다.

❖ 비전을 가진 대학생

인문학을 반드시 공부해야 하는 이들로, 사회 진출을 앞둔 대학생을 들 수 있겠다. 기업에 취직하기 위해서는 기업들이 무엇을 원하는지 정확히 알아야 한다. 기업은 자기소개서를 잘 쓰고 면접을 잘 보는 사람을 원하는 것이 아니다. 품성이 좋고 창의성이 있고 남에 대한 배려를 잘하는 사람을 원한다. 자기소개서를 보고 면접을 보는 것은 바로 그러한 사람을 뽑기 위해서 하는 1차적 관문일 뿐이다.

인문학은 품성이나 창의성, 인간관계를 좋게 하는 데 도움이 된다. 그래서 기업의 경영자들은 대놓고 인문학의 중요성을 강조한다. 그런데 많은 예비 사회인이 주로 자기소개서 잘 쓰기와 고도의 면접 기술을 익히고 얼굴을 손보는 데만 신경 쓴다. 일단 어필이 되어야 하니까 이런 것을 무시할 수는 없다. 그러나 바깥 모양새만 그럴싸하게 포장할 것이 아니라 여기에 인문학을 통한 품성과 배려 그리고 창의성을 함께 갖추도록 노력해야 한다. 그렇게만 한다면, 그야말로 예비 사회인 본인에게는 진실함과 당당함 그 자체가 될 것이요, 그를 데려가는 회사에는 축복이자 횡재가 될 것이다.

자기소개서 연습하는 시간, 영어 단어 외우는 시간의 10분의 1만 할애해도 다양한 인문학 테마를 충분히 내 것으로 만들 수 있다. 자기소개서에 당당히 자신은 인문학의 기본을 체계적으로 학습했다고 쓰고, 면접에서도 당신들이 그렇게 강조하는 인문학적 소양을 갖추었다고 당당하게 말할 수 있을 것이다.

무엇보다 중요한 것은 자신의 인생 전체에 대한 계획을 세울 때 인문학이 큰 도움이 된다는 점이다. 동서고금의 수많은 현자와 리더 중에서 자신의 역할모델을 발견하고 장기적으로 그를 닮아가려고 애쓰게 된다. 그게 비전이고 꿈이다. 그냥 도식적으로 다른 사람이 다 하니까 나도 한번 비전 써보고 목표 써보고, 그렇게 지키기도 힘든 상세한 계획을 적어보는 그런 허식이 아니다. 가슴이 뛰고 감동에 전율하면서 오랫동안 잊지 않고 한 인물에 빠져들게 된다. 바로 '큰 바위 얼굴'이 되어가는 과정처럼 말이다. 인문학은 수많은 역할모델뿐만 아니라 그들이 자신의 일을 이루는 과정 그리고 그 과정에서 그들이 겪을 수밖에 없었던 어려움과 지혜까지도 자상하게 안내해준다.

사실, 도입부에서 언급했듯 이 다섯 부류의 사람들만 인문학을 공부해야 하는 것은 아니다. 다른 모든 분야의 사람들에게도 인문학은 살이 되고 피가 된다. 이 다섯 부류에 대해 인문학의 필요성을 정리해본 것은, 이들에게는 인문학이 곧바로 생산으로 연결되고 돈으로 연결되고 취업 성공으로 연결될 수 있기 때문이다.

인문학은 뜬구름이 아니다. 인문학은 현실 문제를 직시하고 해결할 열쇠다. 인문학은 삶의 고비마다 만나게 되는 닫힌 문들을 열어줄 만능열쇠인 것이다.

인문학이 곧 경쟁력이다

21세기를 지식 시대, 정보화 시대라고 한다. 이러한 시대에는 인문학이 절대적으로 경쟁력을 좌우한다. 미래학자 다니엘 핑크는 그의 저서 《새로운 미래가 온다》에서 21세기에 요구되는 중요한 능력으로, 창의성과 좋은 인간관계를 설정하는 능력을 꼽았다. 즉, 창의적인 사람과 인간관계를 잘하는 사람이 미래에 경쟁력을 갖는다는 이야기다. 너무나 당연한 말이다. 왜냐하면 그 외의 일은 대부분 기계와 경쟁을 해야 하기 때문이다. 새로운 것을 생각해내는 것이나 다른 사람들과 좋은 협조관계를 맺는 것 말고, 사람만이 할 수 있는 고유 영역으로 남아 있는 것은 이제 그리 많지 않다.

그렇다면 구체적으로 어떻게 '창의성'을 개발하고, 어떻게 '인간관계'를 더 향상시킬 수 있을까? 그 해답이 인문학에 있다.

'인간관계'부터 살펴보자면, 인문학은 글자 그대로 인간과 관련

되는 학문이다. 좀 더 구체적으로는 '인간을 이해하고 인간성을 향상시키는 데 도움이 되는, 인간을 위한 학문'이라고 할 수 있다.

'창의성' 역시 마찬가지다. 가장 많은 창의성을 필요로 하는 분야인 광고계 사람들은 인문학 관련 서적을 많이 본다. 상품명, 광고 스토리 등 많은 내용을 인문학에서 직접 가지고 오기도 한다. 인문학은 광고의 수원지인 것이다.

경영자들이 인문학을 찾는 이유도 마찬가지다. 숫자로 딱 떨어지지 않는 의사결정이나 정답 없는 방향 찾기를 할 때 가장 도움이 되는 것 역시 바로 이 인문학이기 때문이다. 이들이 인문학 서적을 애독한 것은 앞서 언급했듯 역사 속의 리더들이 중요 고비가 찾아올 때마다 어떻게 의사결정을 했는지 그 다양한 사례가 책 안에 너무 잘 나와 있기 때문이다.

어떤 사람은 창의성과 인간관계 향상에 미치는 인문학적 기여도를 확인하기란 쉽지 않고 또 오랜 시간이 걸리는 일이라고 말한다. 하지만 그렇다 해서 인문학을 멀리할 수는 없다. 지식·정보화 시대에 기계가 절대로 침해할 수 없는 유일한 영역, 창의성과 인간관계를 향상시킬 수단으로 인문학 말고는 마땅한 학문이 없다. 취업에 초점을 맞춘 학교 교육과 사회에 나가 받는 업무 교육 및 회사 적응 교육만이 존재할 뿐이다.

창의성과 인간관계 향상이 중요한 과제라면 일단 인문학을 수단으로 확정하고, 그다음 이 인문학을 어떻게 최대한 효율적으로, 효과적으로 활용할 것인지 고민하는 게 현명하다.

통섭과 융합 시대의 인문학

지금 지구촌은 미국, 유럽, 일본 등 주요 기술국을 중심으로 다분야 기술 융합을 촉진하는 연구와 개발 활동이 급속도로 확산되고 있다. 우리나라의 융합 기술 개발은 미래 핵심 기술의 확보와 함께 차세대 성장동력의 창출 및 웰빙 라이프의 구현을 위해 중요한 어젠다로 설정되어 있다.

기술 융합이란 최근의 나노 기술, 바이오 기술, 정보 기술, 인지과학의 융합을 의미한다. 이러한 기술 융합은 현재의 경제적, 기술적 정체 상태를 돌파할 수 있게 함으로써 생명과학, 보건의료, 환경 등 모든 산업 분야에서 근본적인 변화를 이끌어낼 전망이다.

최근에 이런 과학 기술의 융합은 여러 학문 분야에서 동시다발적으로 진행되면서 근대 학문 분야를 넘은 통합문화, '퓨전문화'를 창출해내고 있다. 말하자면 기술 융합에 따른 과학 기술의 패러다임 변화가 지식의 대통합을 통해 총체적인 패러다임 전환을 주도하고 있는 것이다.

또한 지식의 파편화에 따른 낡은 기계론적 세계관의 관점이 더 이상 세계를 반영하지도 못하고 문제 해결의 유일한 단서도 제공하지 못하여 인문사회학은 위기를 맞이하게 되었다. 그리하여 오늘날 퓨전의 시대로 변화하고 있는 것이다. 학계에서 퓨전은 전문 분야의 전문가들 간에 상호 협조 내지는 공조를 통한 상승적 융합을 일컫는 용어다.

과학계에서는 이미 퓨전 없이는 우주의 미아 신세가 되고 만다. 이제 과학뿐만 아니라 교육, 사회, 정치, 문학 등 모든 분야에서 퓨전 공조가 절실히 요구된다. 이러한 퓨전 시대에 통섭의 기술이야말로 상호 공조의 효율적인 성취를 위한 기계 작동의 윤활유다.

그러면 구체적으로 통섭이란 무엇을 말하는 것일까? 통섭(統攝)의 '통'은 '합칠 통', '줄기 통'이고, '섭'은 '끌어당길 섭', '가질 섭'이다. 오늘날 추구하는 통섭과 한자의 의미와 크게 다르지 않다. 오늘날 어느 하나의 학문이나 기술이 그것만으로는 자신의 역할을 다할 수 없게 되었다. 따라서 학문 간에도 통섭과 융합의 기술이 필요하게 된 것이다.

전 세계적으로 근대 분과(分科) 학문의 경계를 허물고 지식의 융합을 통해 복합적이며 다차원적인 세계적 변화에 대응하려는 움직임이 일어나고 있다. 자원과 에너지의 과잉 소비, 빈곤과 실업의 악순환, 지역 간, 민족 간, 국가 간의 분쟁 등 수많은 이슈를 이제 인문사회학과 자연과학의 경계를 넘나들지 않고는 도저히 해결할 수 없게 된 것이다.

통섭은 본질적으로 논리와 초논리, 이성과 신성을 넘나들지 않고는 일어날 수 없다. 이런 통섭의 본질 이해는 우주와 인간과의 관계를 제대로 이해하는 데서 출발해야 한다. 이 우주에 분리되어 존재하는 것은 아무것도 없으며 모두가 연결되어 있다. 분리되어 있는 것처럼 보이는 현상이 실제로는 통합되어 있다는 것이며, 의식작용에 의해 이 사실을 인식할 수 있다.

고대 철학자들은 직관을 통해서 진리를 이해할 수 있었다. 그런데 이 직관은 통섭을 기반으로 한다.

이제 '우리가 누구이며, 왜 여기 있는가?' 하는 인문학적 물음도 단순히 인문학적 접근으로 해결할 수 있는 것이 아니다. 전문화라는 도그마에서 벗어난 통섭적 접근이 필요하다.

4부

삶을 풍요롭게 만드는
인문학

자기계발의
밑거름이 되는
인문학

인문학을 공부하는 목적을 한마디로 말하라고 하면 이렇게 표현하고 싶다.

'새로운 삶을 위한 메시지를 얻는 것!'

인문학을 공부한다고 당장 밥이 나오거나 돈이 나오지는 않는다. 하지만 인문학은 밥이나 돈보다 더 중요한 가치를 준다. 먼저 자신을 돌아보게 한다. 그리고 자기 성찰을 통해 세상을 보는 새로운 안목을 얻도록 해준다. 그와 함께 무엇을 위해서 어떤 자세로 살아가야 하는지를 생각하도록 돕는다. 이것이 밥이나 돈보다 귀중한 인문학의 가치다.

그런데 자기계발과 인문학은 구별하기가 쉽지 않다. 인문학 자체가 사람을 성장시키는 요소를 담고 있기 때문이다. 하지만 메시지를 놓고 본다면 이 둘은 쉽게 구분된다. 최근까지 우리 독서계는 자기계발이 주를 이루어왔는데 그 메시지가 명쾌하고 쉽게 이해할 수 있는 것이기 때문이다. 반면, 인문학은 메시지가 희미하거나 이해하기 어렵다.

자기계발의 메시지는 단순하고 강력하다. 대표적으로 '습관이 중요하다', '좋은 습관을 갖춰라'라는 것을 예로 들 수 있다. 자기계발은 습관이 중요하다는 사실을 알려주고, 좋은 습관은 어떤 것인지 훈련하는 방법을 전해준다. 그런데 그것뿐이다. 현실은 고단하고 훈련은 힘겹다. 습관이 중요하다는 사실은 알지만 좋은 습관을 만드는 일에 늘 실패하는 것이 사람이다.

이에 비해 인문학은 왜 사람은 습관에 지배되는지를 알려준다. 왜 사람들의 결심은 쉽게 무너지고 실행력은 금방 약해지는지를 발견하게 해준다. 인문학에는 인간이란 어떤 존재인지에 대한 실마리가 담겨 있기에, 습관이 어떻게 형성되며 어떻게 발달하고 왜 나쁜 습관은 쉽게 자리 잡는지 알게 해준다. 따라서 이런 요소들을 알고 나면 습관을 개선하고 좋은 습관을 들일 방법을 개발해낼 수 있다.

자기계발에서 강조하는 또 다른 메시지로, '비전을 가져라'라는 것이 있다. 역사적으로 뛰어난 인물들은 모두 자기만의 강력한 비전을 가졌고 그것을 통해 큰일을 이루어냈다. 우리도 자신만의 비전을 가지고 그것으로 무장하면 제대로 일을 해낼 수 있을 것이다. 그러면 주위 사람들도 나의 비전에 영향을 받아서 나를 뒷받침해주고 모두가 함께 큰일의 주인공이 될 수 있다. 이것이 자기계발의 메시지다. 하지만 이것을 실행하기란 매우 어려운 일이고, 주위 사람들에게 미치는 영향력이 어떤 것인지 구체적으로 알기도 쉽지 않다.

이때 인문학은 사람에게 비전이 어떤 영향을 미치는지를 본성을 통해 알려준다. 사람의 마음에서 비전은 무엇이며, 어떻게 작용해서, 어떤 결과로 이어지게 하는지를 직감할 수 있게 해준다. 그리고 무엇보다 그것을 스스로 찾아내도록 해준다. 인간의 본성을 파악함으로써 에너지가 전달되고, 일의 열쇠가 풀리는 과정을 직관을 통해 느낄 수 있게 하는 것이다. 그런 점에서 자기계발이 논리에 가깝다면 인문학은 감성 혹은 직관에 가깝다.

자기계발이 자기 자신에게 투자하라는 메시지를 강조한다면, 인문학은 왜 투자하는지 이유를 묻는다. 자신에게 투자해서 무엇을 할 것인지를 밝히라는 철학적 질문을 던진다. 자칫 개인적 관심으로 국한되거나 이기심으로 치달을 수 있는 상황을 전체적인 조화와 공동체의 행복을 위한 관점으로 확장시킨다. 자기계발이 선언이라면, 인문학은 그 선언의 배경이 되는 철학이다. 선언이 없는 철학은 모호하고, 철학이 없는 선언은 맹목적이다. 그래서 두 세계는 화해와 조정이 필요하다.

자기계발이 '인간관계를 위해서는 경청을 잘해야 한다'라고 말한다면, 인문학은 '마음으로 들어라'라고 말한다. 자기계발이 '성공의 필수요건은 인간관계다'라고 외친다면, 인문학은 '먼저 인간이 되어라'라고 조용히 일러준다. 자기계발이 외부 지향이라면 인문학은 내부 지향이고, 자기계발이 행동이라면 인문학은 성찰에 가깝다. 자기계발이 빙산의 드러난 부분이라면 인문학은 감춰진 대부분이다.

❖ 나 자신에게 필요한 메시지

인문학은 자신에게 필요한 메시지를 스스로 찾아내게 하는 힘을 가지고 있다. 콕 짚어 알려주지 않고 스스로 발견하도록 유도한다. 그래서 인문학은 그냥 메시지를 받아들이는 것만으로는 부족하다. '공부'를 해야 한다. 스스로 공부해서 찾아낸 메시지만이 힘을 가질 수 있다. 그 과정을 통해 다른 메시지를 얻으면 다르게 생각할 수 있다. 다르게 생각하면 세상이 다르게 보인다. 시야가 확대되고 생활의 관점을 바꿀 수 있다. 즉, 삶을 대하는 태도와 방식이 달라진다.

철학이 있는 사람이 되려면 새로운 메시지를 얻어야 한다. 인문학 공부는 이런 메시지를 얻게 해준다. 그것이 책에서 직접 얻은 것이든 읽은 것을 유추해서 얻은 것이든 새로운 메시지를 얻는 것이 중요하다. 새로운 메시지가 새로운 생각을 만들어주고 새로운 생각이 새로운 삶을 살 수 있게 하기 때문이다. 메시지에 빠질 때 진정으로 인문학을 공부하는 사람이라고 할 수 있다.

인문학의
매력

인문학은 말 그대로 '사람'을 대상으로 하는 학문이다. 즉, 사람이란 무엇이고, 왜 태어났는지, 어떻게 살아왔는지, 그리고 어떻게 사는 것이 사람다운 것인지 등을 공부하는 것이다. 그런데 이렇게 말해놓고 보니 아주 막연하다. 이렇다 저렇다 구체적으로 말하고 싶은데 그게 쉽지 않다. 인문학의 성격 자체가 그렇기 때문이다.

우선 분야나 범위를 정해보려고 해도 그 한계를 정할 수가 없다. 사람과 관련된 모든 학문이 여기에 속하기 때문이며, 갈수록 더욱더 확장되고 있기 때문이다. 그 대표적인 분야로 철학, 문학, 역사를 들수 있다.

철학은 '인간이란 무엇인가?'를 탐색하고, 문학은 인간이 살아가는 이야기를 통해 인간 존재에 대한 이해를 높이며, 역사는 인간이 어떻게 살아왔는가를 살펴 앞으로는 어떻게 살아갈 것인가를 들여다

보게 한다. 이 외에도 예술, 고고학, 언어학, 신학, 음악 등 다양한 분야가 인문학에 포함된다.

인문학 공부의 어려움은 바로 여기에서 비롯된다. 도대체 뭘 공부해야 하는지조차 알 수 없다는 것이다. 인문학의 매력 또는 필요를 느껴 공부하려고 마음먹었다가도 몇 걸음 떼지 못하고 주저앉아버리는 이들이 많은데, 그 이유 중 하나가 바로 이런 추상성 때문이다.

❖ 인생의 근본 문제에 대한 답을 해준다

혹시 어떤 이유로든 인문학을 시작하려 한다면 '인간이란 무엇인가?'라는 질문에 답을 찾아보겠다는 생각으로 공부하는 게 좋을 것이다. 특히 대학생이라면 한 번쯤은 이런 질문을 파고드는 작업이 필요하다. 인간의 삶 전반을 이해하는 데 도움을 얻을 뿐만 아니라 현실적인 삶의 문제를 해결하는 데도 중요한 실마리를 얻을 수 있기 때문이다. 이런 철학적 문제에 물음표를 달아놓고 해답을 찾는 경험은 대학생활을 풍성하게 해준다. 요즘엔 스펙을 쌓느라 예전처럼 철학책이나 시집을 들고 캠퍼스를 거니는 학생이 많지 않다. 하지만 그런 학생들은 여전히 존재하고 그들이야말로 앞으로 자기 삶을 제대로 살아갈 것이라고 믿는다.

한편, 오늘날 직장생활을 하면서 갑갑함을 느껴 인문학에서 새로운 길을 모색하겠다고 결심한 이들이 많다. 이때 인문학을 통해 '어떻게 살 것인가?'라는 질문에 집중함으로써 해답을 찾을 수 있다. 어떻게 살 것인가에 대한 공부는 자신을 돌아보게 하고 새로운 삶의 방식에 눈뜨게 한다. 자기 삶을 역사적으로, 전체적으로 그리고 내부로부터 들여다보게 해준다. 덕분에 문제의 핵심을 스스로 인식하고 바라볼 수 있다. 구체적으로는 '어떻게 사는 것이 나답게 사는 것인가?', '가치 있게 살려면 어떻게 해야 할까?', '어떤 삶이 행복한 삶인가?' 등의 질문으로 이어진다. 그러다 보면 자연스럽게 그에 걸맞은 책들을 찾게 된다.

더러는 순수한 지적 호기심으로 인문학을 시작하는 일반인도 있을 것이다. 그냥 배우는 것이 좋고 공부가 좋아서 인문학에 입문하는 사람들이다. 이때도 자신이 배우고 싶은 것, 궁금한 것에 대한 질문을 던져보는 것이 좋다. '나는 무엇을 배우고 싶은가?', '나는 어떤 분야의 어떤 지식을 좋아하는가?' 같은 질문을 이어가면 그 의문에 딱 맞는 인문학 분야를 더욱 구체적으로 찾아낼 수 있다. 이런 과정을 먼저 거쳐야 인문학을 효율적으로 접할 수 있고, 지치지 않고 재미있게 공부할 수 있다.

❖ 이 시대의 대안, 인문학

최근 인문학이 희망이라는 말을 자주 듣는다. 이 어려운 시대를 건너가는 데 인문학이 중요한 길잡이가 되어줄 것이라고도 한다.

스티브 잡스는 애플 I 이라는 컴퓨터를 만들어서 퍼스널컴퓨터 시대를 연 주인공이자 아이패드 같은 태블릿 PC를 유행시킨 놀라운 인물이다. 그가 하는 일은 늘 세상을 깜짝 놀라게 했고 세상은 그가 만든 문화혁명 속으로 끌려들어 갔다. 이런 엄청난 일을 그는 어떻게 해낼 수 있었을까?

　스티브 잡스는 자신의 일에 인문학적 요소를 접목했다. 컴퓨터를 만들면서도 그것을 기계라고 생각하지 않았다. 하나의 예술품을 만든다고 생각했다. 제품을 디자인할 때도 평범한 전자제품이 아니라 예술적인 느낌이 들도록 신경 썼다. 제품이 작품이 되도록 한 것이다. 그래야 세상을 놀라게 할 수 있다고 믿었기 때문이다.

　지금의 시대를 감성 시대라고 한다. 사람들은 이제 논리가 아닌 감성적인 이유로 제품을 선택한다. 모양이 예뻐서, 그냥 좋아서, 광고 카피가 마음에 들어서, 만든 사람이 좋아서 등등의 이유로 제품을 구매하며, 가격이 다소 비싸도 개의치 않는다. 기존의 것과는 다른, 남들이 사용하는 것과 구별되는 자기만의 것을 갖고 싶어 한다. 스티브 잡스는 이런 시대의 흐름을 꿰뚫었고 그 흐름에 맞게 일했다. 제품에 인문학적 요소를 가미하는 것, 그것이 스티브 잡스가 경이로운 일을 해낼 수 있었던 이유다.

❖ 자문하고 자답하는 인문학

　스티브 잡스를 통해 우리는 인문학이 우리에게 어떤 것을 해줄 수 있는지를 짐작할 수 있다. 인문학은 일을 잘하는 방법이나 인생의 어려움을 극복하는 방법을 직접적으로 알려주지는 않는다. 대신 삶의 여러 측면을 보여주고 사람의 본성을 들여다볼 안목을 키워주며 다른 관점에서 그것을 바라볼 수 있도록 해준다. 예전에 보지 못했던 것을 보게 하고, 기존의 것을 다른 분야의 것과 연결해주기도 하며,

삶의 문제에 대한 또 다른 통찰을 보여준다.

인문학이 우리 시대의 대안으로 대두된 배경에는 사람들의 욕구가 변화했고 시대적 흐름이 그것을 요구한다는 사실이 있다. 사람들은 자신의 욕구를 표현해주는 새로운 방식에 목말라한다. 신선하고 새로우면서도 가치가 있다고 느껴지는 것을 보고 환호한다. '태양의 서커스' 공연이 매진되고, 헤비메탈과 오케스트라의 만남이 이루어지며, 자동차의 성능보다 디자인을 더 눈여겨보는 것이 지금 우리의 현실이 되었다. 미래는 실용주의와 인본주의가 만나 새롭고 거대한 물결이 되는 시대가 될 것이 분명하다.

인문학은 현실 문제에 대한 답이 무엇인지 직접적으로 알려주지 않는다는 점에서 실용적인 학문과 가장 큰 차이를 보인다. 답을 알려주지 않을뿐더러 오히려 질문을 던진다. 인문학 공부가 힘든 두 번째 이유가 바로 여기에 있다. 인간의 존재가 이렇다는 것을 알려줄 수는 있지만 그것을 어떻게 활용하면 된다든지 어떻게 적용하면 좋다든지 하는 것들에는 무심하다. 답을 알려주지 않으니 스스로 찾아야 한다. 인문학을 공부하는 사람이 질문에 익숙해져야 하는 이유가 바로 이것이다.

이런 점에서 인문학은 스스로 묻고 답을 찾는 학문이다. 다행히 질문을 잘 던질 수 있다면 답도 빨리 찾을 수 있다. 반면, 질문을 찾지 못하거나 질문이 잘못되었을 때는 고생을 좀 해야 한다.

인문학을
생활에
접목시켜라

오늘날의 인문학 열풍에는 두 가지 원인이 있다. 하나는 자기계발과 경영 서적들의 한계 때문이고, 다른 하나는 시대가 단편적인 지식으로는 얻을 수 없는 통찰을 요구하고 있기 때문이다. 특히 남다른 통찰력으로 세상을 놀라게 한 사람들을 살펴보면 특정 분야에 대한 공부와 경험을 바탕으로 자기만의 독특한 세계가 있었음을 알 수 있다. 그 중심에 섰던 인물이 거듭 언급하는 스티브 잡스다. 그의 면면, 특히 인문학과의 접점을 살펴보는 것은 우리에게 새로운 안목을 줄수 있다는 점에서 대단히 가치 있는 일이라고 하겠다.

스티브 잡스가 인문학 공부를 시작한 때는 한창 감수성이 예민한 청소년 시절로 거슬러 올라간다. 무척이나 말썽꾸러기였던 스티브 잡스는 학교에서도 문제아로 유명했다. 마음이 맞는 친구들을 모아 환각제를 복용하고 밥 딜런의 노래에 심취하는 등 또래의 문화에 젖어 지냈다. 이처럼 자신이 좋아하는 것에 깊이 빠지는 것도 성공한 사람들의 공통적인 특징이다.

그런 와중에 만난 것이 깨달음에 관한 책이었다. 당시 히피문화가 한창 유행하던 시절이라 기존의 체제에 반하는 깨달음이나 영성, 정신적인 것들에 대한 추구 성향이 널리 퍼져 있었다. 스티브 잡스는 금세 그것에 빠져들어 영성이란 무엇이고 우리는 왜 존재하는지에 대한 심오한 내용의 책들을 읽어나갔다. 이런 성향은 대학에 입학하면서 자연스럽게 선불교와 접하게 해주었다. 그리고 그 인연은 평생 계속되었다. 선불교는 직관적인 깨달음을 추구하고 존재 자체에 대한 탐색을 추구한다는 점에서 그의 스타일과 잘 맞았다.

그 후 도서관을 찾아다니며 선불교의 책들을 섭렵했고 연관된 다른 분야도 책을 읽으며 공부했다. 많은 전문가가 지적하듯 잡스가 선불교에 대한 책을 탐독하지 않고 그것에 깊이 매료되지 못했다면, 그가 내놓은 제품들의 모양은 완전히 달라졌을 것이고 그렇게 유명한 인물이 되지도 못했을 것이다. 그만큼 선불교가 그에게 가져다준 것은 엄청났다.

세상에 대한 호기심과 지적인 관심은 그를 실천력이 강한 인간으로 만들었다. 선불교를 공부하며 영성을 이해하던 그는 말로만 듣던 인도에 가서 직접 깨달음을 체험해보고 싶었다. 그는 욕구를 곧 실천으로 옮겼다. 무작정 인도로 여행을 떠난 것이다. 인도에서 깨달음을 찾아다니던 그는 죽을 고비를 넘기기도 하고 영적 스승들을 만나기도 하며 호기심과 욕구를 채워나갔다.

그의 실천력은 대단했다. 대학교 때 채식주의에 관한 책을 읽고는 곧장 채식을 실천했다. 그리고 평생 고기를 먹지 않았다. 심지어 사과와 당근만 먹고 몇 주를 버티기도 했다. 책을 읽고 그것이 옳다 싶으면 반드시 행동에 옮겼다. 이런 강한 실천력 덕분에 그는 자기만의 통찰을 얻을 수 있었다. 공부를 해도 지식만 늘어날 뿐 직관과 통찰력 같은 문제 해결력을 얻지 못하는 이들이 많은데, 그 이유가 무엇인지를 그는 정확히 보여주었다.

❖ 이해한 다음, 생활에 적응하는 공부를 하라

공부란 먼저 이해해야 하고 이해한 후에는 자신의 생활에 적용해서 삶에 속하도록 만들어야 한다. 그래야 새로운 문제가 찾아왔을 때 너끈히 풀어낼 수 있다. 인문학 공부의 가장 흔한 문제가 여기에 있는지도 모른다. 지식으로만 받아들일 뿐 자기 삶에 적용할 무엇으로 현실화하지 못한다면 이것이야말로 비생산적인 공부일 뿐이다. 하나를 알아도 자신의 삶에서 적용해보고 실천적인 모양으로 새롭게 만들어낼 때, 지식은 힘이 되고 삶의 기반이 된다.

앞서도 말했듯이 스티브 잡스는 자신의 제품에 인문학적 요소들을 가미해서 문화적 가치가 담긴 작품이 되도록 만들었다. 기능성이 강조되는 제품에 멋진 디자인과 매력적인 느낌을 가미했으며 심지어 인간적인 냄새도 물씬 풍기게 했다. 어릴 때부터 기계 만지길 좋아했던 그의 엔지니어 정신과 더불어 선불교에서 얻은 인문학적 감수성과 통찰이 제품에 그대로 반영된 것이다. 그런 점에서 스티브 잡스에게 인문학은 세상을 바꿀 힘을 준 동력이라고 할 수 있다.

스티브 잡스처럼 자신의 마음을 울리는 것에 빠져 그 속으로 들어갈 수 있어야 한다. 지식만 늘리는 공부가 아니라 읽은 것이 자신이 되는 공부를 해야 한다. 읽은 것이 곧 자기가 되지 않고서야 어떻게 세상을 놀라게 하겠는가.

돈과 행복에 대한
인문학적
사고방식

　인문학을 공부하는 사람들의 특징 중 하나는 비판의식이 강하다는 점이다. 비판의식은 스스로 생각하고 있다는 방증이다. 다수의 의견, 대중의 생각, 권위자의 힘에 따르지 않고 자기만의 생각을 가지려고 한다. 당연히 기존의 생각들과는 대치되는 주장을 한다. 돈과 행복에 대해서도 마찬가지다. 인문학 공부를 하는 사람에게 돈은 경계하고 무너뜨려야 할 중요한 목표가 된다. 돈이 우리 생각을 좌우하는 중요한 근거로 작용하기 때문이다. 돈에서 벗어나지 못하면 자기 생각으로 살아갈 수 없다.

　행복은 아리스토텔레스 이후로 수많은 철학자가 다루었던 주제이기도 하다. 행복과 돈은 인간이란 무엇이고 어떻게 살아가는 것이 제대로 살아가는 것인지를 고민하는 사람들이 반드시 짚고 넘어가야 하는 필수 주제다. 사람은 누구나 행복을 추구하는데, 그러기 위해서는 돈이 필요하다고 생각하기 때문이다.

돈과 행복에 대한 인문학자들의 사고방식을 살펴보면 몇 가지로 정리할 수 있다.

첫째, 돈과의 관계를 재구성하라.
둘째, 대중으로부터 멀리 떨어져라.
셋째, 필요에 따라 살아라.
넷째, 삶의 방식을 변화시켜라.
다섯째, 이런 삶에는 용기가 필요하다.

돈과의 관계를 재구성한다는 말은 삶에서 돈이 차지하는 비중을 줄이라는 말과 연관된다. 그리고 이것은 삶의 우선순위를 돈이 아닌, 자신이 하고자 하는 데 두는 것으로 이어진다. 돈이 우선시되면 돈을 위해서 일을 선택하게 된다. 돈이 되는 일을 하게 되는 것이다. 반면, 돈이 아니라 자신이 하고 싶은 일이나 가치 있다고 느끼는 것에 우선 순위를 두면 돈이 되지 않는 일도 해낼 수 있다. 보람 있고, 즐겁고, 만족을 주는 일들이 시작된다. 이런 일들 속으로 들어가면 돈이 더는 힘을 갖지 못한다. 그렇게 하여 삶과 돈의 관계가 재구성된다.

대중으로부터 떨어지라는 주장은 아주 예전부터 있었다. 로마의 세네카, 중국의 공자, 고대 그리스의 에피쿠로스 등 수많은 철학자가 자기 생각을 갖기 위해서는 대중과 떨어질 필요가 있다고 목소리를 높였다. 생활은 대중 속에서 하되, 의도적으로 혼자 생각하고 혼자 추구할 수 있는 시간과 장소를 따로 갖추라는 것이다. 그래야만 대중의 생각이 아닌 자신의 생각으로 살아갈 수 있기 때문이다.

필요에 따라 살아갈 것을 주장하는 사람들은 가까이는 법정 스님부터 멀리는 디오게네스까지 동서양에 걸쳐 있다. 현자들은 필요 이상의 물건을 가지려고 하지 않았고 철저히 검소하게 살았다. 알렉산드로스 대왕이 거지 철학자 디오게네스에게 대왕이라는 지위를 자랑하기 위해 "도와줄 것이 없느냐?"고 물었을 때, "햇빛을 가리니 좀 비켜달라"고 말했다는 이야기는 너무나 유명하다. 디오게네스에게는 필요한 것이 거의 없었다. 반면, 알렉산드로스 대왕은 전 세계를 다 가져도 충족되지 않는 욕망이 있었다. 욕망의 크기가 클수록 삶은 힘겨워진다.

이런 목소리는 기존의 삶의 방식을 변화시킬 것을 요구한다. 사람이 태어나서 성장하는 것은 사회화의 과정이다. 얼마나 사회에 잘 적응하느냐에 따라 그의 지위가 결정된다. 공부를 잘하고, 사회적 규범을 잘 따르며, 사회적 관계에 적극 부응하며 움직일 때 사회는 칭찬과 보상을 준다. 그것은 사회화 과정이기도 하면서 기존 사회가 요구하는 합리적 인간을 재생산하는 과정이기도 하다. 그리고 노예화 과정이기도 하다.

❖ 새로운 삶의 방식을 요구하는 인문학

인문학은 이런 관계에서 벗어나 새로운 삶의 방식을 모색하도록 요구한다. 자기 생각을 가지려면 기존의 생각에 의문을 품을 수밖에 없다. 인문학이 기존의 생각과 권위와 체제에 대해 비판적 입장을 취할 수밖에 없는 이유가 여기에 있다. 그러자면 용기가 필요하다. 용기는 돈과의 관계를 재구성하는 새로운 삶을 살고자 할 때 우리에게 가장 필요한 것이다. 용기가 없다면 아무리 많은 지식을 쌓고 지혜를 얻어도 삶은 한 치도 변하지 않을 것이다. 변화는 실천을 요구하고, 실천에는 먼저 용기가 필요하다.

용기 없는 사람들은 아무리 좋은 공부를 해도 '그래도 돈이 있어야 한다'는 생각에서 벗어나지 못한다. 일요일이면 교회나 절에서 좋은 이야기를 듣고 나눔과 베풂의 삶을 살겠다고 다짐하지만, 다음 날 아침이면 곧장 경쟁과 승패가 충돌하는 일상으로 돌아가고 만다. 돈에 대한 욕망을 포기하지 않는 한 새로운 삶의 방식을 일구는 것은 불가능하다.

인문학은 기존의 생각과 방식을 다르게 바라보도록 하고 새로운 삶을 살 것을 부추긴다. 위험하기는 하지만 괜찮은 일이고, 좋은 삶을 위해서 해볼 만한 일을 하라고 한다.

5부

인문학 교양을 길러라

인문학
교양이란
무엇인가?

　우리가 말하는 인문학 교양은 13세기 서구에서 처음 생겨난 것으로, 초기 대학의 역할에서 비롯되었다.

　초기의 대학은 '사람을 사람답게 만드는 교육'을 실시하였다. 이후 르네상스 인문주의의 모든 계몽주의가 첨가되면서 가르침의 학문은 주로 다음과 같은 것에 주력했다.

　첫째, 앞서 이루어진 문명 속에서 선인들이 남긴 발자취를 살펴보는 역사 연구

　둘째, 사람의 이상과 가치를 탐구하는 철학 연구

　셋째, 사람의 생각을 표현하는 데 필수적인 어문학 연구

　초기 대학들이 다룬 중심사상은 이른바 '문사철'의 연구와 가르

침이었다. 여기에 정신을 더 위대하게 가꿀 수 있는 미술과 음악과 체육 등의 기예(技藝)도 첨가되었다. 문사철과 기예는 사람을 착하고 자유스러운 인간으로 만들 수 있다고 하여 학자들은 이를 통틀어 '자유학예'라고 이름 붙였다.

자유학예를 중심으로 '도대체 인간이란 어떤 존재인가?'를 알고자 하는 연구는 인간 자체에 대한 연구로만 그치지 않았다. 결국 근대 사회에 들어서면서 인간 대(對) 사회와 인간 대 자연에 대한 관계 탐색으로 발전되었다.

먼저 인간과 사회의 관계에 대해서는 인간이 만들어놓은 정치, 경제, 종교 등 사회제도가 관심의 대상이 되었다. 사회제도에 대한 연구는 특히 산업혁명 이후 근대화가 시작되면서부터 이루어졌고, 인간이 꾸려가는 사회가 복잡해지면서 '사회에 대한 연구'가 활발해지기 시작했다. 사회과학이 태동된 것이다. 사회과학의 등장과 함께 생명체이도 한 인간, 그리고 인간의 삶을 결정하는 자연 환경에 대한 탐구가 활발해지기 시작했다. 마침내 '자연과학'의 성립을 이끌어낸 것이다.

이렇게 하여 인문학 교양의 구성이 늘어나게 되었다. 순수 연구 활동 가운데 인문학과 과학에 대한 연구가 서로 전문화되기 시작하였다. 인문학 연구가 인간성 탐구인 데 반하여, 과학은 인간의 삶의 조건을 만드는 사회적인 힘이나 자연 현상에 대한 연구로 발전되었다.

문사철을 흔히 '정신과학'이라고 부른다. 인간성과 인간성 발휘에 대한 연구인 만큼 사람의 개성, 복잡성, 불확실성, 독창성에 눈길

중세 때, 파리대학교 총장과 박사들

을 주기 시작하였다. 그리하여 현실, 운명, 행운, 의지, 자유, 행복, 평화, 비극 같은 인간의 삶을 극적이고 감성적인 언어로 나타내는 사고와 상상력 탐색에 주력하게 되었다.

과학은 연구 방법에서부터 문사철과 대비된다. 과학은 다양한 갖가지 현상에서 가변성 대신에 일관성을, 개별성 대신에 통합성을, 이질성 대신에 동질성을 찾으려고 한다. 이처럼 과학은 사실, 법칙, 이유 따위를 객관적 언어로 나타내려는 합리적인 이해의 표현이며, 그 산물이다.

삶에 대한
관심과 안목을 길러주는
인문학 교양

이제 전인(全人)교육을 표방하는 인문학의 소양 범주가 어느 정도인지 드러났다. 그리하여 인문학 교육을 문사철에만 한정하는 협의의 시각에서부터 정치학과 경제학 위주의 사회과학적 시각을 보태는 경우와 과학 기술에 문사철 그리고 예술, 더 나아가 사회과학까지 보태는 경우까지로 확장되었다. 이보다 더 범위를 넓힌 경우는 문사철에 대한 연구를 기조로 사회과학, 그리고 자연과학이 보태진 경우도 있었다.

인문학을 연구하는 사람이 자연과학의 기초 정도는 탐구하는 것이 바람직하다는 학자들의 견해에는 다음의 이유가 들어 있다.

첫째, 사회과학 용어의 80퍼센트가 자연과학에서 유래되었다. 이를테면 사회과학에서 지역이나 생활의 격차가 심화된 현상을 나타내는 용어인 분극화는 자연과학의 용어에서 비롯된 것이다.

둘째, 인문학 교양을 키우는 데 자연과학의 기초에 대한 이해도 필수적이라고 생각한 것은 비단 어제 오늘의 일이 아니라 우리 전통문화에서 시작되었다. 조선 시대 선비들에게 기대되는 자질에 수리(數理)도 포함되어 있었다는 것이 단적인 사례다.

셋째, 현대 사회과학 공부에서 통계학 지식이 필수이고, 우리 일상생활에서도 물가지수, 주식지수 등의 이해에는 수학적 지식이 포함된다. 그만큼 이 사회에서 인간답게 살기 위한 필수 자질에는 자연과학의 기초 이해가 필수적이다.

넷째, 똑같은 논리를 역으로 생각할 때, 자연과학을 연구한 사람이 사회에 나가서 행정가나 기업가가 되기 위해서는 인문학 소양 함양이 필수적이다.

이렇게 길러지고 체득된 인문학 교양은 사회학에서 말하는 '삶의 질'을 높이는 데 중요한 변수로 작용하게 되었다. 삶의 형편이 1인당 경제소득, 사화 차별 완화, 쾌적한 환경 등으로 다양해지고 이런 것들이 그 나름대로 설득력을 갖게 됨으로써 강조되고, 중요한 조건으로 나열되어왔다. 그리하여 마침내 사람이 살아가고 있는 사회와 세상살이를 꿰뚫어볼 안목이 가장 중요한 변수로 작용하게 되었다. 이것은 개인 나름대로 '인생관'이라고 부를 수 있고 또한 '세계관'이라고 부를 수 있는데, 인문학 교양이 가져온 결과라고 할 수 있다.

이제 인문학 교양의 목적은 대학에서 가르치는 학문에 그치는 것이 아니라 사회에 대한 관심과 안목을 함양하는 것이 되어야 한다.

그 때문에 인문학은 '학(學)'이라기보다는 삶을 살아가는 방법이자 정신이 되어야 한다는 이론이 설득력을 얻고 있다.

❖ 인문학 교양의 함양인 전인교육의 성과

인문학, 자연과학, 사회과학 중 어느 것을 전공하든 인문성이 강조되는 전인교육의 이수는 취업으로 이어지는 가능성의 첫 단계가 되었다. 기회는 낮았지만, 그 자체로도 일단 취업으로 이어질 개연성은 있으므로 전인교육만 받고 취업으로 나간 경우가 많아졌다. 배운 사람은 가르치는 사람이 될 만한 자질이 있으므로 교사 또는 교수가 되거나, 방송 등 미디어 산업이 크게 늘어난 요즈음 일자리 수는 비록 적을지라도 작가로 일자리를 넓혀왔다. 이런 극히 한정된 진출 말고는 각자가 자기 개별적으로 각계에 진출할 수밖에 없었다.

이 지경에서 인문학 전공 졸업생들의 취업을 돕는다고 하여 선배들은 경험담을 통해 취업에 도움이 되는 경력 쌓기, 곧 '스펙'에 대해 들려주려고 부심해왔다.

그런데 무엇보다도 전인교육 또는 인문성의 교육은 국가, 사회 또는 시민 사회를 지탱하고 발전해나갈 수 있는 사회자본 축적에 많은 역할을 하였다.

인문학 교양의 함양은 장래 리더에게 필요한 리더십을 가르쳤고, 민주국가의 시민성을 가르치는 데 역점을 두었던 만큼 사람이 사람답게 살도록 가르치는 전인교육은 그 자체만으로도 인문과 대학의 본연의 임무를 다했다고 할 수 있다.

대중문화와 고급문화에 대한 인문학적 고찰

"사람은 역사도 만들고 지리도 만든다."

이 말은 인간의 삶이 무엇보다도 시간과 공간의 제약 속에 이루어진다는 것을 의미한다. 이런 제약 속에서 사람이 펼쳐가는 문화에는 일상성이 지배하는 생활문화가 있고, 초월성을 강조하는 고급문화가 있다.

인간 삶의 기초적인 의식주에 여가생활, 교통편의, 교육, 오락 등이 포함된 것이 생활문화다. 반면에 사람의 꿈과 이상(理想)을 담아낸 문학, 미술, 음악 등의 예술 분야가 고급문화다. 전자가 '부족동기'로, 부족한 점이 채워지면 덜 발생하게 된다. 그러나 후자는 '성장동기'로, 좋은 것을 만들어줄수록 더 좋은 것을 더욱 갖고 싶어 하는, 아무리 채워도 채워질 수 없는 갈증을 느낀다. 고급문화는 생활문화의 확대, 연장선상에서 있다고 보는 것이 중론이다.

우리는 어떤 일이나 문제에 대해서 '복안(腹案)'이 있다는 말을 자주 쓴다. 그런데 이 복안은 '품고 있는 생각'이라는 뜻으로, 배가 불러야 생각이 떠오른다는 일상의 진리에서 유래된 말이다. 따라서 생활문화가 넉넉하면 고급문화에 대한 생각이 나게 마련이다. 또한 생활문화 가운데 큰 비중을 차지한 오락의 행위 즉, 대중문화가 발생한다. 그리하여 대중문화는 곧 고급문화를 세속화한 결과로 생겨난 것이라는 말이 생긴 것이다.

대중문화는 통속소설, 유행 음악, 만화, 텔레비전 프로그램처럼 훈련 없이도 즐길 수 있는 소비 방식이다. 쉽게 듣고 보고 생각할 수 있다는 것이 특징이다. 문학, 미술, 고전음악 등 고급문화를 즐기자면 배움의 노력과 시간이 필요하다. 다시 말해 소비 기술 습득이 전제되어야 한다는 것이 특징이다.

현대 인문학의
의미와
사명

인문학은 서구의 경우 인문주의에서 유래한다. 15~16세기 무렵, 중세의 교회 중심적 사고에 반발하여 고대 그리스 로마 세계의 사상에 주목하면서 인간성을 중시하고 문화적 교양의 발전을 위해 일어난 학문이다. 그리하여 그리스 로마의 고전 작품에 주목하고 이것을 번역하고 보급하는 과정에서 인문학이 시작되었다.

동양 전통 학문에서 말하는 인문학은 이른바 문학, 역사, 철학이라는 '문사철'로 대변된다. 따라서 인류 사회의 문화, 인간의 도리와 질서, 예의의 가르침, 즉 공자나 맹자 같은 성현의 저작을 읽고 탐구하는 데서 출발한다.

인문학의 시작이 동서양의 차이가 있으나 그것은 일차적으로 주요 고전 같은 텍스트를 분석, 비판하는 고단위의 작업으로 진행되었다. 이는 반드시 필요한 작업임에도 불구하고 인문학 자체가 어렵고

딱딱한 학문으로 대중에게 비춰지는 하나의 원인이 되기도 하였다.

그렇다면 인문학에 대한 대중의 생각은 어떠할까? 문화 현장을 답사한 사람들은 "잘 몰랐던 선인들의 인간적 모습을 알게 되어 재미있고 유익했다", "살아 숨 쉴 수 있는 교류였다", "드라마보다 더 생생한 우리 조상의 문화유산 현장을 확인하는 자리였다" 등의 반응을 보였다. 이런 반응을 보면 인문학은 어려운 학문이 아니며, 그것을 통해 대중이 얻을 수 있는 것은 '재미와 유익'이라고 요약할 수 있다. 즉, 인문학은 고전의 해석과 재발견이라는 본질에도 충실해야겠지만, 인문학을 통해 재미와 유익을 찾으려는 대중의 욕구에 대해서도 고민해야 한다.

오늘날의 인문학은 인간과 세상을 바라보는 가치관 정립에 커다란 역할을 한다. 한편으로는 인간의 내면성을 강조하고 인간의 존엄성과 품위, 세속에도 흔들리지 않는 도덕성을 강조한다. 이는 주역에서 말하는 인문을 살펴 천하를 교화해 풍속을 이루게 한다는 동양적 인문학의 전통에서 비롯된 것이다.

그러나 우리 시대의 대중은 인문학을 통해 감동과 느낌을 중시하고 있다. 감동을 느낄 수 있을 때에만 과거와 현재의 역사를 되돌아보는 성찰로 나아간다. 따라서 감동과 느낌을 주는 인문학은 일방적이고 교화적인 것이 아니라, 가르치고 배우는 자가 서로 소통하는 친화적인 것이라야 한다.

현대 인문학은 문학, 역사, 철학을 중심으로 인간의 감성과 본질을 탐구하거나 그로부터 이루어진 인간관계를 분석해 미래의 더 나은 새로운 삶을 추구함으로써 현재의 인간과 세계에 정신적 풍요로움을 준다.

우리 사회와 세계의 환경이 빠른 속도로 변하고 있다. 이에 따라 인문학에 대한 대중의 관심과 욕구도 달라지고 있으며, 인문학의 콘텐츠에서도 변화를 요구하고 있다. 이에 따른 인문학의 사명은 대중에게 재미와 감동과 지식을 선사하는 것이다.

인문학 교양을
기르는
방법

인문학 교양을 기르기 위해 먼저 해야 할 일은 독서다. 배우려고 하는 것은 인간의 본성이고, 그 배움의 출발점이 바로 독서다. 동서 고금의 수많은 지성인이 독서의 중요성을 강조해왔으므로 여기서 더 설명할 필요는 없겠다. 다만, 한 가지 덧붙인다면 독서를 통해 금방 식견이나 지혜가 쌓일 것이라고 생각해서는 안 된다는 점이다. 읽기 는 방대한 세상을 단편적으로나마 입력하는 행위이다. 그러니 책 몇 권을 읽었다고 해서 복잡다단한 세상을 바라보는 안목이 단숨에 열 리지는 않는다.

그러나 실망할 필요는 없다. 우리나라의 한 저명한 인문학자는 독서를 콩나물 기르기에 비유했다. 콩나물을 키우기 위해 시루에 콩 을 담고 주기적으로 물을 붓지만, 그때마다 물은 아래로 흘러버리고 만다. 그러나 그런 과정을 되풀이하는 동안 어느새 콩나물이 자라기 시작한다. 독서도 마찬가지다. 읽고 나면 방금 무엇을 읽었는지 생각 나지 않지만, 계속 그런 과정을 거치다 보면 어느새 식견이 일취월장 할 것이다. 그만큼 독서는 인문학적 자질 함양과 인격 고양의 중요한 방편이다.

❖ 견문을 넓혀라

인문학 교양을 기르는 데 직접 보고 듣는 견문(見聞)만큼 좋은 것 도 없다. 박물관에 가보지 않고 피카소의 그림을 논할 수 없으며, 베 토벤의 음악을 들어보지 않고 교향곡에 대해 제대로 말할 수 없을 것 이다.

인문학 교양 교육은 고급문화에 대한 감수성을 키워 마지막에는 좋은 문화 소비자를 만들려고 하는 것이다. 따라서 예술가들의 눈높 이를 겨냥해서 그들이 달성한 경지를 넘보려는 시도야말로 해당 분 야를 제대로 배울 수 있는 좋은 방법이다. 이 방법을 실현하기 위해 서는 자신이 좋아하는 예술가의 작품 전시회를 관람하거나 선호하는 음악을 감상해야 한다. 이것이 곧 견문을 넓히는 가장 쉬운 길이다.

여행 또한 인문학 소양을 크게 높여준다. 여행을 통해 현장과 실 물을 만나는 것은 귀한 산지식이 되기 때문이다. 그래서 장자는 "만 권의 책을 읽고 만 리 길을 여행하면 얻을 수 있다"고 말한 것이다.

많은 교육 중 여행 같은 체험 교육은 가히 절대적이라고 말해도 좋을 것이다. 이는 현장이나 실물에서 느끼게 해주는 메시지가 참으 로 소중하기 때문이다. 그래서 특히 감수성이 예민한 젊은이에게 여행은 배움의 보약이라고 말하는 것이다.

❖ 세상을 보는 생각을 가다듬어라

세상을 알기 위해서는 먼저 세상을 바라보는 생각을 가다듬어야 한다. 중국 당나라 태종의 치세를 정리한 《정관정요》는 다음과 같이 말했다.

'동(銅)으로 거울을 만들면 외관을 단정하게 할 수 있고, 고대 역사를 거울로 삼으면 천하의 흥망과 왕조 교체의 원인을 알 수 있으며, 사람을 거울로 삼으면 자기의 득실을 분명하게 할 수 있다.'

역사를 꿰뚫어보기 위해서는 역사책을 읽어야 한다. 그래야 역사책 속에서 자양분을 얻을 수 있다. 그런데 역사책 대부분이 시대사, 통사 등 긴 세상의 흐름을 적다 보니 그 자체가 거시적(巨視的) 이야기 전개에 그칠 뿐이다. 따라서 세상의 주인공이 사람인데, 거기에 백성들의 희로애락이 잘 비치지 않아 결과적으로 전달력이 떨어졌다. 이런 점을 보완하기 위해서는 그 시대를 살았던 인물들의 전기를 읽어보는 것이 좋다.

지난 시대를 바라보고 평가할 때 '역지사지(易地思之)', 즉 상대의 입장에서 생각해보라는 교훈을 시대를 바꾸어 생각해보라는 말로 해석하는 것도 좋은 방법이다. 예컨대 우리 사회에서 일제 강점기를 어떻게 볼 것인가가 매우 중요한 쟁점이다. 현재의 입장에서 과거를 바라보고 평가하는 것이 역사라는 말도 일리가 있지만, 그렇다고 독립운동에 투신하지 않고 단지 일제 강점기 때 살았다는 사실만 놓고 그 모든 사람을 단죄한다면, 과연 그 시대 거기에서 살아남을 우리 백성은 얼마나 되겠는가?

우리 현대사에서 이런 역지사지의 입장에서 과거를 평가하지 않고 대중에 영합하여 일방적으로 과거를 매도하는 일이 역사를 평가하는 일에서 바람직한 일인가를 되새겨볼 필요가 있다. 이런 다양한 시각과 관점을 갖추었을 때, 역사를 제대로 보는 안목이 생긴다. 이것이 인문학의 소양을 기르는 한 방법이기도 하다.

이제 인문학의 소양을 기르는 좀 더 구체적인 방법으로, 특히 문학 · 역사 · 철학 그리고 예술에 어떻게 접근할 것인가를 하나하나 살펴보자.

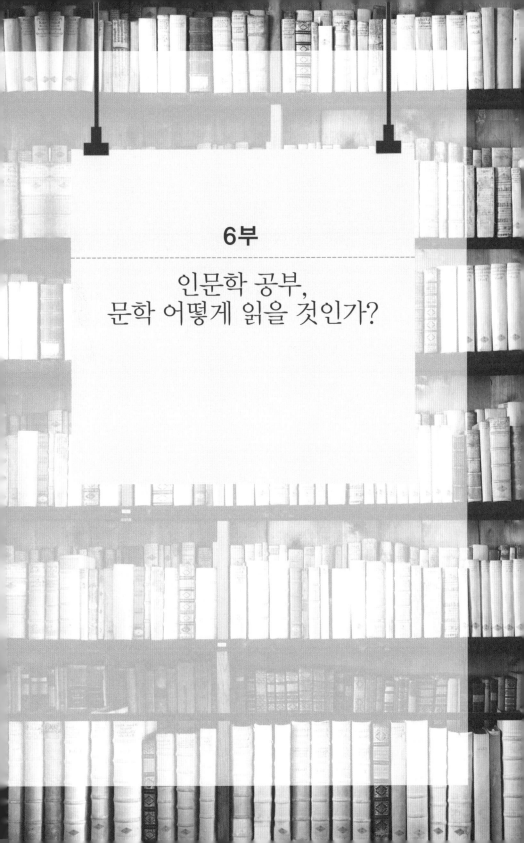

6부

인문학 공부,
문학 어떻게 읽을 것인가?

문학 읽기의
기본 원칙

문학을 잘 읽는 방법은 줄을 긋거나 형광펜 등으로 표시를 남기는 것이다. 요즘은 독서하는 사람들이 대부분 펜을 들고 있으니 굳이 특별한 방법이라고 할 것도 없다. 그럼에도 줄을 잘 긋는 단순한 행위만으로도 독서 효과를 높일 수 있다.

분명, 줄을 긋는 것은 책을 효과적으로 읽는 가장 기본적인 방법이다. 그래서 문학 서적, 특히 소설책도 가능하면 줄긋기를 하면서 읽으라는 것이다. 무슨 소설책에 줄을 긋느냐고 반문할 사람도 있겠지만 소설이기에 줄을 그어야 하는 점도 있다.

소설을 읽으며 줄을 긋는 이유에는 몇 가지가 있다. 소설을 읽고 나면 단편적인 장면들만 기억되는 경우가 많다. 전체적인 이야기의 흐름과 함께 그와 연관된 장면들만 머리에 남는 것이다. 이런 아쉬움 때문에 소설을 읽은 후, 전체적인 줄거리를 머릿속에 떠올리려고 노력하게 된다. 이야기의 흐름을 알아야 책의 구조를 이해할 수 있기 때문이다. 이때 가능하다면 줄거리를 글로 써보는 것이 좋다. 간단히 열 줄 정도로 요약해보면 전체 줄거리를 확연히 떠올릴 수 있고 오랫동안 기억할 수 있다.

따라서 소설을 읽을 때는 중요한 줄거리가 되는 부분에 반드시 줄을 그어보자. 그리고 주인공이나 등장인물의 특성을 알려주는 부분에도 줄을 긋자. 이렇게 줄을 그으면서 읽은 후에는 줄 그은 부분만 다시 읽는다. 그러면 전체적인 흐름을 쉽게 각인할 수 있다. 몇 년이 지난 후에 다시 책의 줄거리를 알고 싶을 때에도 줄 그은 부분만 읽으면 된다. 줄 친 부분을 읽는 동안 자연스럽게 세부적인 내용까지 떠오를 것이다. 그러면서 중간중간 인물들의 특징을 알려주는 글을 보면 인물의 성격과 유형 또한 또렷해진다.

❖ 멋진 문장을 발견하라

소설을 읽는 또 하나의 즐거움은 멋진 문장을 발견하는 데 있다. 그런 점에서 당연히 멋진 문장에도 줄을 그어야 한다. 멋진 문장에는 될 수 있으면 형광펜을 사용하는 게 좋다. 그렇게 하면 줄을 그은 부분과 구분할 수 있어서 좋다.

좋은 문장에 형광펜으로 표시해두면 아무래도 자주 보게 된다. 그 책을 볼 때마다 표시된 부분을 읽게 될 것이고, 자주 읽으니 머릿속에 오래 남는다. 가끔은 예전에 읽었던 좋은 문장이 필요해서 그 문장을 찾으려고 수십 권의 책을 뒤지는 일도 있다. 그럴 때 표시를 해두면 어떤 책의 어디에 그 문장이 있는지 쉽게 찾아낼 수 있다. 이런 문장들은 활용 가능성도 높아서 글을 쓰거나 일할 때 아이디어 끄집어내기 차원에서 유용하다.

줄을 어디에 긋느냐에 따라 책을 이해하는 정도도 달라진다. 소설을 두세 번씩 읽는 경우는 드물기에 한 번 읽을 때 제대로 줄을 긋는 것이 중요하다. 일단 놓치면 되돌아가서 줄을 치기 힘들다. 그러니 늘 펜을 가까이 두고 집중력을 발휘해서 읽어야 한다.

소설을 읽을 때 힘든 것 중 하나는 등장인물이 너무 많아 헷갈릴 수 있다는 점이다. 특히 명작이라 불리는 대문호들의 작품을 읽을 때는 더욱 그렇다. 명작에는 이야기의 중심이 되는 인물 외에도 수십 명이 등장하는데, 이 주변 인물들은 시대와 상황을 알려주는 역할을 한다. 이름도 외국어로 된 것이다 보니 나중에는 헷갈려서 그 사람이 그 사람처럼 느껴진다. 당연히 이야기를 이해하는 데 어려움을 겪게 되고, 그러니 제대로 감상할 수도 없다. 이런 경험을 통해 나만의 노하우를 만들어야 한다.

그 노하우란 관계도를 그리는 것이다. 먼저 주인공을 가운데 배치한다. 주인공 이름을 적어두고 간단하게 특징을 기록해둔다. 책을 읽다가 새로운 인물이 등장할 때마다 이름을 적고 줄을 그어 주인공과의 관계를 기록한다. 괄호를 해서 성격이나 직업 등도 간단히 적어둔다. 이렇게 한 명씩 등장인물을 적어가다 보면 주인공과 주변 인물들을 한눈에 알 수 있다. 그러면 자연히 인물의 혼동도 줄일 수 있다. 이 방법은 스토리를 이해하는 데 크게 도움이 되어 책을 다 읽고 관계도만 살펴봐도 전체 줄거리를 떠올릴 수 있다.

많은 이가 머릿속에서 생각을 정리하는 데 어려움을 겪는다. 이럴 때는 종이에 생각을 기록해보는 것이 최고의 생각 정리법이다. 종이 위에서 생각하면 전체적인 구조를 알 수 있으므로 생각의 방향을 정할 수 있고 그로 말미암아 집중력도 살아난다. 또한 등장인물 간의 관계도를 그려보는 것은 소설 전체의 구조를 한눈에 볼 수 있게 해주고 이야기의 흐름까지 정리할 수 있는 대단히 효율적인 방법이다.

❖ 주인공의 변화 과정을 살피면서 읽어라

소설을 처음 읽을 때 대체로 스토리 위주로 읽게 마련이다. 당연한 일이다. 소설이라는 장르 자체가 이야기를 다루기 때문이다. 주인공이 누구이며 어떤 과정을 거치고 어떤 경험을 하게 되는지, 그래서 결론은 어떻게 나는지가 궁금해서 소설을 읽는다. 여전히 스토리에 빠져 소설을 읽을 때가 많고 스토리가 아니라면 굳이 소설을 읽을 이유도 없다고 생각한다. 하지만 이런 책 읽기는 재미로 읽는 것과 크게 다르지 않다. 재미가 있을수록 잘 읽히고 그런 책을 주로 찾게 된다. 이런 이유 때문에 두껍고 복잡한 책은 읽을 기회가 점점 줄어든다. 결국 남는 것은 사람들이 널리 읽는 스토리 위주의 베스트셀러들뿐이다.

이 단계를 넘어서려면 소설의 숨은 매력을 찾아내어야 한다. 그중 하나가 주인공의 변화 과정을 살피면서 읽는 것이다. 이 방법은 스토리 위주로 읽으면서도 그 스토리가 주는 의미를 잘 추출해서 자신에게 혹은 사회적으로 가치 있는 메시지를 간파하도록 도와준다.

그 메시지가 무게 있고 의미가 깊을수록 작품을 통해 느끼는 감동 또한 커진다.

이러한 문학 읽기의 기본 원칙을 바탕으로, 이제 우리나라 독자들에게 많이 읽히는 세계문학의 고전 중 눈여겨볼 만한 작품들을 하나씩 살펴보자.

호메로스,
고대 그리스의 대서사시
《일리아스》·《오디세이아》

　호메로스(Homeros, BC 800?~BC 750)는 그리스의 시성(詩聖)으로 손꼽히는 고대 그리스의 서사시인이다. 그의 작품《일리아스》와《오디세이아》는 최고(最古)이자 최대(最大)의 서사시로 알려져 있다.

　《일리아스》는 그리스 민족이 트로이를 포위했을 때의 이야기를 다루고 있다. 이 포위전은 실제 존재하였다는 트로이의 '탑'이 함락과 동시에 불타버리면서 끝이 난다. 인간의 가장 어리석은 행동 중 하나인 '전쟁'에 관하여 가장 장대하게 쓴 이야기라고 할 수 있다. 중심인물 아킬레우스는 서양 문명 최초의 영웅이라고 할 만한데, 그는 분노, 무모함, 선함을 오가며 전쟁을 승리로 이끈다.

　《오디세이아》는《일리아스》의 속편으로 그리스가 트로이를 약탈한 후, 그리스 영웅들 사이에서 벌어진 사건을 그리고 있다. 특히 그 중 한 사람 율리시스로 알려진 왕 오디세우스의 운명을 말하고 있다.

고향으로 돌아오는 10년이라는 긴 세월의 항해 가운데 오디세우스에게 일어난 사건과 그의 아들 텔레마코스가 아버지를 찾기 위해 고군분투하는 이야기, 그리고 남편의 부재 속에서 인내하는 페넬로페

호메로스와 그의 가이드, 윌리앙 아돌프 부그로, 1874

를 여러 구혼자가 귀찮게 구는 사연과 적에 대한 오디세우스의 피비린내 나는 복수 등의 사건이 묘사되어 있다.

그런데 이 두 작품에는 근본적 차이가 있다. 《일리아스》는 비극적이다. 후에 서양 문명에서 되풀이되어 우리 마음속에까지 침투된 테마, 즉 변하지 않는 숙명에 의해 지배되고 있는 것 같은 세계에 직면하여, 어떤 고귀한 인간도 운명을 피할 수 없는 유한의 존재임을 말하고 있는 것이다.

그러나 《오디세이아》는 비극이 아니다. 이 작품이 강조하고 있는 것은 인간이 숙명으로 받은 제한이 아니라 가능성이다. 그 테마는 죽음에 직면할 때의 용기가 아니라 곤란에 직면했을 때의 '지성'이다. 이것은 우리 현대인들도 쉽게 이해할 수 있는 테마다.

오디세우스는 용감하기는 하나 그의 영웅적인 행위는 정신적인 면에 있다. 《오디세이아》의 주인공 오디세우스의 정열은 아킬레우스처럼 보통 인간 이상으로 큰 것이 아니라, 우리 인간이 다 가지고 있는 정도의 것이다.

《오디세이아》의 리듬은 모두 소박한 인간관계에 두고 있다. 이 이야기는 우화 같은 에피소드가 충만해 있지만 마치 사실 같은 인상을 준다. 우리 삶에서 이 작품이 끊임없이 움직이고 있는 까닭은 인간의 한계를 뛰어넘으려는 비범한 인간의 모험 이야기이기 때문이다. 이러한 측면 때문에 많은 사람에게 여전히 읽힌다고 하겠다.

아우구스티누스,
정신적 자서전의 고전
《고백론》

아울렐리우스 아우구스티누스(Aurelius Augustinus, 354~430)는 초기 기독교 교회의 손에 꼽히는 교부로, 철학자이자 사상가이다. 그는 명실상부한 중세의 신문화를 이끈 선도자로, 주요 작품으로 《삼위일체론》, 《신국론》 등이 있다.

아우구스티누스의 《고백론》은 지금까지 알려진 자서전 중에서 가장 오래되었고 으뜸이라고 할 수 있다. 그런 만큼 《고백론》은 우리에게 가장 영향력을 주는 자서전이다.

《고백론》을 처음 읽는 독자들은 이 글에서 격렬함, 신에 대한 집념, 죄와 고백에 대한 눈물겨운 관심을 갖게 될 것이다.

북아프리카 태생으로 로마시민권을 가진 아우구스티누스는 히포의 사교를 믿었으나 37세가 되던 해에 기독교에 귀의하였다. 그때는 이미 세속의 즐거움도 맛보았고, 또 마니교의 이론에 방황하고, 플라

토니즘의 고정적 교양을 경험한 뒤였다. 그는 그때부터 기독교 선교에 힘써 596년 교황 그레고리우스 1세의 명을 받아 40명의 수도사를 이끌고 잉글랜드로 향하여 앵글로색슨 민족을 기독교로 개종시킨 최초의 선교사가 되었다.

《고백론》이 많은 독자에게 감동을 불러오는 까닭은, 특히 그로 하여금 최후의 소명을 느끼게 한 성스러운 어머니 모니카 때문이다. 독실한 기독교 교인인 그의 어머니 모니카는 주위로부터 '성스러운 여성'으로 칭송되었다. 그런 어머니의 영향으로 아우구스티누스는 하나님에 대한 소명을 깨닫고 선교사가 될 수 있었다.

《고백론》에서 특히 정원에서 기독교로 귀의하는 신비스러운 장면은 기독교의 중추적 사상의 기초가 되고 있다. 《고백론》은 처음부터 사람들에게 진실을 알리기 위해 쓴 것이다. 이 책은 진정한 인간이 어떤 경로로 인간의 나라에서 신의 나라로 들어가는지에 대해 우리에게 말하는 신비스러운 고백이다.

이 책을 잡으면 놓지 않게 되는 까닭은 아우구스티누스의 무서운 인간미 가득한 음성에 귀를 막을 수 없기 때문이다. 그는 자신의 외적 사건뿐만 아니라 정신세계의 사건에서도 진실을 말하려고 노력했다. 《고백론》은 정신적 자서전의 고전이며 지금까지의 문학서 중에서 이만한 가치가 있는 책을 드물다고 하겠다.

대니얼 디포,
아이들의 선망을 그린
《로빈슨 크루소》

대니얼 디포(Daniel Defoe, 1660~1731)는 영국의 저널리스트이자 소설가이다. 그는 사실적 묘사로 영국 최초의 근대 작가로 인정받고 있다. 주요 작품으로《해적 싱글턴》,《몰 플랜더스》,《로크사나》등이 있다.

그의 처녀작이라고 할 만한《로빈슨 크루소》는 세계 제일의 명작 중 하나로, 원작은《요크의 선원 로빈슨 크루소의 생애와 이상하고 놀라운 모험》이다. 상인의 아들로 태어난 그는 세계를 널리 여행하던 와중에 해적에게 붙잡힌 일도 있었다. 그는 예순 무렵에 이 작품을 쓰기 시작하였는데, 발표되자마자 큰 명성을 얻었다.

《로빈슨 크루소》의 대략적인 스토리는 이렇다. 크루소는 아버지의 만류를 뿌리치고 모험 항해에 나선다. 그러나 곧 배가 난파되면서 무인도에 표착한다. 크루소는 이내 생존의지를 가지고 무인도생활을 해나간다. 우선 배에서 식량, 의류, 무기, 짐승을 가져오고 오두막집을 짓는다. 곡식을 재배하는 등 자급자족하면서 크루소는 배를 만들어 탈출을 도모한다.

어느 날, 크루소는 무인도에 상륙한 식인종의 포로 프라이데이를 구출하고 그를 하인으로 삼는다. 또 크루소는 무인도에 기착한 영국 반란선을 진압하여 선장을 구출한다. 그렇게 크루소는 28년 만에 고국에 돌아온다.

《로빈슨 크루소》는 그야말로 어린이들의 선망의 이야기다. 《허클베리 핀의 모험》과 마찬가지로 남성들이 소년 시절에 열렬히 꿈꾸고, 후에 어른이 되어 죽을 때까지 남몰래 계속되는 사나이의 꿈을 만족시킨다는 점에서도 어린이들을 위한 작품이라고 할 수 있다. 실제 모든 남성은 로빈슨 크루소 같은 생활을 꿈꾸고 있는 것이다. 말

《로빈슨 크루소》의 1719년 초판본 삽화·표지

하자면 자급자족의 생활을 하며, 확고부동한 1국 1체의 주인이 되어 한 사람의 노예를 부리고, 안락한 고독의 경지를 맛보고 싶어 한다.

《로빈슨 크루소》는 꿈속에서 경험할 법한 이야기이지만, 정연하고 상세히 묘사된 작품으로, 원망을 해결해야 할 책임이 잘 드러나 있다. 전기적으로 가식 없는 문장으로 풀어낸 이 작품은 그래서 독자들에게 많은 감동과 재미를 주고 있다. 이 소설은 존 버니언의 《천로역정》이후 영국 대중의 호기심을 자극하는 최고의 소설로 손꼽힌다.

존 버니언,
종교 서적
《천로역정》

존 버니언(John Bunyan, 1628~1688)은 영국의 목사이자 소설가이다. 그는 신학교도 나오지 않았으나 베드퍼드셔의 설교가 기퍼드의 영향으로 목사가 되었다. 이후 비국교파(非國敎派)의 설교자로 유명해지지만 국교회파의 박해로 12년간 옥살이를 했다. 죄목은 비밀집회 금지령 위반이었다. 주요 작품으로 《넘치는 은총》, 《성전(聖戰)》 등이 있다.

《천로역정》은 존 버니언이 감옥생활을 하면서 설교를 대신하여 쓰게 된 작품이다. 꿈속에서 일어난 일들을 바탕으로 하고 있는 이 작품은 성경 다음으로 많이 읽히는 종교 서적이 되었다.

주인공 크리스천은 자신이 살고 있던 멸망의 도시를 떠나 하나님이 있는 하늘의 도시로 떠난다. 그러한 여행길에서 그는 수많은 고통과 유혹을 만나지만 신앙으로 뿌리치고 마침내 하늘의 도시에 도착하여 동행자인 호프풀과 함께 영원한 생명을 얻는다.

이 소설은 꿈에 나타난 이야기지만, 이를 통해 영원한 행복이란 결코 쉽게 얻어지지 않으며 진실한 믿음을 갖게 된다면 축복을 받고 언제나 행복하게 살 수 있다는 것을 가르쳐준다.

1895년 한국어로 번역된 《천로역정》의 표지

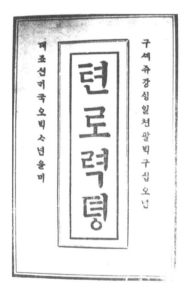

미겔 데 세르반테스, 근대소설의 효시 《돈키호테》

미겔 데 세르반테스(Miguel de Cervantes, 1547~1616)는 에스파냐의 소설가이자 극작가 겸 시인이다. 그는 셰익스피어와 함께 성격 묘사를 잘하는 작가로 정평이 나 있다. 주요 작품으로 《모범 소설집》, 《파르나소에의 여행》 등이 있다.

《돈키호테》는 세르반테스의 대표작으로, 1부와 2부로 이루어져 있다. 1부는 1605년에 출간되었고, 2부는 1615년에 출간되었다. 2부가 출간된 그 이듬해에 세르반테스는 사망하였다. 당시 세르반테스는 경제적으로 어려웠고, 그래서 돈 벌 생각으로 이 작품을 썼다고 한다. 출간 즉시 이 작품은 대중의 사랑을 받았으나 너무나 선풍적인 인기를 끌자 다른 작가가 세르반테스의 문체와 주제를 보망하여 《돈키호테》 2부를 쓰기도 했다.

독자들이 이 글을 읽을 때는 시가 나오는 부분은 모두 뛰어넘어가도 좋다. 제2부는 숙독하는 것이 좋다. 이 제2부가 훨씬 잘 되어 있기 때문이다.

《돈키호테》는 기사인 것으로 착각한 늙은 사내의 모험을 그린 이야기다. 세르반테스는 이 작품에서 당시 에스파냐에서 유행하고 있던 기사도 이야기의 권위와 인기를 타도하기 위해, 주인공을 허황한 꿈으로 가득 찬 엉터리 기사의 모습으로 풍자하고 있다.

돈키호테를 기사의 고매한 이상만을 추구하여 허황한 모험을 결심하게 한 귀족으로 그리고 있는 반면, 그의 하인 산초 판자는 실제적이고 물질주의에 사로잡힌 세속적 인간 군상의 모습을 극단적으로 묘사하고 있다. 그러면서도 두 사람을 서로 보완시키며 인간적 양면성으로 보여준다.

에스파냐의 시골 라만차 귀족인 키하다는 기사의 모험담을 읽고 자기가 기사인 것으로 착각하고 집을 떠나 모험을 찾아 떠나게 된다. 스스로 '라마차의 기사 돈키호테'라 부르며 갑옷을 입고, 늙은 말 로시난테를 타고 에스파냐의 시골 이곳저곳을 돌아다니며 온갖 엉뚱한 짓을 한다.

돈키호테는 약삭빠른 농부인 이웃 산초 판자를 하인으로 데리고 다닌다. 망상에 젖어 온갖 모험을 하던 돈키호테는 주위의 도움으로 집에 돌아와 정신을 차리고, 허황한 꿈속에서 헤매고 다녔던 자신의 삶을 돌아보고 반성하면서 지인들이 지켜보는 가운데 조용히 눈을 감는다.

《돈키호테》는 모험담의 최고 걸작이다. 《오디세이아》와 비견될 작품이라고 할 만하다. 그렇기 때문에 이 작품은 소년들에게 최고의 고전으로 읽히고 있다.

《돈키호테》는 참으로 유머러스한 작품이다. 어떤 독자들은 큰 소리로 읽으면서 얼굴에 붉은 기운을 띨 것이고, 어떤 독자들은 미소를 참지 못할 수도 있다.

세르반테스의 유머는 한마디로 정의를 내리기가 곤란하다. 그것은 그의 인간 자체이기 때문이다. 그렇기에 신비스러움마저 느껴진다. 음울하고 슬픈 표정의 기사 돈키호테는 말라빠진 이상한 인물로 세상에 나타난다. 세속적이고, 금언경구로 가득한 그의 부하 산초 판자도 마찬가지다. 두 사람은 다른 사람과 마찬가지로 변하고 만다. 그러나 그들은 모든 인간에게 상반된 요소, 즉 사회에 대한 도전과 수용, 영웅적 행동을 좋아하는 것과 싫어하는 것, 이상을 만들고 싶다는 정열과 현실에 대한 타협 등을 모두 요약하여 보여준다.

《돈키호테》는 현실과 비현실과의 관계를 그린 세르반테스의 여러 작품 중에서 가장 주제의식을 극명하게 드러낸 작품으로 평가받고 있다.

조너선 스위프트, 풍자소설 《걸리버 여행기》

조너선 스위프트(Jonathan Swift, 1667~1745)는 아일랜드의 더블린 출신 작가이자 성직자 겸 정치평론가이다. W. 템플의 비서로 일하다가 훗날 아일랜드 작은 교회에서 성공회 서기가 되었다. 그는 주로 풍자의 글을 썼으나 시사 문제에 관한 논평과 수필도 썼다. 주요 저서로 《통 이야기》, 《책의 전쟁》, 《스텔라에게의 일기》 등이 있다.

조너선 스위프트의 대표작 《걸리버 여행기》는 풍자소설로, 1726년에 간행되었다. 주인공 걸리버가 항해 중에 난파하여 소인국, 대인국, 하늘을 나는 섬나라, 말(馬)나라 등으로 표류해 다니면서 기이한 경험을 한다는 내용이다. 자유분방한 상상력 때문에 지금도 세계 각국에서 많은 사람이 애독하고 있다. 오늘날에는 첫 2권인 소인국과 대인국 편이 아동들에게 인기를 끌면서 더욱 많이 읽히고 있다.

《걸리버 여행기》는 인간이란 결코 이성적인 동물이 아니며 이성적 능력이 있는 존재는 말일 뿐이라는, 스위프트의 인간 혐오사상을 잘 보여주는 공상소설이다. 위선적이고 야만적인 인간에 대한 혐오와 분노, 그리고 이런 인간 혐오에 대해서 상징적으로 보여주기 위한 배변과 노골적인 성 묘사는 이 작품이 단순히 아동용이 아님을 보여준다. 한마디로 《걸리버 여행기》는 인간이 이성을 잃었을 때 어떻게 되는가를 잘 보여준 작품이다.

이 소설은 인간을 매도하는 풍자 작품으로, 마지막 편인 말나라 편이 압도적이다. 이 나라에서는 이성을 가지고 나라를 지배하는 존재가 말이며, 말에게 사육되고 있는 매우 치졸하고 비겁한 종족으로 인간에 해당하는 '야후'라는 동물이 그려진다. 이 작품은, 인간은 오로지 혐오의 대상이 되는 동물이라는 철저한 불만으로 일관하고 있다. 요컨대 인간 증오의 정신과 비범한 착상을 잘 결합하여 만든 특이한 작품이라고 하겠다.

조너선 스위프트는 비록 인간 혐오 정신을 토대로 작품을 썼지만 악의로 가득 찬 사람은 아니었다. 성 파트니크 사원의 공동묘지에 있는 그의 묘비엔 '어떠한 정의를 위해 일어나는 분노도 이제 내 마음을 좀먹을 수 없다'라는 뜻의 라틴어가 새겨져 있다.

프란츠 카프카,
실존주의의 소설
《변신》

프란츠 카프카(Franz Kafka, 1883~1924)는 유대계의 독일 작가로, 인간이 안고 있는 부조리와 존재에 대한 불안을 날카롭게 파헤치는 실존주의 문학의 거장이다. 주요 작품으로 《심판》, 《실종자》, 《배고픈 예술가》 등이 있다.

1916년에 발표한 카프카의 《변신》은 인간 존재에 대한 이야기를 다루고 있다. 카프카는 《변신》을 통해 인간 존재의 참다운 의미가 무엇인지 묻고 있다.

카프카의 《변신》은 주인공인 인간이 벌레로 변하는 이야기다. 벌레가 된 주인공은 다시는 인간으로 돌아오지 못하는데, 사회와 가족들의 무관심 속에서 살다가 비참하게 죽어가는 이 이야기의 흐름은 보면 볼수록 참담하기 그지없다.

주인공 청년 그레고르는 잠자는 외판원이다. 그는 어느 날 아침 자신이 한 마리의 커다란 벌레로 변신해 있는 것을 인지한다. 그는 회사에서 해고당할 것이 두려워 출근하려고 하지만 결국 결근하고 만다. 하지만 그의 회사 지배인은 그레고르 잠자가 공금 횡령 때문인 줄 알고 집을 찾아온다. 그레고르 잠자는 변명이라도 하기 위해 벌레의 모습임에도 불구하고 지배인 그리고 가족과 마주한다.

벌레로 변한 그레고르 잠자의 모습을 보고 지배인은 도망을 가고, 가족은 기절하고 만다. 그레고르 잠자는 사람의 말을 알아듣지만, 사람들은 벌레로 변신한 그의 말을 알아듣지 못한다. 그러니 그레고르 잠자의 삶은 고독과 불안의 연속이다. 날이 갈수록 그는 열등감과 불면, 식욕 부진 상태에 빠져 있다가 결국 죽고 만다.

《변신》은 현대인의 실존적 위기를 주제로 하는 일종의 우화다. 말하자면 실직이나 사고 등으로 경제적 능력을 상실한 인간의 삶 전체가 위기에 직면하게 되는 현대인의 상황을 벌레로의 변신을 통해 우회적으로 묘사한 작품인 것이다. 이 작품은 경제적 능력을 상실한 무능한 인간을 벌레로 묘사했다고 볼 수도 있다.

변신한 주인공 그레고르 잠자의 언어 역시 상징적인 것인데, 진정 소통이 이루어지지 못하는 상황과 대화 부재의 현실을 나타낸다고 볼 수 있다.

20세기 초 카프카의 의해서 세계문학 속에 나타난 그레고르 잠자라는 이름의 이 벌레는 우리에게 인간 존재의 참된 의미를 자꾸만 돌아보게 만드는 문제적 매개체다.

나관중,
라이벌 열전
《삼국지연의》

나관중(羅貫中, 1330?~1400)은 중국 원나라 말, 명나라 초의 소설가이자 극작가이다. 지능이 비상했던 그는 당시의 경향에 따라 역사를 구어체 장편소설 형식으로 많이 썼다. 주요 작품으로 《수호지》, 《수당연의》, 《잔당오대사연의》, 《평요전》 등이 있다.

알다시피 《삼국지》는 두 가지다. 하나는 진수(陳壽)가 완성한 전 65권의 정사 《삼국지》이고, 다른 하나는 나관중이 편찬한 《삼국지연의》이다. '연의'는 소설이나 이야기를 의미하는 것으로, 옛날부터 《삼국지》 하면 《삼국지연의》를 일컫는 것으로 여겨졌다.

오늘날 우리가 보는 본격 소설의 모양을 갖춘 《삼국지연의》는 원나라에서 명나라로 넘어가는 시기에 완성된 것이다. 이 작품은 세 나라가 다투는 장면을 부각시켜 240개의 대목으로 나누되, 그것을 하나의 일관된 스토리로 연결시킨 대작이다.

작품 속의 시대는 약 1600년 전, 후한(後漢)왕조가 쇠퇴한 이후 위·촉·오가 대립하던 때다. 각 나라의 우두머리는 위나라 조조, 촉나라 유비, 오나라 손권이었는데, 생존을 위한 삼국의 긴 항쟁과 각축이《삼국지연의》전반에 걸쳐 전개되고 있다.

이 작품에서 재미를 더해주는 것은 역시 등장인물들의 독특한 캐릭터다. 교활한 조조와 관용의 유비를 대비시켜 작품 전체를 관통하는 기본적 갈등구조를 형성한다. 예컨대 조조는 동탁을 살해하려다가 실패하여 야반도주하고 자신의 아버지 친구인 여백사 노인 집에서 우연히 신세를 진다. 그 와중에 술을 사러 간 노인이 자신을 밀고한 줄 알고 그의 가족을 몰살하고, 그것도 모자라 술병을 들고 들어오는 여백사를 죽이고는 동행하던 진궁에게 이렇게 말한다.

"내 편에서 천하의 사람들의 등을 돌리게 할지언정 천하의 사람들로 하여금 내게 등을 돌리게 하지는 않겠소."

《삼국지연의》삽화

반면, "차라리 내가 죽을지언정 어질지 못하고 의롭지 못한 일은 하지 못하겠소"라고 말하는 유비의 말은 조조와 대비를 이루는 인물 성격을 단적으로 보여주고 있다.

조조가 자신만의 사리를 채우는 인물이라면, 유비는 천하의 공심 (公心)을 표방하는 인물로 묘사된다. 그런 까닭에 나관중을 위시한 대부분의 중국인은 유비에게 후한 점수를 주는 것이다. 이해타산에 입각하여 이득이 되는 부분만을 취하는 조조와 충절과 의리를 앞세운 유비는 춘추전국 시대의 틀이 마련된 제자백가 가운데 법가(조조)와 유가(유비)라는 두 사상의 한 기둥을 부여잡고 있다고 해도 과언이 아니다.

이 작품의 스토리는 유비가 죽은 후 그의 아들 유선을 보좌한 제갈량과 그에 맞서는 사마의의 지략 대결로 그 중심이 옮겨 간다. 기산이나 오장원을 무대로 펼쳐지는 이 숙명의 라이벌 대결은《삼국지연의》의 절정이라고 할 수 있다.

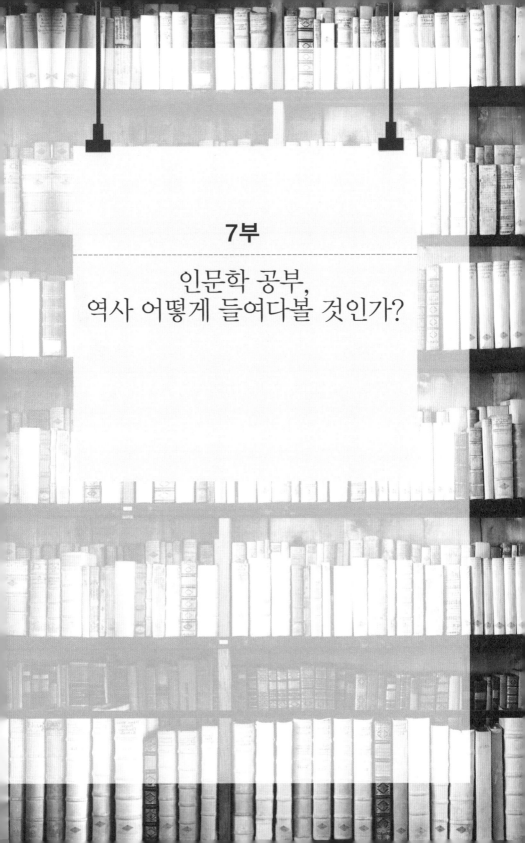

7부

인문학 공부,
역사 어떻게 들여다볼 것인가?

역사 공부의
기본 원칙

살아 있는 역사 공부를 하려면 먼저 책을 고르는 것이 중요하다. 역사책은 종류도 많고 관점도 다양해서 고르기가 쉽지 않다. 가능하면 목차를 잘 살펴본 후 일부라도 읽어보고 선택할 것을 권한다. 교과서 느낌이 나는 도식적 설명 위주의 책보다는 역사적 사건과 인물을 스토리 형식으로 편집한 책을 고르는 게 좋다. 스토리로 편제된 책은 일단 재미있을뿐더러 각각의 역사 전후 사정을 이해하는 데 더 쉽기 때문이다. 역사적 사건들 속에서 관여 인물들이 어떤 역할을 했고, 그 시대의 소용돌이를 어떻게 헤쳐 나아갔는지도 한눈에 파악할 수 있다.

이런 식의 책들은 역사적 사건들 간의 인과관계를 밝혀내는 데 도움이 된다. 역사란 인간 삶의 흐름이다. 흐름에는 원인이 있고 결과가 있다. 그 원인과 결과를 잘 파악한다면 지금 우리 삶의 문제를 극복할 방법을 얻을 수 있다.

비잔틴제국에 관해 공부하겠다고 마음먹은 뒤, 지식 위주의 역사 공부를 한다면 단순한 지식 외에 특별한 뭔가를 얻지는 못할 것이다. 로마제국이 분열되었고, 서로마제국은 476년에 게르만족의 침입으로 멸망하였으며, 유스티니아누스 황제 시절에 전성기를 누린 동로마제국은 1453년에 오스만투르크제국에 의해 멸망했다 등등의 정보 정도는 인터넷으로 검색해도 알 수 있는 '사실'이다. 역사 공부는 사실을 아는 정도에 머물러서는 안 된다. 이것은 참지식이라고 보기 어렵다.

역사를 공부하면서 정확한 사실을 파악하는 것이 중요하지만 이것은 어찌 보면 역사가들의 몫이다. 우리로서는 정확한 사실을 찾아내고 연구하기보다는 그 사실들이 어떤 결과를 가져왔는지 전후관계를 파악하는 공부를 하는 것이 더 좋다.

역사 공부의 목적은 역사 기저에 흐르는 인과관계를 파악하고 현재를 살아가기 위한 감을 잡는 데 있다. 그래서 가장 중요한 것이 인과관계의 파악이다. 예컨대 동로마제국을 공부할 때, 동로마제국이 어떻게 천 년을 버틸 수 있었는지, 유스티니아누스 황제는 어떻게 전성기를 누릴 수 있었는지 원인을 분석해봐야 한다. 이렇게 인과관계를 중심으로 공부하면 대부분 국가가 멸망하는 이유와 과정을 찾아낼 수 있고 그 공통점도 파악할 수 있다. 대개 왕이 어리석고, 환관과 외척 혹은 부패한 관료들이 날뛰며, 그 결과 민중의 반란이 일어나거나 외부 세력이 침입하는 수순으로 진행되었다.

삼국지의 촉나라를 예로 들어보자. 어질고 현명했던 유비가 죽은 후 그의 아들 유선이 즉위한다. 왕이 어리석으니 환심을 사려는 무리가 늘어나는데, 이때 환관 황호가 왕권을 등에 업고 전횡을 일삼는다. 부패한 세력은 무리를 짓게 마련이고 황호 주변에 아첨과 전횡을 일삼는 세력가들이 모여들면서 백성의 삶은 점차 어려워진다. 한 나라의 위기는 곧 다른 나라에게는 기회다. 기회를 노리던 위나라는 등애를 사령관으로 하여 촉나라를 공격하고, 결국 촉나라는 단번에 멸망하고 만다. 하지만 그 위나라의 멸망도 촉나라의 마지막 모습과 크게 다를 게 없었다. 어리석은 왕과 부패한 관료, 민란과 외세의 침입은 멸망의 조건들이다.

반면, 한 나라가 크게 부흥하는 때를 보면 그와는 정반대의 모습을 발견할 수 있다. 왕은 현명하여 정사에 두루 능하고, 관료들은 국왕을 열심히 보좌하여 백성의 삶을 평안케 한다. 덕분에 물가는 안정되고 도둑은 사라지며 흉년이 들어도 서로 도우며 어려움을 이겨낸다. 나라의 힘이 사람들의 삶을 평안하게 하는 데 집중되어 있기 때문이다.

유스티니아누스 황제가 전성기를 구가할 수 있었던 이유도 같은 맥락이다. 유스티니아누스는 로마의 영광을 재현하겠다는 야심찬 목표를 가지고 집무에 충실했다. 그는 외교 능력도 뛰어나서 페르시아와 정략관계를 잘 구축했다. 그의 곁에는 훌륭한 장군과 관료들이 많았는데, 재정 담당관은 국가의 일을 위해 충분한 재원을 확보했고, 장군 중 특히 벨리사리우스는 중요한 전쟁에서 큰 승리를 거두었다. 거기에 유스티니아누스 법전을 편찬한 트리보니아누스 같은 학자와 안테미오스 같은 건축가들이 문예 부흥을 이끌었다. 왕권이 약하면

유스티니아누스　　　　　염립본의 제왕역대도권 중 촉주 유비 부분

외척 세력이 득세하게 마련이다. 하지만 황후 테오도라는 천민 출신으로 세력이 미약했을 뿐만 아니라 황제를 보좌하는 자신의 역할에 충실해서 '니카의 반란'이 발생했을 때 그것을 슬기롭게 극복하도록 돕기도 했다.

어느 국가나 위기가 오지만 그것을 극복하는 것은 결국 전체 국민의 단결된 힘이다. 자신의 주변을 하나의 힘으로 뭉치게 할 수 있느냐가 왕의 중요한 능력인 것이다.

역사책을 읽을 때는 늘 왜 이런 일이 일어났는지, 왜 그렇게 행동했는지, 그 원인이 되는 사실을 잘 파악해야 한다. 그래서 늘 '왜?'의 질문으로 역사를 들여다봐야 한다. 그러면 원인을 파악하는 힘이 커질 뿐만 아니라 결과를 예측하는 능력도 향상된다.

❖ 인물 중심으로 읽어라

왜 역사 공부를 할까? 이 질문에 대한 답을 찾으려면 "역사는 현재와 과거의 대화다"라고 한 영국 역사학자 에드워드 핼릿 카의 말을 이해할 필요가 있다. 결국 역사를 공부하는 이유는 과거를 조명함으로써 현재를 발견하는 것, 그래서 미래를 유익하게 만들어가는 것이라고 할 수 있다.

하지만 역사책만으로 과거를 제대로 조명하기란 쉽지 않다. 역사적 사실들을 공부해보면 별로 재미가 없고 이걸로 뭘 어떻게 해야 할지 막막하기만 하다. 그래서 역사 공부를 재미있게 하려면 관심이 가는 것에서부터 시작해야 한다. 그중에서도 특히 쉬운 공부 방법은 인물 중심의 접근이다. 역사적인 인물은 국왕이나 관료에서부터 산적 활동을 한 민중까지 다양한데, 이런 인물들은 삶의 갖가지 굴곡을 가진 예가 많다. 인생의 굴곡이 심했기에 역사에 이름을 남길 수 있었던 것이다. 누구에게나 역사적 인물 중에서 유달리 정이 가는 인물이 있게 마련이다. 그 인물부터 공부해보면 역사가 훨씬 더 재미있어진다.

❖ 인물과 그 시대를 연결하다

인물을 통해 역사를 공부하면 한 인물의 삶을 살펴보는 재미를 누릴 수 있을 뿐만 아니라 그 인물의 시대와 그가 연결된 사건들을 생동감 있게 접할 수 있다. 역사적 인물들은 대개 중요한 시대적 사건을 경험했고 그 사건에서 주도적인 역할을 했다. 덕분에 역사적 사건을 생생하게 공부할 수 있고 그 사건을 이해함으로써 주인공이 살았던 시대적 분위기와 구체적인 상황도 더불어 이해할 수 있다.

인물을 통한 역사 공부의 효과적인 방법은 다음과 같이 몇 가지로 정리할 수 있다.

첫째, 좋아하거나 관심이 가는 인물을 선정한다.
둘째, 그 인물과 관련된 부분을 찾아 공부한다.
셋째, 그 인물의 출생부터 사망까지 연대별로 주요 사건들을 기록한다.
넷째, 사건의 의미를 찾아보고 인물의 성격과 특성, 사회적 역할을 정리한다.
다섯째, 연관된 인물을 알아보고 그 인물들로 공부를 확대한다.

앞서 언급했듯이 역사 공부는 책의 처음부터 시작할 필요가 없다. 중간부터 시작해도 무관하다. 이때 중간이란 자신이 관심이 가는 곳이고, 좋아하는 인물이 등장하는 부분이다.

이러한 역사 공부의 기본 원칙을 바탕으로, 이제 인류에게 커다란 영향을 미쳐왔고 아직도 우리의 삶에 영향을 미치고 있는 역사 고전과 사상, 그리고 역사적 사건들 몇 가지를 살펴보자.

헤로도토스, 탐구의 기록 《역사》

헤로도토스(Herodotos, BC 484?~BC 425?)는 '역사의 아버지'로 불리는 그리스 역사가다. 그는 너무 행복한 자는 신의 질투로 반드시 멸망한다는 사상을 가지고 있었으며, 아테네의 민주주의에 심취했었다. 그는 서구에서 역사라는 이야기 장르를 최초로 만든 인물이다. 그는 왜 역사라는 장르를 만들었을까? 서양에서 역사의 어원이 '탐구'를 뜻하는 'historia'에서 나온 것은 우연이 아니다. 헤로도토스는 인간의 일에 대한 자신의 탐구를 산문으로 기록한 책에 'Historiae' 라는 제목을 붙였고, 이것이 계기가 되어 인간의 일에 대한 산문적인 탐구 서술로서의 '역사'가 탄생했다.

하지만 헤로도토스가 과연 '역사의 아버지'인가에 대해서 또 다른 그리스의 위대한 역사가 투키디데스와 비교되면서 오랫동안 논쟁거리가 됐다. 특히 근대 실증사학의 등장과 함께 이야기체 역사보다는 과학적 역사가 강조되면서 그의 권위는 크게 실추됐다. 결국 헤로도토스에게 '역사의 아버지'라는 칭호를 부여한 키케로가 다음과 같이 말함으로써 '거짓말쟁이 헤로도토스'라는 오명의 단초가 되었다.

"역사에서는 모든 것을 판단하는 잣대가 진실이지만, 시의 경우는 시가 줄 수 있는 즐거움이 그 잣대이다. 그런데 역사의 아버지인 헤로도토스의 저서에도 믿지 못할 이야기가 많다."

근대 역사학이 '역사의 아버지'로서의 헤로도토스를 부정하는 경향이 있었다면, 역사의 과학성을 부정하고 문학적 전통을 복원하고자 하는 포스트모더니즘은 헤로도토스의 명예회복을 가져왔다.

폴 벤느는 《역사를 어떻게 쓰는가》에서 역사는 대개 두 원형으로 환원될 수 있다고 썼다. 첫째가 '이 행위는 우리의 기억 속에 살아 있을 만한 가치가 있다'는 것이라면, 둘째는 '인간은 서로 다르다'는 것이다. 헤로도토스는 《역사》 첫 문장에서 기억을 위해 역사를 쓴다고 했다. 하지만 폴 벤느는 헤로도토스 《역사》의 위대함은 첫 번째보다는 오히려 두 번째 원형에서 나온다고 보았다.

헤로도토스는 여행을 통해, 이집트에서 여자들은 서서, 남자들은 쭈그려 앉아서 소변을 보는 것처럼, 특정한 시공간에서 '민족들은 서로 다르다'는 사실을 깨닫고 이를 역사에 기록했다. 따라서 전 9권으로 구성된 방대한 책 《역사》는 페르시아전쟁의 원인을 탐구하는 전쟁사라기보다는 그리스와 아시아 여러 지역의 기수, 지리, 풍토, 풍습, 종교, 역사 등을 종합적으로 다루는 일종의 세계 문화사다.

헤로도토스는 여행지에서 들은 이야기나 수집한 자료를 그대로 받아들이지 않고 정확성 및 객관성에 의문을 제기했다. 그는 들은 이야기의 대부분이 구비전설이거나 풍문 또는 전승이기 때문에 정보의 진위를 파악할 수 없으며, 입수한 문헌자료도 사건의 전모를 알려주지 못하는 부분적 진실에 불과하다는 것을 잘 인식하고 있었다.

그는 제2권에서는 '이 책을 통해 내가 취하고 있는 원칙은 각각의 사람이 말하는 바를 들은 그대로 서술하는 것'이라고 했던 반면, 제7권에서는 '내 의무는 전해지고 있는 것을 그대로 전하는 것이지만, 그렇다고 해서 그것을 전적으로 믿어야 할 의무가 내게 있는 것은 아니다'라고 말함으로써 나름의 역사 서술의 원칙을 세우고자 했다. 이 원칙을 그는 페르시아전쟁의 원인에 대한 탐구에 적용했다. 그는 '페르시아의 학자들은 전쟁의 발발 원인이 페니키아인에게 있다고 본다'는 말로 조사를 시작했다. 그는 먼저 기존의 학설을 제시하면서 그것과 논증하는 방식으로 자신의 의견을 제시했다.

자고로 사람들은 역사를 통해서 '우리는 어디에서 와, 지금 어디에 있으며, 장차 어디로 가야 하는지'에 대한 삶의 오리엔테이션을 기대한다. 헤로도토스가 《역사》를 쓴 이유도 과거 위대한 인간들의 업적을 잊지 않도록 기록으로 남겨 후세에게 삶의 오리엔테이션을 주기 위함이었다.

자기 시대를 위기로 인식하면 할수록 사람들은 역사에 더 관심이 높아진다. 하지만 전문화된 역사학이 전문가들끼리만 소통하는 역사를 생산하고 대중을 소외함으로써, 대중은 역사에 대한 욕구와 열망을 텔레비전 사극으로 충족한다. 따라서 오늘날 대중이 진정으로 그리워하는 역사가는 운명처럼 주어진 자기 삶을 어떻게 살 것인가를 성찰하게 해주는 헤로도토스 같은 인생의 교사다.

니콜로 마키아벨리,
반도덕적 조언
《군주론》

니콜로 마키아벨리(Niccolò Machiavelli, 1469~1527)는 르네상스 시대의 이탈리아 정치사상가로, '근대 정치학의 아버지'라 불린다. 주요 저서로《로마사론》,《만드라골라》,《전략론》등이 있다.

1469년 피렌체의 중산층 가정에서 태어난 마키아벨리는 포도주 양조업자 조합에 가입하여 1495년 피렌체 공화국의 공무원이 되었다. 비록 대학은 못 갔지만 피렌체 의원들로부터 능력을 인정받아 1498년부터 피렌체의 내정과 군사를 담당하는 한편, 대사로도 활약했다. 1512년 메디치 가문이 다시 권력을 장악하게 되자, 마키아벨리는 실각하였다. 그러고는 부당하게 투옥되었다가 추방당하고 말았다. 이 일을 계기로 그는 은퇴하여 고향 마을에서 저술에 전념하였다. 그러면서 역사가, 극작가, 인도주의적인 만능의 문인으로 상당한 명성을 얻었다.

마키아벨리는 사상가가 아닌 정치가였다. 피렌체공화국에서 그는 유능한 외교관, 군사지도자로서 14년간 관직생활을 하였다. 그는 이탈리아 도시국가 및 유럽에 대두한 자국가 특히 프랑스를 관찰하고 있는 동안에 얻은 구체적인 통찰을 《군주론》을 통해 나타냈다.

그는 《군주론》에서 '마키아벨리안(Machiavellian)'이라는 형용사를 만들어내었다. 그 '마키아벨리안'이라는 인간은 국가정치에서 잔혹하고 냉소적인 권력의 후구자로서 알리게 되었다. 실제 그는 그가 본 권력의 실정에 관한 진실을 이야기하고 싶었다.

《군주론》은 정치 현실을 묘사했을 뿐이지, 정치적 목적이 있는 책은 아니었다. 마키아벨리의 비전은 스페인과 프랑스 지배에서 해방된 통일국가였다.

《군주론》은 교과서다. 이 책은 야심을 가진 지도자가 어떻게 국민에게 호소하고, 권력을 보존하고, 중앙집권화하는가를 보여주고 있다. 권력이 이렇게 중앙집권화하면 국가가 자유롭고 정당한 제도를 발전시키는 데 아무런 방해가 되지 않는다는 것이 그의 사상이었다. 유럽의 정치는 놀랍고 무서울 정도로 이 현명한 참고서에 의존하여 이동했다.

마키아벨리의 군주론은 고대와 중세의 전통적 사상과 도덕을 중심으로, 군주의 자율성과 권력과의 관계에서 정치적 야심과 용기와 도리를 통해 주권자의 생존법을 생생하게 보여주는 책이다. 따라서 《군주론》은 세상을 어떻게 살아가야 하며 어떻게 적응해야 하는지에 대해 깨닫게 해준다.

존 스튜어트 밀,
타인 위해의 원칙
《자유론》

존 스튜어트 밀(John Stuart Mill, 1806~1873)은 영국 고전파 경제학자이자 철학자, 그리고 사회사상가이다. 그는 고전 경제학의 최후의 집대성자로, 19세기 영국 경험론 철학의 대표 주자이기도 하다. 주요 저서로《대의정치론》, 《공리주의》등이 있다.

밀은 어려서부터 학교 교육은 받지 않고 오직 아버지로부터 글을 배웠다. 3세 때에 그리스어를 읽었고, 로마정치사를 읽기 시작한 시기는 11세 때였다. 천재들이 겪는 위기를 그도 역시 20세에 맞이하였다. 그가 그런 위기를 극복할 수 있었던 것은 독서의 힘이었다.

그는 공리설을 해방시키고 인간미를 보태기 위해 저술가, 의원 그리고 사회 개혁자로서 보내기로 마음먹었다.

그는 소수파의 보호를 주장했다. 사상과 표현이 가능한 모든 자유를 창조했다. 그의 중심 원리는 현대국가의 지배 시대에서는 아직

존 스튜어트 밀

도 도저히 실현할 수 없는 것이지만, 개인적으로나 집단적으로 타인
의 자유를 침범하는 데 대하여 인류가 보장되어 있는 유일한 목적은
자위하는 원칙을 지키는 것이다.

《자유론》은 영어가 지닌 독특한 비정서적인 표현법으로 명료한
논지에 우아한 감정을 표현한 걸작이다. 국가에 대한 개인의 요구를
주장하는 글로, 이보다 더 훌륭하게 묘사된 저서는 없다고 할 만하다.

그는 《자유론》에서 '자유란 남에게 피해를 주지 않으면서 자신이
원하는 것을 하는 것이다'라고 말했다. 그가 주장하는 자유의 원칙은
그의 '위해의 원칙'에 잘 나타난다. '다른 사람의 자유를 박탈하거나
자유를 얻기 위한 노력을 방해하지 않는 한 자신이 원하는 대로 자신
의 삶을 영위할 수 있어야 한다'는 것이다.

또한 그가 주장하는 자유의 가치는, 자유란 자신의 자아를 실현
하고 행복을 보장할 뿐만 아니라 모든 타인의 행복도 발전시키는 것
이라고 하였다.

그는 《자유론》에서 다수의 횡포를 경계하였다. 권력의 횡포에도 경계해야 하지만, 다수의 횡포에도 충분히 경계해야 한다고 말하였다.

　　그는 사상과 토론의 자유에 대해서도 역설했다. 사상의 자유를 갖기 위해서는 자신과 다른 견해에 대해 열려 있는 자세가 필요하다고 한 것이다. 어떠한 경우에도 개인의 사상을 억압하는 것, 토론의 자유를 인정하지 않는 것은 인류의 행복과 진리를 막는 불행한 일이라는 것이 《자유론》의 핵심이다.

　　《자유론》은 200쪽도 안 되는 책이지만, 우리가 무질서와 비효율을 감내하고서라도 왜 자유를 존중해야 하는지를 충분하게 논증해준다. 《자유론》의 가치는 우리 근현대사에 대입해볼 때 더욱더 빛난다. 《자유론》은 사상과 표현의 자유가 위협받을 때마다 단골로 인용되던 고전이었다. 《논리학》을 제외하고 당시 많은 사람이 읽은 명저다.

　　우리는 19세기 영국의 순수한 자유사상의 대표자로서 존 스튜어트 밀을 읽어야 한다.

사마천,
실존적 고뇌의 기록
《사기》

　　사마천(司馬遷, BC 145?~BC 86?)은 전한(前漢) 시대의 역사가로, 우리에게 명저 《사기》를 통해 '역사란 무엇인가?'를 돌아보게 해주었다.

　　인간과 문명은 항상 변한다. 옛것은 사라지고 새로운 것이 탄생한다. 역사는 사라진 것에 대한 기록이다. 사라지는 운명을 타고난 인간이나 문명은 그냥 사라지는 것이 아니라 흔적과 의미를 남긴다. 흔적과 의미를 기록으로 남기는 것이 역사다. 스스로가 사라질 운명에 처해 있다는 것을 아는 인간은 어떤 방식으로든 자신의 삶에 의미를 부여하지 않으면 살 수 없는 존재다. 의미가 없는 삶은 사는 것이 아니라 존재하는 것이다. 자신의 삶의 의미를 추구하는 과정에 과거에 살았던 사람들의 삶이 의미 있었음을 입증해야 했고, 이런 필요가 역사라는 서사시를 만들어냈다.

《사기》는 중국 역사에서 최초의 문명 단계라고 할 수 있는 황제 시대에서 전한 무제(武帝)기까지 중국 및 이민족의 역사를 기술한 총 130권의 방대한 책이다. 〈본기(本紀)〉, 〈표(表)〉, 〈서(西)〉, 〈세가(世家)〉, 〈열전(列傳)〉의 다섯 부분으로 구성된 《사기》는 중국의 역대 왕조사 편찬에 채용되는 정사의 모범이면서 동시에 아시아 역사서의 기본을 이루었다.

《사기》는 시황제의 분서갱유로 거의 파괴된 중국 고대사를 복원하는 결정적 역할을 했다. 동시에 제자백가의 구체적 정보를 제공하는 명저이기에 역사를 공부하는 사람은 물론 일반인들도 반드시 접해야 할 필독서다.

《사기》가 중국 역사책 가운데 가장 널리 읽혔던 이유는 그 안에 인간 운명의 문제를 치열하게 탐구한 사마천의 실존적 고뇌가 담겨 있기 때문이다. 그가 역사를 통해 인간 운명을 탐구하게 된 결정적 계기는 '이릉의 화'로 불리는 비극적 사건에서 비롯되었다. 그에게 그러한 시련이 없었다면, 동아시아의 최초의 역사서 《사기》는 탄생하지 않았을지도 모른다.

'이릉의 화'로 불리는 비극의 시작은, 이릉이 무제의 명을 받고 북방의 흉노 원정에 갔다가 중과부적으로 투항했을 때부터 시작된다. 이릉이 투항하자 이에 무제는 크게 분노했고 조정 대신들은 무제의 비위를 맞추려고 이릉의 처단을 주장했다. 이때 사마천만이 홀로 이릉을 변호하여 무제의 노여움을 사서 사형을 당해야 할 처지에 놓였다. 사형을 면제받는 방법의 하나로 50만 전을 받치는 방법을 택하지 않고 다른 하나는 궁형을 자청하는 것이다. 사마천이 사대부로서는 죽음보다도 더 치욕적인 궁형을 선택했던 이유는 《사기》의 완성 때문이었다. 태사령 가업을 계승하여 아버지가 이루지 못한 소명을 완수하라는 아버지의 유언이 결정적 작용을 한 것이다. 그는 이렇게 말했다.

"아버님께서는 항상 말씀했다. '주공이 죽은 500년 뒤에 공자가 나왔다. 공자가 죽은 지 이제 500년이 되었으니, 누군가 그 뒤를 이어 세상을 밝히기 위하여 주역을 바로잡고 춘추 정신을 계승하여 시경, 서경, 예악의 정신을 찾는 사람이 나와야 하지 않겠는가?' 이것은 아버지께서 나를 염두에 두고 하신 말씀이다. 어찌 내가 그 일을 외면할 수 있겠는가?"

사마천의 위대성은 바로 여기에 있다. 즉, 개인의 불행을 거대한 역사 문제로 확장, 승화한 것이다.

《사기》의 백미는 총 130권 중 절반 이상을 차지하는 〈열전〉에 있다. 〈열전〉 첫 부분의 '백이열전'은 역사에 대한 사마천의 문제의식을 가장 명확하게 드러낸다.

'백이열전'의 내용은 주의 무왕이 은을 전복하고 천하를 평정하자 백이와 숙제는 수양산에 도주하여 고사리로 연명하다 굶어 죽었다. 백이와 숙제는 분명 의인이었다. 하지만 하늘은 무심하게도 그들을 죽게 만들었다는 것이다.

사마천은 어기에서 묻는다. '그렇다면 천도란 과연 있는 것인가?'라고 말이다.

사마천은 《사기》를 통해 중국을 세계의 중심으로 설정하고 그 주변 지역을 오랑캐로 규정하는 중국 역사의 의미를 처음으로 제시했다. 실제로 중국사에서 중국이라는 국호를 가진 나라는 한 번도 없었다. 그럼에도 시황제의 통일제국 진 이후 중국은 계속 존재했던 것으로 생각해왔다. 원나라나 청나라 같은 오랑캐가 중국을 차지했어도 여전히 중국이 존재해 있는 것으로 중국사를 서술하는 정사의 전통을 《사기》가 제시했다. 중국이 문명을 더욱 빛나게 하기 위해 빛과 대비되는 어두운 그림자로서 오랑캐의 역사가 발견됐다. 오랑캐의 역사는 중국사에 포함됨으로서만 의미를 가진다. 그 타자들을 중화문명으로 길들이는 것이 천도를 실천하는 '명백한 운명'으로 보는 중화주의 역사관이《사기》에 의해 정립됐다.

인간 운명을 탐구하는 사마천의 역사 정신은 오늘날에도 계승되어야 할 핵심일 것이다. 다만, 중화주의의 깊은 뿌리를 제거하는 작업이 우리에게 필요할 것이다.

한비,
리더의 참모습
《한비자》

    한비(韓非, BC 280?~BC 233)는 중국 전국 시대 말기의 정치사상가로, 법가(法家)사상을 완성했다. 이를 집대성한 것이 바로 《한비자》다. 이 책은 총 55편, 10만여 개의 문장으로 이루어져 있다. 《한비자》의 사상 핵심은 법술(法術)이다. 원래 한비 이전의 법가 논리에는 법을 중시하는 사람들과 '술'에 주안점을 둔 사람들의 두 가지 유형이 있었다. 한비는 이 두 가지를 통합하여 '법술' 이론을 완성하고 이를 국가의 통치 근본이라고 주장하였다.

    《한비자》에 따르면 우두머리는 다음의 세 가지를 고려해야 한다.

    첫째, '법(法)'이다. 공적을 세우면 보상을 주고, 실패를 하면 벌을 준다. 즉, 신상필벌의 방침으로 부하를 대해야 한다.

    둘째, '술(術)'이다. 즉, 법을 운영하여 부하를 부리는 노하우다.

셋째, '세(勢)'이다. 권세나 권한을 의미한다. 부하가 우두머리의 명령에 복종하는 것은 그 우두머리가 부하의 생사여탈권을 쥐고 있기 때문이다. 그렇기에 우두머리가 되는 사람은 권력을 놓아서는 안 된다.

《한비자》는 '법', '술', '세'를 기둥으로 우두머리의 존재 방식을 설명하고, 조직관리, 인간관계에 대처하는 도리를 찾고자 했다.

한비는 전국 시대 말기 한(漢)나라의 귀공자로 태어났다. 천성적으로 그는 말더듬이었다고 한다. 그의 전서를 읽고 감동한 시황제의 초대로 부임하였지만 그를 중상모략하는 사람 탓에 비명의 죽음을 당했다고 한다. 그러나 그의 이론은 시황제에게 큰 영향을 주어 천하 통일의 토대가 되었다. 촉(蜀)나라의 승상이었던 제갈량은 초대 왕 유비가 죽은 후에 그의 아들 유선을 보필하여 명재상으로 숭상받았는데, 유선이 황태자로 있을 때 그에게 《한비자》를 읽을 것을 거듭 권고하였다고 한다.

《한비자》는 조직의 정상은 어떠해야 하며, 특히 리더는 어떠해야 하는가에 대해서, 또한 리더가 스스로 지위를 지키려면 어떤 점을 배려해야 하는가를 다루고 있다.

인간을 움직이는 동기는 무엇인가? 애정도, 배려도, 의리도, 인정도 아니다. 그건 단 하나, 이익이다. 인간은 이익에 의해서 움직이는 동물이다. 이것이 《한비자》 전 권을 관통하는 냉철한 인식이다. 서양의 마키아벨리와 함께 《한비자》는 철저한 인간 불신에 입각하여 리더의 참 모습을 추구하고 있다.

오긍,
우두머리의 마음가짐
《정관정요》

　　중국 당나라 시대의 역사가 오긍(吳兢, 670~749)이 편찬한 《정관
정요》는 제왕학의 원전으로, 예전부터 동양에서 많이 애독되어온 고
전이다. 지금부터 약 1,370년 전 중국 당나라 태종 이세민이 24년간
통치하면서 신하들과의 대담을 통해 그들이 어떤 마음가짐으로 정치
에 임했는지, 어떤 점에 고심했는지, 그 비밀이 밝혀져 있는 책이다.
즉, 당태종의 언행록이라고 할 수 있으며 훌륭한 정치를 한 인물들의
이야기가 고스란히 담겨 있다.

　　《정관정요》에서 말하는 제왕학의 요체는 수성(守成)의 우두머리
의 마음가짐이라고 할 수 있다. 《정관정요》에는 오늘날에도 경영인
은 물론 일반인들 사이에서도 많이 회자되는 '수성이 어려운가? 창
업이 어려운가?' 하는 유명한 문답이 들어 있다.

　　태종이 중진들을 향해 "제왕의 사업 중 창업과 수성 중에서 어느

것이 더 어려운가?" 하고 묻자 제일 먼저 방현령이 대답하였다.

"창업 초에는 천하가 흐트러지고 각지에 군웅이 할거합니다. 천하통일의 대업을 성취하려면 그런 군웅과의 싸움에서 이겨야 합니다. 그런 점을 생각하면 창업이 더 어렵습니다."

그러나 위징이 이를 반박하면서 말하였다.

"그건 맞지 않습니다. 원래 천자라는 지위는 하늘이 내려주고 백성이 주는 것이기에 이를 손에 넣는 것이 더 어렵다고 할 수 없습니다. 그러나 일단 손에 넣으면 기분이 풀어져서 넘쳐나는 욕망을 억누를 수 없습니다. 그리하여 백성이 죽든 말든 상관없이 제왕이 사치를 위해서 세금을 올리게 됩니다. 이것이 원인이 되어 국가가 쇠퇴의 길을 걷습니다. 따라서 저는 수성이야말로 곤란한 일이라고 말하고 싶습니다."

두 사람의 말을 듣고 있던 태종은 이렇게 말했다.

"방현령은 예전에 짐을 따라 천하를 평정하고 시종일관 어려움을 극복하여 오늘에 이르렀으니 당연히 창업이 어렵다고 하겠지. 반면에 위징은 나와 함께 안정을 꾀하면서 조금이라도 방심하면 반드시 멸망의 길에 이른다는 걱정을 하고 있으니 수성이 더 어렵다고 말한 거겠지. 이제 창업의 곤란은 극복했으니 앞으로는 이것저것 극복하여 수성의 어려움을 극복해나가고 싶네."

태종은 그런 마음으로 수성의 시대를 대처하여 명군으로 추앙받게 되었다.

《정관정요》에는 태종과 명신들의 문답을 통해 '정관의 다스림'이라는 성세를 가져다준 정치의 요체가 수록되어 있다.

인류에게
큰 영향을 준
사건과 사상

❖ **국왕의 권위를 강화시킨 십자군**

중세는 교황이 권력의 핵심으로 자리 잡은 시대부터 교황이 몰락하는 과정까지의 역사다. 교황의 권력이 강해지면서 중세에는 기독교 외의 모든 것에 대해 폐쇄적이었다. 그래서 역사가들은 이 시기를 암흑 시대라고 부른다.

막강하던 교황의 세력이 몰락한 결정적 계기는 십자군전쟁이었다. 끝을 모르던 교황의 치세가 교황 스스로 내린 결단에 의해 붕괴되고 만 것이다.

11세기에 셀주크튀르크가 동로마제국을 압박하자 동로마제국의 황제가 로마 교황에게 구원을 호소하였다. 이에 교황 우르바누스 2세는 1095년 프랑스의 클레르몽에서 종교회의를 열고 십자군 원정을 결의하였다. 이 원정은 종교적 동기 외에도 하급 영주들의 새로운 토지에 대한 욕구, 기사들의 모험심, 이탈리아 상인들의 경제적 욕구, 봉건제에서 벗어나려는 농민들의 욕구 등 다양한 동기가 한데 어우러져 감행된 것이었다.

　제1차 원정은 예루살렘 탈환에 성공하여 예루살렘왕국을 세웠으나 그 후 2, 3차는 실패하였으며 제4차는 본래의 목적에서 벗어나 콘스탄티노플을 점령하고 라틴제국을 세웠다. 그 밖의 원정도 역시 실패하였으나 이 원정의 결과 교황권이 쇠퇴하고 봉건제후와 기사층이 몰락하였으며 봉건체제가 흔들리면서 국왕의 권위가 커지는 결과를

클레르몽 교회회의에서 교황 우르바노 2세는 제1차 십자군 원정을 호소하였다.

가져왔다. 또한 동서 교역과 이슬람문화와의 교류가 확대되는 결과 도 가져왔다.

결국 200년 동안 8차례에 걸쳐 치러진 십자군 원정은 실패로 끝 나고 이슬람의 승리로 끝을 맺었다. 이슬람 외에 또 다른 승리자는 바로 왕의 세력들이다. 원정의 실패로 교황과 영주들의 세력이 몰락 하면서 원정을 구실로 막대한 세금을 거둬들인 국왕만이 그 힘을 발 휘할 수 있었다. 동서 무역이 활발해지면서 토지에 기반을 둔 영주들 이 쇠퇴하자 왕은 자연히 중앙집권국가를 건설할 수 있었다.

❖ 유럽 근대국가의 성립을 가져온 종교개혁

종교개혁은 16~17세기에 유럽에서 일어난 그리스도교 교회개혁 운동을 말한다. 이 운동의 결과로 프로테스탄트(개신교)라는 교파가 생겨났다.

1517년 독일의 신학자 마틴 루터가 교황의 면죄부 판매를 비판한 '95개조 반박문'을 발표하면서 비롯되었다. 루터는 1519년 라이프치 히에서 교황과 종교회의(공의회)를 부인하였고 황제 카를 5세는 루터 를 보름스 국회로 불러 소신을 철회하도록 하였으나 루터는 이를 거 부하였다. 그의 사상은 성서를 신앙의 유일한 권위로 삼고 모든 사람 이 내면적으로 신과 소통한다는 '만인사제주의'였다.

이후 루터는 작센의 선제후(選帝侯) 프리드리히의 보호를 받으며 성서를 독일어로 번역하였다. 독일에서는 루터의 도전에 자극을 받 아 농민전쟁이 일어났으며 프로테스탄트 제후와 도시들이 가톨릭파인 황제와 맞서 전쟁이 벌어졌다. 결국 1548년 아우크스부르크화의에서 제후들의 신앙의 자유가 인정되었다.

스위스에서는 1520년대부터 취리히와 제네바를 중심으로 츠빙글리와 칼뱅의 개혁운동이 일어났다. 칼뱅의 사상은 '예정설'을 근본으로 한 것인데, 루터파보다 더 넓게 전파되었다. 프랑스에서도 칼뱅파의 영향으로 '위그노'라 불리는 신교도들이 나타났으며 가톨릭 세력과 위그노전쟁을 치른 끝에 1598년 앙리 4세가 낭트 칙령을 반포하여 신앙과 자유를 인정받았으나 루이 14세 시대에 폐지되었다.

영국은 국왕 헨리 8세가 왕비와의 이혼 문제로 교황과 대립하여 1534년 수장령(首長令, 영국 국왕을 영국 교회의 최고 수장으로 하는 법률)을 발포하고 스스로 영국 국교회의 수장이 되었다. 이후 메리 1세 때 폐지되었다가 엘리자베스 1세에 의해 다시 제정되었다. 이와 같은 국가 주도의 국교회에 대립하여 시민계급을 기반으로 한 청교도 세력은 청교도혁명을 일으켜 공인을 받았다.

종교개혁의 배경은 교황권이 쇠퇴하면서 로마 가톨릭의 문제점이 노출되고 여기에 유럽 각지의 군주들이 교황의 권위에 도전하는 시대 상황 속에서 형성되었다. 따라서 종교개혁은 본질적으로는 교회 개혁운동이지만 유럽 근대국가의 성립이라는 정치적 측면과도 관련이 있다. 또한 문화적으로 르네상스와 함께 근대 유럽사상의 2대 원천으로 불린다.

❖ 유럽의 대표적 시민혁명, 프랑스혁명

프랑스혁명은 유럽의 대표적 시민혁명이다. 이 혁명은 몽테스키외, 볼테르, 루소 등의 사상가들이 주장한 계몽사상의 이념을 바탕으로, 절대왕정 및 귀족과 성직자의 특권에 대한 시민계층의 반발에서 비롯되었다.

혁명의 직접적 계기는 루이 16세가 재정난을 해결하기 위해 1789년 5월에 개최한 삼부회에서 시작되었다. 삼부회에 참여한 제3 신분, 즉 평민 출신 의원들은 차별적 회의 운영에 항의하여 국왕이 헌법 제정을 허락할 때까지 해산하지 않기로 서약하였다. 이른바 '테니스 코트의 서약'을 통해 독자적으로 국민의회를 구성한 것이다. 이에 국왕이 무

> **삼부회三部會**
> 성직자, 귀족, 평민 출신 의원으로 구성된 프랑스의 신분제 의회. 1302년에 성립되어 절대왕정의 확립에 따라 1614년에 폐쇄되었다. 1789년에 재개되었으나, 토의 형식을 둘러싸고 분규가 일어나 프랑스혁명의 실마리가 되었다.

력 진압을 시도하자 파리의 시민이 봉기하여 바스티유 감옥을 습격하면서 혁명은 시작되었다.

1789년 8월 정권을 장악한 국민의회는 봉건제의 폐지와 인권선언을 발표하였다. 1791년 헌법 제정과 함께 해산하고 입법의회가 출범하였다. 입법의회는, 안으로는 내분에 시달리고 밖으로는 유럽 각국과 혁명전쟁을 벌이며 난국에 처했다. 이에 1792년 국민공회가 성립하여 1793년 루이 16세를 처형하고 국민공회 내의 강경파인 산악당이 온건파 지롱드당을 추방하면서 권력을 장악하였다. 로베스피에르 등 산악당의 지도자들은 공안 위원회를 중심으로 공포정치를 시

프랑스혁명 – 혁명 광장에서 루이 16세의 처형

행하면서 독재정치를 실시하였다.

그러나 1794년 7월 테르미도르 반동으로 로베스피에르 등이 실각하고 지롱드파가 다시 권력을 장악하였다. 이후 1799년까지 총재 정부

테르미도르 반동 테르미도르쿠데타

프랑스에서 혁명력으로 테르미도르 9일, 즉 1794년 7월 27일에 국민공회 안의 온건파가 일으킨 쿠데타.

가 집권하였으나 좌파와 우파 양쪽으로부터의 도전에 시달리다가 결국 나폴레옹의 군사 쿠데타로 프랑스혁명은 종결되었다.

❖ 사회 개혁의 조치가 이루어진 미국의 독립혁명

미국 독립전쟁은 아메리카 대륙의 13개 식민지가 본국 영국의 지배에 맞서 독립을 위해 수행한 전쟁 및 그에 따른 건국 과정이다. 원래는 영국 의회의 식민지 과세권에 대한 식민지 각 주의 반발에서 비롯되었다. 그러다가 자치를 위해서는 독립이 필요함을 깨닫고, 1776년 대륙회의에서 독립선언을 함으로써 본격적인 혁명이 시작되었다.

전쟁 초기에 식민지 민병으로 구성된 대륙군은 정규군인 영국군에 밀려 거듭 패배하였다. 그러나 1778년 프랑스가 식민지 편에서 참전하고 이에 에스파냐도 가세하여 대륙군을 지원하였다. 거기에다 유럽 각국이 무장중립동맹을 결성함에 따라 전쟁은 영국의 내전에서 국제전으로 확대되었다.

조지 워싱턴이 이끄는 대륙군은 군세를 정비하고 프랑스군의 지

미국 독립선언에 서명하는 13개 식민지의 대표들

원을 받아 결국 1881년 10월 요크타운에서 콘월리스가 이끄는 영국군의 항복을 받아냄으로써 영국군을 아메리카 식민지에서 축출하였다. 이후 1883년 파리조약으로 영국은 아메리카 식민지의 독립을 승인하였다. 이에 따라 식민지 각 주는 새로운 정부를 구성하는 과업에 착수하였다. 이 과정에서 왕당파 지주의 토지 몰수 및 분배, 봉건제도의 폐지, 신앙의 자유 확립 등의 사회 개혁 조치들도 아울러 시행되었다.

❖ 우리나라도 피해를 보게 한 냉전

냉전이라는 용어는 미국의 평론가 W. 리프만이 1947년에 저술한 〈냉전〉이라는 논문에서 비롯되었고, 미국의 재정전문가 겸 대통령 고문이었던 버나드 바루크가 1947년 의회 토론에서 이 용어를 처음 사용하였다.

'냉전'이라는 말이 나오게 된 배경을 살펴보자. 제2차 세계대전 막바지인 1945년 5월 나치 독일이 항복하자 미·영 양국과 소련 사이의 불안정한 전시 동맹관계는 해체되기 시작하였다. 그리하여 소련이 미국과 영국에 대항하여 동맹국에서 적으로 바뀌기 시작했다. 마침내 영국의 수상 윈스턴 처칠이 1947년 3월에 "오늘날 발트 해로부터 아드리아 해에 이르기까지 유럽을 둘러싼 철의 장막이 드리워져 있다"는 유명한 연설을 하였으며, 그 뒤를 이어서 미국의 트루먼 대통령이 상하 양원 합동회의에서 "미국이 공산 세력을 저지하는 데 지도적인 역할을 해야 한다"는 트루먼 독트린을 발표했다. 이어 6월

트루먼 독트린에 발맞추어 유럽 부흥을 위해 실시한 마셜원조계획 등이 발표되면서 공산주의에 대항하는 냉전이 시작되었던 것이다.

우리나라의 경우, 1945년 일본 패망과 함께 미·소 양국은 카이로회담의 내용을 이행하기 위해 위도 38도선을 경계로 하려 각각 남한과 북한을 점령하였다. 이들의 점령 목적은 일본군의 무장 해제와 사회질서 유지를 위한 것이었지만, 결과적으로 38선을 경계로 북한은 소련에 의해 사회주의체제가 들어섰고, 남한은 미국에 의해 자본주의체제가 수립되어 양 체제의 대결이 첨예화되었다. 이념을 달리하는 미국과 소련의 대치 속에서 남북한의 냉전 또한 시작되었고, 스탈린의 사망으로 양진영의 대립이 완화되는 것 같았으나 양 진영의 관계는 여전히 소원하였다.

소련 불록 국가들 간의 방위동맹체인 바르샤바조약기구가 1955년에 결성되었으며, 그해 서독은 나토에 가입하면서 미국을 대표하는 자본주의 진영과 소련을 주축으로 하는 공산주의 진영과의 냉전은 더욱 심화되었다. 미국과 소련은 아시아, 아프리카, 중동에서 경제·군사·외교상의 세력 경쟁을 벌였다. 미국과 소련의 대륙간탄도미사일의 개발이 시작되었으며, 1962년 소련은 미국을 공격할 수 있는 핵미사일을 은밀하게 쿠바에 설치하려고 하였다. 이 쿠바 미사일 위기로 두 초강대국은 전쟁 일보 직전까지 가는 극한 상황까지 갔으나, 가까스로 미사일 철수 합의로 인해 무력 충돌은 피할 수 있었다. 이때가 미국과 소련 간의 냉전의 최종 단계라고 할 수 있다.

그 후 미국과 소련은 핵 보복의 결과를 깊이 인식하고 핵무기를 사용할 의사가 없음을 분명히 밝혔는데, 이것을 냉전의 종식이라고 많은 학자가 주장한다.

❖ 아직도 살아 움직이는 망령, 마르크시즘

마르크시즘의 창시자 카를 마르크스와 프리드리히 엥겔스는 자신들이 세계와 인간 사회에 대한 일반 이론을 만들어냈다고 생각했다. 그것은 포괄적인 정치철학과 행동을 위한 청사진 같은 것이었다. 그들은 사회의 본질이 무엇이고 사회가 시간이 지나면서 어떻게 변하는지 조사하고, 그렇다면 미래에는 사회가 어떻게 될지를 탐구하면서 과학적 접근 방법을 쓰려고 했다. 그들은 역사의 변증법이 자연의 영역에서 일어나는 일처럼 확인할 수 있고 기술할 수 있는 법칙을 따른다고 생각했다. 그들의 접근 방법에서 가장 눈여겨볼 만한 점은 사회에 과학적 이론을 세우겠다고 한 것이다. 그것은 종교와 영웅 숭배, 공상적 이상주의의 허황된 생각들을 대체한 것이었다.

20세기 중엽까지 공산주의 국가를 탄생시킨 혁명, 그중에서도 특히 러시아혁명과 중국혁명은 표면상으로는 마르크시즘에 토대를 두었다. 하지만 두 혁명 모두 마르크스가 프롤레타리아혁명에 반드시 선행하는 조건이라고 여긴 발달된 선진 자본주의와는 거리가 먼 상황에서 각각 블라디미르 레닌과 마오쩌둥에 의해 확장되거나 수정된 것이었다.

> **프롤레타리아혁명**
> 무산계급이 주체가 되어 모든 자본주의적 관계를 철폐하고 사회주의 사회를 실현하기 위하여 일으킨 혁명. 러시아의 시월혁명이 대표적인 사례로, 노동자혁명 혹은 사회주의혁명이라고도 한다.

마르크시즘의 기초는 경제적 관계에 대한 이론이다. 마르크스는 자신의 경제 이론을 만들어내면서 그것이 역사와 사회에 대한 고찰과 분리될 수 없다고 주장했다. 임금과 이윤에 대한 전문적 연구가 온전히 경제 이론에만 속하는 것처럼 보일지 몰라도, 그것을 더 넓게 고용주와 노동자의 관계 속에 놓고 보아야 온전히 이해할 수 있고, 또한 그러자면 그런 관계의 역사적 맥락을 조사할 필요가 있다.

마르크시즘은 20세기 공산주의혁명을 고무하고 그것을 정당화하는 토대가 되었다. 그러나 소련이 무너지고 중국공산당이 마르크시즘 경제학을 거부한 후 중앙집권화된 경제에서 생산 수단을 공적으로 소유하는 것에 관해 마르크시즘이나 그것의 영향을 받은 많은 견해와 의견을 같이했던 사회주의의 실험이 현실에서 전반적으로 실패

카를 마르크스

한 이래, 마르크시즘은 더 이상 구체적인 정치적 행동의 발판이 되지 못했다.

그러나 마르크시즘은 그 후에도 여전히 문학적·철학적으로는 큰 영향력을 발휘했다. 특히 예술과 대중매체의 흐름에 대한 분석과 비판에서, 어떤 학파들의 사회학적 사상에서, 페미니즘사상에서, 거의 모든 것을 비평하는 독자적 비평가들의 발판으로서 작동했다.

자본주의와 공산주의에 대한 마르크시즘은 그 당시 기정사실화 되었던 노동자 착취를 고발하는 동시에 노동자들의 해방을 외칠 수 있다는 인본주의적 측면에서 높이 평가받았다. 그러나 노동자들을 위한 해결책으로 제시한 방법은 비현실적인 것이었다. 자본주의의 비판에서는 형이상학적 이론, 공산주의의 설계에서는 유물론적·변증법적 이론이 과학적 분석 비판을 이데올로기화했다.

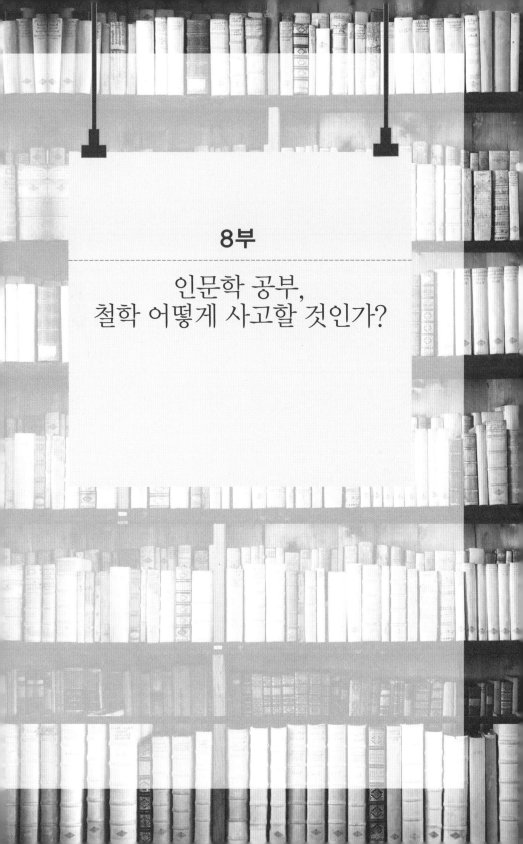

8부

인문학 공부,
철학 어떻게 사고할 것인가?

철학 접근의
기본 원칙

인문학 공부를 하면서 제일 먼저 이해해야 하는 것은 용어의 개념이다. 특히 철학에는 평소에 사용하지 않는 독특한 용어가 많이 등장하는데, 이를 제대로 이해하지 못하면 온전한 공부를 할 수 없다. 책을 읽어가면서 모르는 용어가 나오면 그때그때 공부하거나 아예 주요 개념들을 미리 공부해두고 책 읽기를 해도 좋다. 이는 어떤 것을 공부할 것이냐에 따라 조금씩 달라지기도 하는데 상황에 맞춰 방법을 선택하면 된다.

개념 이해는 그 철학자를 이해하는 기초가 된다는 점에서 대단히 중요한 과정이다. 마르크스를 이해하려면 그가 사용한 용어를 이해해야 한다. 상부구조, 잉여가치 같은 개념을 알지 못하면 그의 책을 읽기 어렵다. 철학자에게는 그들만의 핵심 용어가 있으니 그것들을 먼저 파악하고 공부를 시작하는 것이 좋음을 거듭 강조한다.

개념을 이해하면 새로운 단어를 얻을 수 있다. 사람은 언어로 생각하므로 새로운 단어를 얻는 것은 새로운 생각을 얻는 것으로 연결된다. 창의성이란 새로운 단어를 다른 단어와 연결하는 것과 관계가 있다. 새로운 단어를 얻는 것이 새로운 생각과 창의적인 아이디어를 가져다준다는 점을 기억하고 개념 공부에 집중하자. 아쉽게도 새로운 개념이나 문장이 나타나면 그것을 이해하고 외우는 데 게으른 이들이 많다. 하지만 공부에서 개념을 얻고 문장을 자기 것으로 만들려면 이해하고 외우는 과정이 반드시 필요하다. 이러한 공부 방식은 예나 지금이나 다르지 않다.

❖ 사상의 핵심을 파악하라

사르트르를 예로 들어보자. 사르트르를 공부하면 실존주의의 핵심을 이해할 수 있다. 그러자면 실존주의에서 사용하는 용어들을 미리 알아두어야 한다. 사르트르는 '실존이 본질에 앞선다'는 것이 실존주의의 기본 명제라고 말한다. 그의 책을 읽으려면 이 문장을 제대로 이해해야 한다. 실존주의를 풀어내는 키포인트이기 때문이다.

사르트르는 종이를 자르는 칼을 예로 들어 설명한다. 종이 자르는 칼은 분명 한 기술자에 의해서 만들어진 것이다. 이 기술자는 종이 자르는 칼이라는 개념을 참고하고 칼을 만드는 기술을 사용해서 제품을 만든다. 이때 칼은 종이를 자르는 용도를 갖게 되며 무엇에 사용될 것인지 용도가 정해진 채 만들어진다. 우리는 무엇에 쓰일지 알지 못하는 제품을 생산하는 기술자를 가정할 수 없다. 그래서 이

칼은 본질이 실존에 앞선다고 말할 수 있다. 이때 본질이란 종이 자르는 칼의 제작법과 성질 같은 것이고, 실존이란 종이 자르는 칼 그 자체를 말한다.

그런데 사르트르 시점에서 인간은 그와 반대다. 인간에게는 본성이라는 것이 없다. 왜냐하면 인간의 본성을 구상하기 위한 신이 없기 때문이다. 인간은 자신이 스스로 생각한 무엇일 뿐이다. 그런 점에서 사르트르의 실존주의는 무신론을 전제로 한다. 인간을 만든 신이 있다면 앞서 언급한 기본 명제는 성립될 수 없다. 인간은 아무런 이유 없이 세상에 태어난다. 아이가 태어났을 때 "너는 이런 존재이며 이것을 하기 위해서 이 세상에 왔다"고 명확하게 알려줄 수 없다. 그리고 인간은 자신이 아무런 이유도 없이 세상에 왔다는 것을 깨달을 수 있는 유일한 존재다. 결국 인간은 스스로 자신을 만들어가야 한다. 그래서 인간에게는 실존이 본질에 우선할 수밖에 없다. 다시 말해 인간은 자신의 존재 이유를 찾아가야 하는 존재다.

철학자들을 공부할 때는 주요 개념과 핵심 문장을 먼저 파악해두는 것이 좋다. 철학사전 같은 책을 곁에 두고 새로운 개념이 나올 때마다 즉각적으로 찾아보면 도움이 된다. 요즘은 인터넷 검색만으로도 주요한 철학적 개념들을 찾아볼 수 있어 공부가 참 편해졌다. 다만 아쉬운 점이 있다면, 이런 편리함이 공부의 효능으로 이어지지 못한다는 것이다. 있어도 사용하지 않으면 소용이 없다.

❖ 철학 공부를 할 때 반드시 만나야 할 사람

철학 공부를 시작하는 지점에서 가장 먼저 만나야 하는 사람이 있다. 바로 소크라테스다. 서양철학의 시조라고 할 만큼 중요한 인물이다. 물론 그 이전의 철학자도 무수히 존재한다. 그가 철학을 공부하는 데 가장 먼저 등장하는 이유는 기록이 남아 있기 때문이다. 제자였던 플라톤이 소크라테스 관한 기록을 남겨놓은 덕에 우리가 그의 철학을 공부할 수 있는 것이다. 불행히도 소크라테스에 관한 공부는 그리 재미있지가 않다. 그래서 철학 초보는 입구에 버티고 선 소크라테스라는 검열관에 걸려 진입을 차단당하는 게 부지기수다.

철학을 시작하기 전에 명확하게 해야 할 것이 있다. 바로 '철학이란 무엇이고 무엇을 공부해야 하는가?'이다. 철학은 무엇일까? 간단하게 말하면 세상을 밝히는 학문이다. 조금 더 자세히 말하면 세상을 살아가는 데 필요한 생각을 키워주는 학문이다. 생각하는 힘을 키워 자기 생각으로 살아갈 수 있도록 하는 것이 철학의 목적이다.

❖ 철학을 공부하는 목적

이렇게 정리해놓고 보면 철학에서 공부해야 할 것이 분명해진다. '생각하는 방법을 배워 자기 힘으로 생각할 수 있게 하는 것'이다. 그러자면 철학자들이 던진 중요한 질문들을 찾아볼 필요가 있다. 그들이 던진 질문과 찾아낸 답을 통해 정리된 생각들을 배울 수 있고 그 과정에서 자기 생각을 연습할 수 있다.

이처럼 철학을 '생각하는 것을 배우는 과정'이라는 관점에서 보면 공부하는 방법이 좀 달라질 수 있다. 즉, 소크라테스부터 공부해야 할 이유가 없어진다. 어떤 철학자의 책을 읽든 그것은 중요하지 않다. 생각에는 시작이 없기 때문이다. 기왕이면 자신이 좋아하는 철학자나 공부할 필요가 있는 부분부터 시작하는 것이 좋다. 그래야 흥미를 가지고 오랫동안 공부할 수 있다.

개인적으로, 아무런 계획도 없이 철학 공부를 시작한 후 몇 번의 실패를 맛보았다. 그러다 우연히 니체를 만났다. 니체는 재미있는 철학자였다. 무엇보다 그가 말하는 방식이 좋았다. 그의 문체와 은유들은 엄청난 지적 호기심과 자극을 주었다. 조심스럽게 다가와 속삭이는 것이 아니라 망치를 들고 뒤통수를 치는 것이 니체의 방식이었다.

공부를 시작하기 전에 또 하나 찾아봐야 할 것이 있다. 바로 철학에서 던지는 근본적 질문이다. 철학이 생긴 이유와 철학이 추구하는 것이 이 질문에 담겨 있다. 서양철학을 공부하다 보면 자연스럽게 느낄 수 있지만 거기까지 닿으려면 시간이 오래 걸린다. 미리 그 근본적 질문을 알고 공부하면 핵심을 짚어낼 수 있고 지치지 않을 수 있다. 게다가 긴 문장들을 읽어내는 과정에서 질문과 답을 찾아낼 수 있어서 두꺼운 책도 읽어낼 에너지가 생긴다.

서양철학의 근본 질문은 '인간은 무엇인가?'라는 것으로 귀결된다. 물론 이 질문에 모든 철학자가 집중한 것은 아니다. 철학자마다 집중했던 질문들은 조금씩 다르다. 하지만 전체적인 방향이 이 질문으로 이어져 있다. 사실, 철학이 시작된 것도 인간은 무엇이고 세상은 어떻게 구성되었는지 알고 싶다는 마음 때문이었다. 인간은 세상에 대해서 알지 못한 채 태어난다. 그러니 자신은 누구인지, 세상은 어떻게 만들어졌는지 알고 싶어 하는 건 당연하다. 누군가 이런 질문을 던진다면 그것으로 철학은 시작된다.

이 질문을 가지고 철학자들의 책을 읽으면 구체적인 답을 찾아낼 수 있다. 그들이 인간을 어떻게 생각했고 어떻게 사고했는지 알아보는 것은 지식을 얻는 과정임과 동시에 생각하기 훈련에 도움을 준다.

철학자들은 보통 사람들과는 다르게 생각했던 이들이다. 그들은 다르게 생각함으로써 새로운 관점을 이끌어냈고 새로운 시대를 열었다. 보통 사람들이 사과가 위에서 아래로 떨어진다는 사실에 아무런 의심을 가지지 않을 때 뉴턴은 '왜 물체는 위에서 아래로 떨어지는가?'라는 질문을 던졌다. 그리고 그것은 보통 사람들과 다른 생각으로 이어졌다. 다르게 생각함으로써 새로운 사실을 발견하고 새로운 시대를 여는 것이 바로 철학의 힘이다.

요즘 같은 시대에는 철학적 질문을 던지고 답하는 것이 더욱 중요하다. 기존의 생각들과는 다른 각도에서 사물을 볼 것을 세상이 요구하고 있기 때문이다. 최근까지 우리는 다른 사람이 던져주는 생각과 지식을 주워 담고 자기 것이라 생각하며 살아왔다. 그것을 많이 가진 사람이 이른바 지식인이었다. 하지만 이제는 그렇지 않다. 오히려 그런 사람들은 자기 생각이 없는 허수아비에 불과하다. 이제는 보통 사람들과는 다른 자기만의 생각이 있느냐가 중요해졌다. 우리가 철학을 배우고 책을 읽는 이유도 여기에 있다. 생각하는 법을 배우고, 다른 사람들과 다른 자기만의 생각을 갖는 것이 이 시대의 생존 무기다.

따라서 기존 철학자들이 생각했던 것들을 먼저 살펴봐야 한다.

이 과정을 거치면 자기 생각이 만들어지고 사물을 새롭게 보는 눈도 커진다. 철학자들이 던진 구체적인 질문과 해답을 음미하며 생각하는 훈련을 해야 한다. 창의성에 대한 책을 많이 읽는 것이 창의성을 개발하는 데 도움이 될까? 아니다. 그것보다는 생각하는 힘 자체를 키우는 것이 더 효과적이다. 창의성이란 기존의 것을 다르게 보는 능력을 필수적으로 요구하는데, 그것을 가능하게 해주는 것이 철학이다. 그런 점에서 우리의 미래는 철학에 달려 있다고 해도 과언이 아니다.

이제 이러한 철학 접근의 기본 원칙을 바탕으로, 우리 인류에게 막대한 영향을 끼치며 사람들 입에 수없이 회자된 대표적 철학 고전들을 살펴보자.

아리스토텔레스, 선을 탐구하는 《논리학》

아리스토텔레스(Aristoteles, BC 384~BC 322)는 고대 그리스의 철학자로, 플라톤의 제자이다. 그는 스승 플라톤의 이데아론에 반하는 주장을 펼쳤는데, 그의 철학 본질은 현실을 중시하는 경험론에 의거한다. 주요 저서로는 《니코마코스윤리학》, 《시학》 등이 있다.

아리스토텔레스의 《논리학》은 '선(善)이란 무엇인가?' 하는 근본적인 질문에 대해 대답하려고 한다. 따라서 《논리학》에는 행복과 행복에 따르는 부수적인 조건에 대한 탐구가 포함되어 있다. 행동의 양극단, 즉 선한 행동과 악한 행동의 사이를 추구하는 방법이 내포되어 있다.

논리는 정치의 일부다. 왜냐하면 아리스토텔레스에게 개인은 사회적, 정치적 동물에 불과하기 때문이다. 아리스토텔레스가 제시한 정치가 보편적인 진리를 제시했다고 보지 않는다. 왜냐하면 노예제도에 대한 그의 견해는 미국 남부 출신의 일부 정치인들의 견해를 넘어서지 못하기 때문이다. 그러나 그가 제시한 정부의 분류는 억압된 체제가 아니라 하나의 발전 과정 중 하나라는 국가관을 제시했다. 또한 단순한 권력의 동력이라는 목적 이상의 도덕적 목적을 가지고 있다는 국가관은 생명력을 잃지 않고 오늘날 정치에도 많은 영향을 끼치고 있다.

아리스토텔레스는 《논리학》을 통해 삼단논법을 창시했다. 또한 제1철학이라고 부르는 형이상학과 생물학, 우주론, 미학을 제시하였다.

그에 대한 이해는 플라톤에 비해 실제적으로 접근해야 한다. 그의 사상은 일반 사람들의 생각, 사상과 의외로 밀착되어 있기 때문이다.

블레즈 파스칼,
천재의 종교적 고뇌의 산물
《명상록》

블레즈 파스칼(Blaise Pascal, 1623~1662)은 프랑스의 수학자이자 물리학자, 철학자, 종교사상가이다. 그는 수학, 물리학을 중점적으로 연구하고 관련 글들을 발표했다. 주요 저서로는 《수삼각형론》, 유고집 《팡세》 등이 있다.

파스칼은 보통 사람들이 가지지 못한 특별한 재능 몇 가지를 가지고 있었다.

첫째로, 그는 자연과학과 수학의 천재였다. 둘째로, 그는 산문을 쓰는 데 탁월한 재주를 가지고 있었다. 그리하여 그는 프랑스의 고전적인 산문의 사표로 칭송받고 있다. 셋째로, 그는 체계적이지는 못했지만 예민한 심리학자였다. 넷째로, 신을 갈구하는 종교사상에도 일가견이 있었다. 그가 쓴 《명상록》은 고뇌의 산물이었다.

《명상록》은 단편적이며, 미완의 수기로 구성되어 있지만, 실제는 종교상의 자유에 대하여 공격하는 사람들에 대한 논리적 대응 목적으로 집필한 방대한 기도문이다.

한마디로 우주의 무한함, 끊임없이 영원히 흐르는 시간, 그리고 만능의 신에 비해서 인간의 한계성을 제시한 글이다.

파스칼의 《명상록》에서 많은 사람이 기억하고 있는 명언은 두 가지다. 하나는 '인간은 생각하는 갈대이다'와 또 하나는 '이러한 끝없는 우주의 침묵은 나로 하여금 경이를 느끼게 한다'이다.

이 명구는 종교를 가지고 있는지의 여부와 상관없이 모든 사람에게 인간의 존엄성을 느끼게 한다.

프리드리히 니체,
전통을 향해 던진 폭탄선언
《도덕의 계보학》

프리드리히 니체(Friedrich Wilhelm Nietzsche, 1844~1900)는 독일의 사상가이자, 철학자 겸 시인이다. 그는 실존주의의 선구자로, 그의 사상은 문학과 철학에 많은 영향을 끼쳤다. 주요 저서로《비극의 탄생》, 《차라투스트라는 이렇게 말했다》등이 있다.

《도덕의 계보학》은 전통 도덕을 향해 니체가 던진 일종의 폭탄선언이다. 여기서 니체는 전통적 도덕규범과 연관된 죄와 양심의 가책, 그리고 금욕주의적인 이상이라는 현상들의 기원을 밝히는 방식으로, 그것들의 기만성과 병적인 성격을 거침없이 비판하고 있다. 니체는 도덕의 기원을 밝히는 책이라고 해서《도덕의 계보학》이라는 이름을 붙였던 것이다.

《도덕의 계보학》은 세 개의 논문으로 이루어졌는데, '선과 악, 고귀함과 열등감'이라는 제목이 붙어 있는 첫 번째 논문은 선악이라는

1869년의 니체

도덕적 개념에 대해 말하고 있다.

'죄, 양심의 가책, 및 기타'라는 제목의 두 번째 논문에서는 죄와
양심과 그 가책의 기원을 말하고 있으며, 세 번째 논문인 '금욕주의
적 이상은 무엇을 말하고 있는가?'라는 제목에서는 금욕적인 이상의
기원을 파헤치고 있다.

선악에 대한 관념과 죄와 양심의 가책이라는 현상을 우리는 당연
하게 받아들인다. 그리하여 이러한 관념이나 현상들이 어디에 기원
을 두고 있는지 따지려고 하지 않는다.

그러나 니체는 우리가 당연시하는 현상을 무조건 수용하지 않는
다. 니체는 선악 관념의 기원을 신이나 우리가 선천적으로 존재하는
것에서 찾지 않는다. 니체는 그러한 관념 이면에는 특정한 세력이 그
것을 이용, 권력을 장악하려는 음험한 동기가 작동하고 있다고 본다.

그러한 동기야말로 실제 관념의 기원이라고 보고 있다.

니체는 또한 유럽의 역사를 금욕주의가 지배해온 역사로 보고 있다. 금욕주의란 우리의 자연스러운 욕망이나 본능을 악한 것으로 규정하면서 근절해야 된다는 입장이다.

《도덕의 계보학》외 니체의 저서 대부분은 잠언들의 모음이기 때문에 니체가 말하고자 하는 사상을 제대로 이해하기가 어렵다. 반면에《도덕의 계보학》은 논문 형식을 갖추고 있어 니체가 말하는 것을 이해하기가 상대적으로 쉬운 편이다. 도덕의 문제는 니체가 다룬 주요한 문제 중 하나였다.

노자,
무위자연의 사상
《도덕경》

　노자(老子, ?~?)는 중국 고대의 철학자로, 도가(道家)의 창시자다. 그는 우주의 진리를 '도(道)'라고 불렀다.

　노자의 사상이 담긴 《도덕경》은 총 81장으로 구성되어 있는데, 제1장부터 제37장까지를 '도경'이라 하고, 제38장부터 제81장까지를 '덕경'이라고 한다. 이 '도경'과 '덕경'을 합쳐서 《도덕경》이라고 한다.

　《도덕경》을 노자가 직접 쓴 것으로 보이는 글은 그 어디에서도 찾아볼 수 없다. 다만, 사마천의 기술을 통해 보자면 이렇다.

　노자가 푸른 소를 타고 함곡관이라는 국경 관문을 넘어갈 때 그곳 수비대장인 윤희가 노자를 알아보고 간청했다.

　"지금 선생님께서 은둔의 길로 들어서는데 수고스럽지만 제가 선생님의 생각을 글로 써서 책으로 남길 수 있도록 도와주십시오."

노자는 마지못해 자신의 사상을 5천 자로 요약해 읊어주었는데 그것이 바로《도덕경》이라고 전해지는 것이다.

앞서 언급했듯이 총 81개의 구절로 이뤄진《도덕경》은 크게 두 부분으로 나뉜다. 앞은 도(道), 즉 진리의 존재론에 대한 논의들이 뒷부분을 덕(德), 즉 도의 형성과 운용에 대한 지침들이 실려 있다. 다 합쳐야 기껏 5천 자 남짓이니 책이라고 하기에도 쑥스러울 정도지만 그것이 우리에게 전해주는 폭발력은 대단하다.

노자는 그 첫마디를 '진리라고 할 수 있다면 그것은 참된 진리가 아니다. 이름을 붙일 수 있다면, 그것은 제대로 된 이름이 아니다'라고 전제하면서 시작한다. 진리는 말 너머에, 소유의 바깥에 있다. 그러니 말로 표현하기 시작하는 순간 진리는 사라진다는 것이다.

《도덕경》의 핵심사상은 무위와 자연에 있다. 무위와 자연은 바로 도를 구성하는 말이다. 이 두 가지는 흔히 '무위자연'이라는 말로 사용되기도 한다. 무위자연은 인위적인 것에 반대하는 말이다. 노자는 이 '무위자연'이라는 한마디 말로 모든 사상을 비판했다. 요컨대《도덕경》은 인류문명에 대한 비판과 문명 이전의 사상으로 되돌아가야 한다는 주장이 핵심 내용으로 이루어져 있다.

노자의《도덕경》은 후세에 끼친 영향을 다 열거할 수 없지만 그중에서 중요한 것 세 가지를 들 수 있다. 첫째는 장자에 끼친 영향이다. 둘째는 법가에 끼친 영향이다. 셋째는 도가에 끼친 영향이다.

대표적인 것으로 위의 세 가지를 들었으나 우리 문화, 특히 동양 사상과 문화에 끼친 영향은 이루 말할 수 없다 하겠다.

공자, 지극히 정의로운 세계를 꿈꾸는 《논어》

공자(孔子, BC 551~BC 479)는 중국 고대의 사상가로, 유교의 시조다. 그는 여러 나라를 돌아다니며 자신의 정치철학을 설파하였는데, 그 중심사상은 인(仁)과 예(禮)다.

《논어》는 '공자의 어록', 즉 공자가 제자들 또는 정치가들 혹은 은자들과 나눈 대화를 기록한 책이다. 《논어》는 제목부터가 '의논하여 편찬한 말'이라는 뜻이다.

《논어》는 모두 20편으로 이루어져 있고, 각 편마다 '학이(學而)', '위정(爲政)' 같은 이름이 붙어 있다. 그러나 이런 이름들은 각 편의 처음 두 글자나 세 글자를 딴 것일 뿐 별다른 뜻은 없다. 《논어》의 내용을 주제별로 분류해보면 대략 다음과 같다.

첫째, 개인의 인격에 관한 교훈

둘째, 사회 윤리에 관한 교훈

셋째, 정치론

넷째, 철학론

다섯째, 제자들이나 타인에게 준 가르침

여섯째, 사람에 대한 비평

일곱째, 공자 자신에 대한 술회

여덟째, 공자의 일상생활과 제자들이 보낸 찬사

《논어》는 정치를 폭력으로써 뜻을 관철하는 것으로 생각한 당시 권력자들에게 '좋은 정치란 폭력이 아니라 신뢰의 힘에 기초한다는 사실'을 알려주었다. 이 점은 동양의 정치사상 발전사에서 분수령에 해당하는 것이었는데, 오늘날에도 정치인은 물론 많은 사람에게 교훈이 되고 있다.

공자는 그 이전 샤먼의 힘(신화)과 폭력의 힘(무력)이 주도하던 정치를 지양하고 약속이 실천되는 신뢰의 세계로 전환한 최초의 사상가였다.

한편 신뢰는 상대를 '배려하는 마음'에서 비롯된다는 점에도 주목해야 한다. 공자는 이 배려하는 마음을 '인(仁)'이라고 부른다. 문제는 인을 어디서, 어떻게 배양할 것인가 하는 점이다. 그는 가족 속에서 형성되는 내리사랑과 치사랑의 순환 과정에 주목한다. 부모가 자식에게 내리는 사랑은 모든 동물들이 다 그렇다. '고슴도치도 제 새끼는 함함하다고 한다'라는 속담처럼 아무리 못난 자식도 부모 눈에는 세상에서 가장 어여쁜 존재다. 이게 바로 하늘이 모든 동물의 유전자 속에 심어둔 사랑이다.

부모의 사랑을 감사히 여겨 이를 되갚겠다는 동물은 오로지 인간 밖에 없다. 공자는 이 인간만이 가진 치사랑(효도)에 깊이 감동하였고 이 사랑을 확산시켜 세계를 평화롭게 만들겠다고 작정한 것이다. 수천 년을 두고 인간 사회에 영향을 미치는 《논어》의 힘은 오로지 이 사랑의 발견에서 비롯된 것이다.

17세기 프랑스 파리에 소개된 《공자생활의 성취》의 일부. 1687 예수회 소속 신부 프로스페로 인토르케타 저

맹자,
군주들의 불온서적
《맹자》

맹자(孟子, BC 372?~BC 289?)는 중국 전국 시대의 유교사상가로, 공자의 손자인 자사(子思)의 문하생에게 가르침을 받고 공자의 학통을 물려받았다. 그의 중심사상은 인의(仁義)다. 저서로는 《맹자》가 있다.

《맹자》는 유가경전으로 사서삼경, 사서오경, 십삼경 등의 분류에 꼭 들어간다. 그런데 《맹자》가 사서삼경에 들어가서 권위를 확립하기까지는 많은 세월이 걸렸다. 약 1,000년의 세월이 흘러간 뒤였다. 《논어》가 비교적 일찍 유학 정치의 근간이 된 한(漢) 시대부터 유교의 경전으로 취급한 데 비하면 매우 늦은 편이다.

《맹자》가 그 지위를 인정받기까지는 우여곡절이 있었다. 《맹자》가 경(經)으로 존중받게 된 것은 당나라 때 십삼경의 범주가 최종적으로 설정될 때였고, 그것이 더욱 주목을 받게 된 것은 남송의 주자

(주희)가 그것을 사서의 하나로 인정한 뒤부터인 듯하다. 아마 '군주가 신하를 하찮게 여기면 신하도 군주 보기를 원수같이 여기게 된다'는 말에 담긴 군신관계의 상대론 때문에 군주 측에서는 이 책을 껄끄럽게 여겼을 법하다. 혹자는 맹자가 '혁명설'을 과격하게 주장하였기 때문에 군주들이 이 책을 불온서적으로 취급하였다는 말도 전한다.

《맹자》에는 '성선설', '왕도정치론', '민본주의', '대장부론', '혁명론' 등등 여러 주장이 있다. 그런데 맹자가 살던 시대와 지금 우리가 살고 있는 시대와는 다르다. 지금은 정치적인 면에서는 국민에 의해 권력이 만들어지는 민주주의이고, 경제적인 면에서는 개인 경제에 기초한 자본주의이다. 그런데 맹자가 살던 시대에는 권력이 군주에게 있던 군주제였고, 경제적으로는 백성이 군주에 속박되어 있는 봉건제였다. 맹자의 사상은 맹자가 살던 시대의 문제를 해결하려고 노력한 결과다. 따라서 맹자의 사상을 오늘날 그대로 수용할 수는 없다.

백성이 권력의 근본인 민주주의는 당시 맹자가 살던 시대에는 매우 급진적인 논리였으나 현재는 당연한 이야기다. 맹자가 권력의 근원을 백성으로 본 것은 백성이 권력의 주체가 된다는 뜻이 아니라, 백성이 군주의 정치적 시혜 대상이라는 의미다. 이러한 맹자의 논리는 오늘날 반민주주의가 된다. 그러나 민본주의는 아직도 중요한 의미가 있다. 왜냐하면 여전히 국민으로부터 권력을 위임받은 정치인들이 권력을 국민을 위해 사용하지 않고 자기 자신을 위해 사용하기 때문이다. 국민을 저버리는 정치인은 지도자가 아니라 '도둑놈'이라고 질타할 수 있는 근거는 바로 민본주의 때문이다.

장자,
초인의 철학
《장자》

장자(莊子, BC 369~BC 289?)는 중국 전국 시대 송나라의 사상가로, 제자백가(諸子百家) 중 도가(道家)의 대표적 인물이다. '도'를 천지만물의 근본 원리로 본 그는 만물일원론을 주장하였다.

《장자》는 우리에게 초인의 철학을 준다. 《장자》는 눈앞의 작은 이익들에 집착하는 편협한 눈을 더 넓고 깊은 지평으로 돌리게 해준다. 원망과 미움으로 가득 찬 우리의 마음을 호방한 용기와 기쁨으로 바꾸어준다.

그러나 《장자》의 이런 호방함과 초연함은 깊은 체험이 결여된 들뜬 선언이나 호언의 차원과는 다르다.

장자의 사유는 철저하게 비사변적이다. 만일 우리가 경험주의라는 말을 직접적 지각이나 실험, 사료의 확보와 같은 편협한 과학적 방법론의 관점에서가 아니라 사유의 근본 태도라는 관점에서 본다면, 장자는 철저한 경험주의 철학자이다. 이때의 경험은 현실에 대한 외적인 지각이 아니라 삶이라는 것, 인생에 대한 가장 정직한 눈길이라는 의미다.

'북녘 바다에 물고기가 있어 이름을 곤이라 한다. 크기가 몇 천 리가 되는지 알 수가 없다. 변하여 새가 되니 이름을 붕(鵬)이라고 한다. 크기가 몇 천 리가 되는지 알 수가 없다. 힘차게 날아오를 때면 그 날개가 하늘에 드리우는 구름과도 같다. 바다의 기운이 바뀔 때면 이제 남녘 바다로 날아간다. 남녘 바다를 일러 하늘못[天池]이라 한다.'

오늘날 《장자》가 많은 사람에게 영향을 주는 이유는 다음의 몇 가지로 요약할 수 있다.

첫째, 그의 사상에는 소외된 삶에 대한 동정과 부패한 자들의 위선적인 행동에 대한 질책이 담겨 있기 때문이다. 장자의 위선자들에 대한 비판은 매우 직설적이어서 통쾌함마저 준다.

장자는 '허리띠 장식을 훔치는 자는 사형을 당하고, 나라를 훔치는 자는 제후가 되어 인의를 말하나니, 참으로 부당하다'라고 했다. 속임수에 뛰어난 자들이 지혜를 앞세워 순수하고 어린 백성을 속이는 일이야말로 자연의 뜻을 거스르는 가장 추악한 행동이라고 지적했다.

둘째, 그가 말하는 내용이 우주와 자연 전체에 걸쳐 있기 때문이다. 《장자》에는 붕과 곤처럼 상상만 해도 엄청나게 떠오르는 새와 물고기가 나온다. 도와 관련해서 창조론과 우주론까지 포괄하고 있다.

셋째, 삶의 질을 소박한 데서 찾는 태도를 꾸준하게 보여주기 때문이다. 장자는 시종일관 '개성과 재능을 마음껏 발휘하기 위해서는 자연으로 돌아가야 한다'고 주장한다. 그는 가난하게 살면서도 가난에 구애받지 않았다.

마지막으로, 문체의 탁월함 때문이다. 장자의 문장은 정돈된 느낌을 주지 않는다. 그런데 정돈된 문장은 어떤 면에서는 형식에 치우칠 수 있다. 장자의 글에서는 이런 형식이 나타나지 않는다. 대신 장자의 문체에는 자유분방한 상상력이 녹아 있고, 날카로운 현실 감각이 들어 있다. 또한 풍부한 정서와 시적 운율이 문장마다 녹아 있다.

이런 이유 때문에 오늘날에도 많은 사람이 《장자》를 읽고 있으며, 과거 유학이 지배하던 시절보다 더 높이 평가되고 있다. 장자가 주는 메시지는 복잡한 사회구조 속에 살아가는 현대인들에게 많은 위로를 준다.

9부

인문학 공부,
희곡 어떻게 접할 것인가?

인간 행동을
모방하는
희곡

희곡은 인간의 다양한 행동과 대사를 통해 인생을 표현하는 문학이다. 아리스토텔레스가 《시학》에서 '연극은 인간 행동의 모방'이라고 했듯이, 희곡은 인간의 행동을 표현하는 문학이라는 것이 가장 큰 특성이다. 여기서 행동이란 배우의 육체적인 움직임이 아니라 인간의 삶의 궁극적 의미를 담은 동작 이상의 행동을 의미한다. 비교하자면 플롯을 진행시키는 것이 행동이고, 그렇지 못한 것이 움직임이다. 따라서 움직임이 있어도 행동이 아닌 경우가 있을 수 있고 움직임이 없어도 행동인 경우가 있을 수 있다.

또한 희곡은 연극 공연을 위해 만드는 것이므로, 반드시 무대를 상상하면서 쓰고 무대 위의 움직임을 상상하면서 읽어야 한다. 이것이야말로 희곡의 가장 큰 특징이라고 할 수 있다.

아리스토텔레스는 비극의 6요소로, 플롯(plot)·성격(character)·

수사(diction) · 사상(thought) · 광경 (spectacle) · 가요(melody)를 들었다. 이 중 가장 중요한 것은 사건의 결합, 플롯이다.

무릇 비극은 인간 자체가 아니라 인간의 행동과 생활, 행복과 불행을 모방하는 것이다. 인간의 성질을 결정하는 것은 성격이요, 행복과 불행은 행동에 의한다. 극에서 행동을 묘사하기 위해 행동이 있는 것이 아

> **아리스토텔레스**
> 고대 그리스의 철학자. 플라톤이 초감각적인 이데아의 세계를 존중한 것에 대해, 아리스토텔레스는 인간에게 가까운, 감각되는 자연물을 존중하고 이를 지배하는 원인들의 인식을 구하는 현실주의 입장을 취하였다. 소요학파의 창시자이며, 고대 학자로서 최대의 학문적 체계를 세웠다. 그는 중세의 스콜라 철학을 비롯하여 후세의 학문에 큰 영향을 주었다.

니라 도리어 행동을 위해 성격이 극에 포함된다. 따라서 행해진 것, 즉 스토리 내지 플롯이 비극의 목적이다. 비극은 진지하게 완결되고, 일정한 길이를 가지고 있는 행동의 모방이기에 서술이 아니라 행동의 형식을 취한다.

이와 같이 인간의 행동을 모방하는 문학이라는 점 외에도 대사로 표현하는 문학이라는 것이 희곡의 중요한 특성이다. 대사는 희곡에서 표현의 핵심이며, 심지어 내면의 생각마저도 독백이라는 형식을 빌려 표현한다. 나아가 사건의 진행, 인물의 성격, 주제를 비롯한 모든 것을 대사로 표현해야 한다.

희곡이 영화나 드라마의 대본인 시나리오와 명확하게 구분되는 지점도 이곳이다. 영화나 드라마는 대사보다는 영상에 더 주력하고 영상의 힘을 빌려 사건을 진행시키거나 인물의 성격을 드러내므로 언어 자체에 대한 의존도가 희곡보다는 낮다. 같은 극 장르이지만 시

나리오가 언어보다 영상에 주력한다면, 희곡은 언어의 힘이 매우 중요하다는 게 큰 차이점이다.

희곡은 연극의 형태로 무대에서 공연되며, 이것은 희곡의 시간을 결정짓는다. 희곡은 언제나 현재로만 진행된다. 물론 희곡에서도 시간의 흐름이 있고 과거에서 현재에 이르기까지의 긴 시간을 다루기도 한다. 그러나 어떠한 경우에도, 심지어 현재의 시간 속에 끼어드는 회상의 경우라도 그것은 언제나 현재로서 눈앞에 그려진다. 이러한 특성 때문에 고전극에는 시간 · 장소 · 행위의 3일치법이 존재하는 것이다.

❖ 비극

극은 기준에 따라 여러 가지로 분류할 수 있다. 그중에서 가장 기본적인 분류는 비극(tragedy)과 희극(comedy)으로 나누는 것이다. 인생에 대한 비극적 세계관은 비극을 낳을 것이고, 희극적 비전을 가진 이는 희극을 창조할 것이다.

비극은 인간의 의지와 노력으로는 바꿀 수도, 피할 수도 없는 운명과 대결하는 가운데 초래되는 인간의 종국적 패배와 죽음을 다뤄왔다. 비극 작가들은 인간에게 닥치는 파괴적인 힘을 받아들일 수밖에 없다는 데서 삶을 비극적으로 인식하기 시작한다. 인간의 의지로는 어찌할 수 없는 운명에 대항하다 몰락하는 주인공들의 영웅적 자세는 인간의 투쟁 의지와 자신의 존재에 대한 처절한 존재의식을 보여준다는 점에서 매력적이다.

비극은 갈등과 대립 속에서 결국 주인공이 파멸할 것을 전제한다. 그러한 주인공의 전략과 파멸이 종국적인 승리를 쟁취한 힘의 위대성을 상대적으로 인정하게끔 할지라도, 그 위대성이 물리적인 힘의 위대성이라면 주인공의 그것은 정신의 위대성을 의미한다.

비극의 주인공은 때로는 자연 질서를 어지럽히는 자로 여겨지기도 한다. 질서는 회복되려는 성질을 가지고 있으며 주인공에 의해서 파괴된 균형은 평형을 되찾아야만 한다. 그러한 균형의 회복을 그리스인들은 네메시스(nemesis, 인과응보)라고 불렀다. 네메시스는 일어나게 마련이며, 그것은 인간이 아닌 초월적인 어떤 세력에 의한 것이다. 결국 비극은 초인격적인 힘의 우위와 인간의 노력의 한계를 의식하게 한다.

비극의 주인공은 위엄과 더불어 어떠한 희망도, 보상도 없는 순수한 자아의 희생을 요구받는다. 비극의 주인공은 사회로부터 저주나 악을 쫓아내기 위해 자기를 희생함으로써 자기희생의 진정한 영광 속에 살아 있는 자다. 희곡이 가지고 있는 종교적 차원을 고려한다면 비극의 주인공은 희생양이자 속죄양의 전형적 예가 된다.

아리스토텔레스는, 비극은 보통 사람보다 우월한 사람을 주인공으로 삼는다고 말한 바 있다. 비극의 기본 요소인 '몰락'을 다루는 데서 지위가 높고 고귀한 사람일수록 그 몰락의 고통이 주는 비감이 보통 사람의 그것보다 커지며 그에 따라 연민과 공포도 커진다. 비극의 주인공은 자신의 하마르티아(hamartia, 비극적 결함) 혹은 판단의 오류 같은 결함으로 인해 몰락하게 된다. 그리스 비극의 경우, 이 결점은 판단력의 과오, 야심, 파괴적인 열정, 자만심, 어리석음 등이다.

또한 비극의 주인공은 완전히 선하지도, 악하지도 않고 두 측면을 모두 지녀서 관객의 동정심과 공포심을 일으켜야 한다. 주인공이 악인도 아니고 심각한 잘못을 저지른 것도 아닌 데 비해 그가 치러야 하는 대가가 지나치다고 생각하는 데서 연민이 생겨나고, 그 같은 오류를 우리 자신도 저지를 수 있다는 생각이 공포를 유발한다. 그러나 비극의 주인공은 모든 두려운 상황에 대해 쉽게 몰락하지는 않으며 끝까지 투쟁한다는 점에서 위대하다. 비극의 주인공은 비록 파멸할지라도 패배하지는 않는 것이다.

❖ 희극

희극은 비극과 상대적인 것으로, 세계에 대한 희극적 비전을 가진다. 일반적으로 비극이 개인에 치중하는 반면, 희극은 사회 혹은 집단 속의 개인에 관심이 있다. 인간에 내재하는 모순과 비리 같은 약점을 묘사함으로써 골계미를 추구한다. 인간성의 불합리한 면, 사회의 무질서와 모순, 부조화 등을 보며 터뜨리는 웃음은 희극의 본질이 된다. 희극은 비판적인 시각을 가져야 하고, 그런 의미에서 현실이나 상황을 무조건 수용하지 않는 지적인 태도가 필요하다.

아리스토텔레스는 《시학》에서 '희극이란 보통 수준 이하의 인간을 모방하는 것'이라고 했다. 이는 모든 면에서가 아니라 어느 한 측면의 결점이 있는 사람을 통해 사회의 부조리한 면을 비판하는 것을 의미한다. 일상적인 서민층의 등장이 일반적이며 사회가 갖는 비사회적인 측면을 폭로해 사회규범에 따르도록 한다.

희극은 보통 하나의 사회로부터 다른 종류의 사회로의 움직임을 담고 있다. 극의 앞부분에서는 장애가 되는 인물들이 극 중의 사회를 지배하며 결말 부분에서는 남녀 주인공이 서로 결합하게 되고 이 결합으로 새로운 사회가 결정된다.

주인공의 욕망의 장애물이 희극 줄거리를 만들고, 장애물의 극복이 희극 결말을 만들어낸다. 장애물은 양친인 경우가 많아서 희극은 종종 부자간의 충돌이 중심축이 된다. 부친이 아닌 경우에는 부친과 매우 흡사하게 관계를 맺고 있는 자가 적대자로 등장한다. 돈을 많이 갖고 있거나 권력을 가진 자인 그들을 기만적이면서도 그 사회에서 어느 정도 힘을 가진 자로 설정한 것을 보면, 이를 가능하게 한 사회를 비판적으로 바라봄을 알 수 있다.

희극은 결말에서 새로운 사회에 가능한 한 많은 사람을 참여시키려는 의지를 갖고 있다. 방해꾼들은 추방당하기도 하지만 화해하고 개심하기도 한다. 개심의 원리는, 그 주된 기능이 관객을 즐겁게 해주는 등장인물과 더불어 더욱 분명해진다. 희극적인 사회는 배척과 추방보다는 화해와 포용의 원리가 지배한다. 희극의 형식을 전개하는 데는 이렇게 화해에 역점을 두는 방법과 방해꾼들에게 역점을 두는 방법이 있다.

희극에서 가장 중심이 되는 모티프는 성(性), 돈, 다산, 풍요 기원, 사랑, 결혼 등이다. 그래서 희극의 결말은 요란하고 화려하며, 풍성한 결혼식이나 축제 등으로 끝나는 경우가 많다. 결혼은 사랑의 결실이자 새로운 출발을 의미한다. 또한 결혼은 새로운 생명의 탄생을 암시하며 다산의 축복에 대한 기원과도 연결된다. 다산은 다시 농사

의 풍요로 연결되며 이와 같은 풍성
함으로 귀결되는 구조가 바로 희극
이 갖는 축제성이다. 결혼식이나 축
제의 장에서 사람들은 그간의 갈등
에서 벗어나 모두 화해하며 그 풍요
를 한껏 즐김으로써 즐거움에 빠진
다. 그러한 희극적 비전 몰두는 세
계를 새로운 탄생으로 인도한다.

> **클로즈업** close-up
> 영화나 텔레비전에서 등장하는 배경
> 이나 인물의 일부를 화면에 크게 나타
> 내는 일.
> **롱숏** long shot
> 카메라를 피사체로부터 멀리하여 전
> 경을 모두 찍을 수 있도록 하는 촬영
> 방법.

최고의 희극배우 찰리 채플린은 영화의 촬영 기법 중에서 클로즈
업을 사용하면 비극이 되고, 롱숏을 사용하면 희극이 된다고 했다.

❖ 멜로드라마

비극과 멜로드라마(melodrama)는 심각하고 비극적인 인식을 보
여준다는 점에서, 희극적 비전을 담고 있는 희곡이나 소극과 대립된
다. 그러나 멜로드라마와 소극은 비극이나 희극보다는 다소 가볍고
덜 문제적이며 덜 진지하다는 점에서 그것들보다 어느 정도 수준이
낮은 것으로 인식되고 있다.

텔레비전에서 보는 대부분의 드라마가 멜로드라마의 속성을 가
장 잘 보여준다. 인물은 선과 악으로 명확하게 양분되며 그들의 갈등
은 필연보다는 우연에 기인하는 경우가 많다. 우여곡절 끝에 결국 선
이 승리하는 도식적 결말이 이뤄지며 내면의 심각하고도 진지한 성
찰과 갈등보다는 외부의 악이 주인공이 겪는 고통의 원인이 된다. 가

장 흔한 것으로는 신분 차이 때문에 이뤄지지 못하는 사랑, 부모가 반대하는 사랑, 가난 때문에 헤어지게 되는 연인 등의 이야기들이다.

1930년대 당시에는 이런 멜로드라마가 한국 연극의 주류를 이루면서 일본 압제로 고통받던 사람들의 애환을 달래줬다. 대표작으로는 임선규의 〈사랑에 속고 돈에 울고〉를 들 수 있다. 기생의 신분인 홍도가 오빠의 친구인 광호와 사랑에 빠져 결혼까지 하지만 광호의 어머니, 누이, 옛 애인의 공모로 억울한 누명을 쓰고 쫓겨나게 된다. 결국 살인까지 저지르고 애써 공부시킨 오빠의 손에 끌려가게 된다는 이야기로 세간에는 '홍도야 우지 마라'라는 노래와 함께 큰 인기를 누렸다.

일반적으로 이와 같은 대중극은 대중의 인기를 누리는 동시에 그들의 요구를 반영하고 수용하는 과정이 첨가된다. 예컨대 당대의 대중은 홍도 같은 비극적 결말을 수용하지 못하며 반발했고, 극단은 부득이하게 결말을 고쳐 홍도를 행복하게 만들어 대중을 만족시켰다.

이러한 피드백 과정을 통해 멜로드라마는 대중의 요구를 가장 잘 반영하는 장르가 되고 당대 사람들의 정서와 가치관을 드러내는 좋은 표본 구실을 한다. 결국 선이 승리한다는 믿음을 확인하고 싶은 대중의 욕구를 만족시키면서 인생에 대한 깊은 통찰이나 인식보다는 정서적 동일시와 카타르시스가 강조되는 것이 멜로드라마의 특성이다.

❖ 소극

소극(Farce)은 광범위하게는 희극에 포함되기도 하고 독자적인 부문으로 분류되기도 한다. 희극이 사회적 존재로서의 인간에 대한 비판적 지성을 요구하고 사회의 긍정적 방향성을 추구한다는 목적을 갖는 반면, 소극은 단지 웃음을 유발시키는 것만을 목적으로 한다는 점에서 차별화된다.

그러나 동시에 소극은 웃음 유발을 궁극적 목적으로 삼기 때문에 희극의 특성이 극대화된 것이라고 볼 수 있다. 관객을 웃게 만들기 위해 여러 장치를 사용하지만, 특히 희극적 상황을 만드는 일에 주력함으로써 상황 자체가 과장되고 의도적으로 계획된다. 인물은 공감을 불러일으키는 사실적인 인물보다는 한 측면이 강조된 우스꽝스럽고 과장된 동작을 일삼는 노골적 인물로 관객을 웃게 만든다.

희곡을
쓰는
기술

❖ 1단계 : 시놉시스 쓰기

희곡을 쓸 때는 극 장르의 특성을 고려해야 한다. 다른 장르와 달리, 눈앞에서 배우의 말과 행동을 통해 표현되는 희곡은 소위 '극적'이라는 특성을 가진다. 놀랍고 신기하고 현실에서 흔히 일어나지 않는 일을 일반적으로 극적이라고 한다. 희곡을 쓰려면 극적인 소재를 택하고 개성이 강한 인물을 등장시켜 짧은 시간 내에 역동적으로 작품을 이끌어가야 한다. 그러나 어떤 소재나 인물이 떠올랐다고 해서 바로 희곡 쓰기에 들어갈 수는 없다. 먼저 시놉시스를 써야 한다.

시놉시스는 본격적인 작품 집필 전 개요를 짜는 계획서라고 할 수 있다. 작품을 쓰기 전에 철저히 계획을 세우고 충분히 준비하면 더 완성도 높은 작품을 만들 수 있다. 급한 마음에 계획 없이 작품을 쓰면 다 쓰고 난 후 부실한 점이 많이 발견되어 애써 쓴 작품을 포기해야 하는 경우도 생긴다.

그렇다면 시놉시스에는 어떤 요소들이 들어가야 할까? 시놉시스에 들어갈 요소는 다음과 같다.

- 주제와 창작 의도
- 등장인물
- 줄거리
- 플롯

주제와 창작 의도

글을 쓸 때는 가장 먼저 주제를 명확하게 정해야 한다. 인물과 사건이 아무리 흥미롭고 극적이라 할지라도, 주제 없이 외적인 사건 위주로만 쓰는 글은 바다에서 단지 눈앞의 구경거리를 찾아 이리저리 헤매는 배와 같다. 물론 작가가 주제를 정한다고 해서 연극이 그 주제를 완전히 구현하고 관객이 그 주제를 명확하게 이해하거나 전적으로 동의하는 것은 아니다. 공연되는 순간 작품은 작가의 의도를 떠나 하나의 새로운 생명체로서 다양하게 해석되고 수용된다.

주제는 한 줄로 압축하는 훈련을 하는 것이 좋다. 예컨대 '원수 집안의 남녀가 만나 이룰 수 없는 사랑으로 괴로워하는 이야기'나 '사랑은 겉으로는 아름다운 것 같지만 그 안에는 치명적인 불행을 안고 있다'라는 식으로 명확하고 간결한 문장 하나로 주제를 표현할 수 있어야 한다.

주제에 대한 자신의 생각을 좀 더 길게 쓴 것이 창작 의도 혹은

작가 의도다. 이런 글을 A4 용지 한두 장 정도의 분량으로 써보면서
자신의 생각을 정리하는 것이 좋다.

등장인물

매력적이고 개성 있는 인물은 작품을 극적으로 이끌어가는 데 매
우 유용하다. 영화나 드라마처럼 인물을 받쳐주는 여러 요소가 별로
없는 연극의 경우, 무대에서 오직 배우만이 적나라하게 드러난다. 연
극은 흔히 배우의 예술이라 할 정도로 배우에게 의지할 수밖에 없다.
이는 결국 희곡에서 인물이 매우 중요하다는 의미다.

아무리 뛰어난 배우일지라도 죽어 있는 인물을 일으켜 세울 수는
없다. 흔히 작가가 창조한 등장인물을 유명한 배우가 맡아준다면 훨
씬 근사한 작품이 될 것이라 기대하지만 그렇게 되기란 힘들다. 반대
로, 잘 만들어진 인물은 연기력이 부족한 배우마저도 살아 움직이게
한다. 무대 경험이 일천한 아마추어 극단이나 학생들이 잘 만들어진
인물의 힘으로 좋은 공연을 선보이는 경우가 이를 증명한다.

시놉시스를 통해 인물에 대한 세밀한 준비를 해야 한다. 이것을
'인물 만들기'라고 하자. 주인공에 대해서는 가장 많은 생각을 하게
될 것이고 또 해야만 한다. 인물의 내면에서 외면에 이르는 복잡한
모든 것을 살펴야 한다. 작가가 인물에 대해서 많은 것을 알수록, 인
물은 명확해지고 그 인물이 어떠한 상황에 놓이더라도 적절한 선택
을 할 수 있게 된다.

한 인물에 대해서 어느 정도의 정보를 가져야 그를 주인공으로
내세워 작품을 쓸 수 있을까. 물론 많이 알수록 좋다. 그러나 본격적

인 작가가 되면 누가 시키지 않아도 인물에 관해서 아주 명료한 시놉시스를 준비하겠지만, 처음 작품을 쓰는 이에게 그것이 그리 쉬운 일은 아니다. 주인공에 대해서는 적어도 A4 용지 두 장 정도를 준비하는 것이 어떨까 한다.

조연의 경우, 주인공보다는 상대적으로 적은 정보만으로도 가능하지만 어느 정도는 준비할 필요가 있다. 그러나 엑스트라의 경우는 별로 부담이 없다. 예컨대 커피를 들고 나오는 장면에서 딱 한 번 등장하는 카페 종업원이라면, 그의 내면이나 성장 배경 혹은 지식 수준과 인생관 등에 관해서까지 생각할 필요는 없다. 그는 단지 소도구처럼 스쳐지나갈 뿐이기 때문이다. 결국 인물 만들기를 할 때는 각 인물의 중요도에 비례해서 적당한 분량을 준비하면 좋을 것이다.

줄거리

인물에게는 어떤 일이 일어나는가? 관객은 공연장에서 그것을 보는 것이다. '누가 무엇을 하는 이야기'라고 한 문장으로 줄거리를 요약할 수 있어야 한다.

예를 들면 '로미오와 줄리엣이라는 원수 집안의 두 남녀가 사랑을 이루기 위해 애쓰는 이야기' 같은 식으로 작품을 요약하는 것은 매우 중요하다. 다음에는 그 이야기를 A4 용지 반 장 정도로 써보는 것이 좋다. 이는 스스로 가장 중요한 이야기가 무엇인지 되짚어본다는 점에서 유용하다. 그다음, 이것을 좀 더 늘려서 한 장 정도로 써본다(흔히 공모전에서는 한 장 정도의 줄거리를 요약해서 보내라는 주문을 하는 경우가 많은데, 그 정도의 분량이면 이야기를 대략적으로 파악할 수 있기 때문이다). 다음은 줄거리를 길게 써볼 차례다. 이때는 아주 과감하게 생각나는 대로 이야기를 쭉 써보는 것이 좋다. 부분적으로 말이 안 되고 앞뒤가 잘 맞지 않더라도 일단 생각의 흐름을 깨지 말고 거침없이 써보자.

플롯

비로소 중요한 단계에 도달했다. 열심히 생각해낸 이야기 중에서 뼈대로 쓸 사건을 골라야 한다. 이때쯤이면 다시 주제로 돌아가야 한다. 이 복잡한 사건과 인물들을 통해 내가 하려고 하는 이야기는 무엇인가를 다시 되짚어야 하기 때문이다. 이야기가 재미있다고 해서 무조건 좋은 작품이 되는 것은 아니다. 좋은 작품의 기준은 매우 다양하다. 한 작품이 모든 기준을 만족시킬 수 없다 해도 일단 자신의 주제와 창작 의도에 맞는 작품을 쓰려고 노력해야 한다.

이야기 중 중요 부분을 사건화하여 배열한다. 이때 사건들을 한 줄로 만들고 번호를 붙이면 구체적인 플롯을 짜는 데 도움이 된다. 또한 플롯을 이리저리 바꿔볼 수도 있어 매우 유용하다.

마침내 뼈대가 완성되면 살붙이기를 해야 한다. 남은 이야기 중에서 주된 플롯을 보강하기 위한 부분을 집어넣는 것이다. 작품이 오직 하나의 주된 플롯만으로 갈 수는 없다. 부수적인 플롯도 필요하다. 복선도 필요하고 씨뿌리기 및 거둬들이기 같은 각종 장치가 필요하다. 하나의 주된 플롯만으로 가는 작품은 단편적이며 지루할 수 있고, 내용이 빤히 다 보여 관객의 흥미를 반감시킬 수 있다.

본격적인 작품 쓰기에 앞서 오랫동안 플롯 짜기 단계에 머물러야 한다. 일단 쓰고 나면 고치기가 쉽지 않기 때문이다. 어떤 부분을 들어내면 앞뒤가 잘 맞지 않아서 부분적 수정만으로 작품이 달라지기 어렵고, 애써 쓴 작품이 헛수고가 되는 경우가 많다. 그러므로 고도의 인내심이 필요한 단계다. '이쯤이면 써도 되겠지?' 하는 조바심과 싸워야 하는 시기이기도 하다. 조금만 더 인내하고 더 생각해보고, 좀 더 플롯을 연구하고 고민하는 게 좋다. 여기서 시간을 많이 보낼수록 작품을 더 쉽게 쓸 수 있고 좋은 작품이 될 가능성도 높아진다.

❖ 2단계 : 작품 쓰기

인물과 사건을 만들고 주제와 플롯도 정리했다면 이제 본격적으로 희곡을 쓸 차례다. 준비가 다 되어 머릿속에 잘 정리된 계획표가 들어 있으니 열심히 쓰기만 하면 된다. 대개 200자 원고지 80장 정도는 써야 한다. 누구의 방해도 받지 않는 정리된 장소에 며칠 동안 잠적해보자.

40분이라는 시간은 그다지 긴 시간이 아니다. 단기간에 집중하고 몰두해서 단일한 작품으로 완성하자. 그러지 않으면 작품의 긴장도가 떨어지고 얼개가 느슨해질 수 있다. 인물과 사건에 젖어 있는 상태에서 일관성을 잃지 말고 작품을 써보자.

❖ 3단계 : 퇴고하기

시간의 여유가 있다면 일단 작품을 잊어버리고 묻어두는 것이 좋다. 그러고는 얼마의 시간을 흘려보낸 뒤 남의 작품 대하듯 읽어보자. 쓸 때는 보지 못했던 문제점들이 보일 것이다. 이때가 수정에 들어가야 할 시점이다.

대개의 경우, 자기가 쓴 글은 덜어내거나 고치기가 어렵다. 그러나 냉정하게 버리고 고쳐야 한다. 아까워하지 말아야 한다. 버린 것들은 다른 파일에 모아두면 된다. 나중에 쓸 일이 있을지도 모르기 때문이다. 그러나 이렇게 모아두는 것은 사실, 다음에 쓰기 위해서라기보다는 당장 아까워하는 마음을 어느 정도 위로하기 위해서다. 작품 수정은 과감하게 하자.

❖ **4단계 : 비평적 기준을 가지고 검토하기**

작품이 완성되었을 때, 다른 이에게 보여주기 전에 스스로 마지막 점검을 하는 시간이 필요하다. 아주 간단한 세 개의 질문을 자신에게 던져보자.

- 작품의 주제는 무엇인가?
- 작품은 그 주제를 잘 구현했는가?
- 그런데 그 주제는 말할 만한(애써 작품으로 쓸 만한) 가치가 있는가?

이 세 질문을 무사히 통과했다면 어느 정도는 좋은 작품이라고 할 수 있다. 물론 다른 요소들도 검토해야겠지만 작품의 마무리 단계에서 이 과정이 우선시되어야 한다.

작품은 작가가 말하고 싶은 문제의식을 담고 있어야 한다. 그러한 의식이 없을 때 작품은 갈피를 잡지 못하고 헤매게 된다.

그러나 아무리 좋은 주제를 가졌다고 해도 그것을 제대로 형상화하지 못했다면 무슨 소용이 있겠는가? 작가는 주제를 말로 구구절절 설명할 수 없다. 오로지 작품을 통해 관객에게 메시지를 던질 수 있을 뿐이다.

그러면 주제가 있고 잘 형상화되었으면 끝인가? 그렇지 않다. 과연 그 주제가 관객 모두가 고민할 만한 가치가 있는지를 생각해봐야 한다. 위의 세 가지 질문을 모두 통과했다면 일단 작품으로서 어느 정도 수준을 획득했다고 볼 수 있다.

셰익스피어,
4대 비극의
카타르시스

셰익스피어(William Shakespeare, 1564~1616)의 수많은 희곡 작품 중 네 편은 비극이고, 다섯 편은 희극이다. 비극은 핵심인물이 죽거나 불행해지는 이야기로, 갈등과 대립의 흐름 속에서 결국 주인공이 파멸하는 것을 전제로 한다.

❖ 햄릿

〈햄릿〉은 줄거리가 너무나 잘 알려진 일종의 복수극이다. 덴마크의 왕자 햄릿의 부왕이 숙부에 의해 살해되고, 햄릿은 시역자(弑逆者)의 진상을 알아내고 끝내 복수를 하지만, 그 자신도 독이 묻은 칼에 찔려 죽는다는 내용이다.

셰익스피어는 극 창작에서 특이하거나 진귀한 소재를 구하려 애쓰지 않았다. 그가 쓴 희곡의 절반 정도는 이미 있었던 이야기들의 개작이었고, 그 나머지도 대체로 일반 대중이 잘 알고 있는 역사, 연애 사건, 전설 등을 극 재료로 삼았다. 즉, 평범하고 대중적인 소재를 가지고 불후의 작품으로 만든 것이다. 〈햄릿〉 역시 그렇게 재탄생된 작품이다.

암살당한 부왕의 영혼이 아들에게 나타나 복수를 명령한다는 전설은 중세 때부터 덴마크에서 회자되고 있었다. 이런 '햄릿 전설'을 처음으로 기록한 사람은 《덴마크사(史)》를 쓴 삭소 그라마티쿠스였다. 그의 기록을 보면, 등장인물들의 이름은 동일하지 않지만 사건의 내용은 〈햄릿〉과 거의 비슷한 줄거리를 갖고 있다. 햄릿이 거짓으로 미친 척한다든가, 연인 오필리아가 햄릿의 정신 상태를 시험해보는 장면, 햄릿이 숙부의 부인이자 자신의 어머니인 왕비를 비난하다가 문 밖에서 엿듣던 사람을 칼로 찔러 죽이는 일, 그 밖에 햄릿의 추방과 해상에서의 활약 등 전설의 내용을 그대로 이용하고 있다. 전설과 다른 점을 찾는다면, 전설에서는 햄릿이 복수를 실현하고 왕위에 앉음으로써 행복하게 끝나는 데 반하여 셰익스피어의 작품에서는 비극으로 끝난다는 점이다.

〈햄릿〉은 셰익스피어의 다른 비극들보다는 '비논리적 논리'의 세계에 속하는 작품이다. 비극 〈햄릿〉에서 받은 첫 번째 인상은 신비감이다. 그 원인의 일단은 작가가 여러 차례 개작을 거듭하던 끝에 동기가 모호해진 데서 찾을 수 있을 것이다. 또한 원래의 극 재료가 여기저기 덜 소화된 탓일 것이다. 아니면 햄릿의 여러 문제가 작가 자신의 그것과 너무나 밀접했던 탓으로 작가가 실제와 예술을 구별하

〈윌리엄 셰익스피어의 연극〉, 존 길버트, 1849

기 어려웠던 것은 아닐까? 셰익스피어 연구가 틸리아드는 엄밀한 의미와 인과의 논리를 결핍하고 있는 점이 〈햄릿〉의 초점이라고 했다.

햄릿의 세계는 또한 수수께끼의 세계다. 여러 비평가가 이미 지적했듯이, 주인공 자신이 종종 수수께끼 같은 말을 한다. 햄릿이 결말을 맺을 때 쓰는 대사는 그의 최초 대사에서 보듯 항상 심오하다. 햄릿이 광기 속에 내뱉는 말조차도 의미심장하다. 그보다 햄릿의 광기조차도 수수께끼다. 광기이든 광기가 아니든, 햄릿의 마음은 쉴 새 없이 그의 세계에서 움직이며 하나의 수수께끼 위에 또 다른 수수께끼를 포개어놓는다.

아버지의 유령을 보게 된 햄릿

　햄릿 세계의 두 번째 특징은 실재의 문제성과 실재와 현상, 다시 말하면 외관과 허구와의 관계다. 이 극은 현상, 즉 '헛것'인 유령으로 시작한다. 그런데 이 유령은 어느 정도 실재적 존재인 것이다. 그리고 이 유령은 여러 실재를 밝혀주는 매개체이기도 하다. 이 유령의 계시에 의해 클로디어스왕의 찬란한 궁정 내막이 속속들이 폭로되고, 햄릿은 유령에 의해 클로디어스왕이 선왕을 죽인 살인자이며, 자기의 어머니는 근친상간이나 다름없는 죄를 지은 죄인임을 알게 된다. 그러나 이 유령이 선왕의 모습을 가장한 악마이거나 헛것일지도 모른다는 난점을 남겨둔다.

햄릿 세계의 세 번째 특징을 적절한 말로 표현하기란 어렵다. 우리가 단지 죽음뿐만 아니라 육신이 타고난 번뇌며 온갖 고통까지를 '치명성'이라고 한다면 이 치명성이 곧 세 번째 특성이라고 볼 수 있다. 비극 〈햄릿〉에서는 강력한 치명성이 인간의 무력감과 인간 목적의 불안정함과 인간 실패의 양상인 운명에 대한 인간의 종속 등으로 전달된다.

현대적 입장에서 햄릿을 지성인의 전형이라고 보고, 또한 이 극 전체를 지성인이 처한 숙명적 비극이라고 본다면, 햄릿으로 하여금 비극의 주인공이 되게 한 지성의 여러 특징은 어떤 의미에서든 그 자체로는 결함이 아니다. 지성은 과학적 진리를 발견하고, 기계를 발명하고, 예술을 창조하고, 도덕을 보급시켜 인류 역사를 진보시키고, 인간의 생활을 더 풍족하게 만들어준 고귀한 힘이다. 그러나 그 힘이 부당하고 오염된 세계 속에 들어 있을 때에는 낭비되고, 결국 무너져버린다. 현실의 인간들은 어쩔 수 없이 부당하고 적절치 못한 세계에 지성을 빼앗긴 채 살아간다.

이런 이유로 〈햄릿〉은 영원한 고전으로 남아 있다. 지성을 가진 인간이기에 비극을 체험해야 한다는 인간의 숙명을 그린 이 작품은 최고의 비극일뿐더러 가장 현대적인 비극이다.

❖ 오셀로

〈오셀로〉는 '국왕소속극단'에 의해 궁정에서 초연되었다는 기록이 있다. 제작 연대는 1604년으로 추정되고 있다. 셰익스피어는 이 작품의 소재를 이탈리아인 조반니 바티스타 지럴디가 펴낸 이야기 모음집에서 발견했다. 당시 아직 영어로 번역되어 있지 않았을 때이기에 셰익스피어는 아마 프랑스 번역본을 참조했을 것으로 짐작된다.

베니스의 장군이며 흑인인 오셀로는 무용의 매력으로 베니스 원로 브라반쇼의 딸 데스데모나의 사랑을 얻어 그녀를 아내로 삼는다. 그러나 앙심을 품고 있던 청년 장교이자 기수(旗手)인 이아고가 데스데모나를 모함하여 그녀가 마치 부정을 저지른 것처럼 꾸며 오셀로에게 일러바친다. 단순한 성격의 소유자인 오셀로는 이아고의 간계에 감쪽같이 넘어간다. 죄 없는 데스데모나를 의심하며 질투심에 빠져버린 오셀로는 결국 그녀를 목 졸라 죽인다. 곧 이아고의 간계가 탄로 나지만 이미 엎질러진 물! 결국 오셀로는 회한 속에 자살을 선택한다. 한마디로 말하면 마키아벨리즘의 이른바 여우와 사자의 비극, 강하지만 단순한 사자인 오셀로가 교활한 여우 이아고의 간계에 빠져버리는 비극이다.

〈오셀로〉는 〈햄릿〉과 마찬가지로 복수극의 유형을 따르고 있지만 극 세계의 초점을 가정 비극에 두고 있다는 점이 특이하다. 물론 우리는 〈오셀로〉를 전적으로 가정 비극을 다룬 작품으로만 보지 않는다. 피부색이 검은 오셀로가 백인 미녀이며 원로의 딸 데스데모나를 아내로 맞이한다는 것은 자신의 탁월한 존재 가치를 인정받는 것이고, 그녀를 상실한다는 것은 자기 자신의 모든 것을 잃는다는 의미이다. 그는 질투심이 강한 사람이 아니었다. 정열적이고, 용감하고, 고결한 정신의 소유자였다. 오셀로의 성격은 소박한 동시에 단순하다. 그리고 그의 대사에서 엿볼 수 있듯이, 그는 낭만적인 이상주의자다. 순진하고 소박한 여주인공 데스데모나는 결혼 문제를 자기 의사로 결정할 만큼 자아 각성을 한 르네상스 시기의 신여성이다. 이러한 두 남녀의 결혼은 처음부터 문제점을 안고 있었지만, 제삼자가 개입하기 전까지는 오셀로와 데스데모나의 세계는 완전히 조화된 세계였다.

그러나 오셀로의 기수 이아고가 이 조화의 세계를 파괴해버리고 말겠다며 뛰어든다. 그토록 자신만만하던 오셀로가 보잘것없던 일개 부하의 간계에 넘어가 질투심에 빠져, 고결한 성격의 인간이 짐승 같은 상태로 타락하는 운명의 비극 속에 이 작품의 문제성이 있다. 그

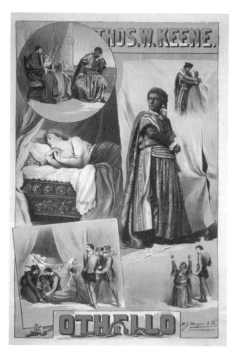

오셀로 포스터

러나 이 비극의 더 큰 핵심은 다른 데서 찾을 수 있다.

우리는 〈오셀로〉를 통해 벼랑 아래로 떨어지는 듯한 비통함에 빠진다. 이 비통함은 정의가 끝내 실현되지 못한 깜깜한 밤 같은 것이다. 마지막에 이아고를 사로잡아 아무리 그를 고문해도 선이 회복되지 않고 정의가 돌아오지 않는, 인간세계의 밤인 것이다. 그러나 절망 속에서 죽은 맥베스와는 달리 오셀로의 비극은 죽음으로써 영혼의 구제를 받게 된다.

❖ 리어왕

아득한 원시 시대의 몽롱한 배경 안에서 벌어지는 배신과 망은의 이 비극은, 극장에서는 도저히 상연해낼 수 없다고 생각될 만큼 그 규모가 거대하다. 등장인물들 또한 하마터면 선인과 악인의 두 종류의 상징에 그치고 말 뻔할 정도로 보편적 인물들이다.

늙은 왕 리어는 진실하고 솔직한 막내딸 코델리아를 믿지 않고 오히려 진실되지 못한 맏딸과 둘째 딸의 감언을 믿고 경솔하게 나라를 물려주었다가 이내 배은의 딸들에게 쫓겨나게 된다. 배신을 당한 리어왕은 폭풍우 몰아치는 광야를 헤맨다. 프랑스의 왕에게 시집을 간 코델리아는 왕과 함께 군사를 이끌고 구원하러 오지만 오히려 패하여 코델리아는 포로가 되어 죽임을 당하고, 리어왕은 비탄과 번민 속에서 죽는다는 게 중심 스토리다. 이에 버금가는 주변 스토리는 성실한 적자 에드거를 멀리하고 불성실한 서자 에드먼드의 감언을 믿었기 때문에 몰락하고 마는 글로스터 백작의 비극을 그리고 있다.

리어왕과 광대

　선악의 영원한 주제를 다루면서, 인간의 여러 성격을 병적, 심리적 측면에서 규명하고, 인간성의 그로테스크한 비극을 〈리어왕〉만큼 예술적으로 치밀하게 그려낸 작품은 드물다. 리어왕의 성격은 작품의 핵심을 이룰 뿐만 아니라 모든 사건이 어쩔 수 없이 분출되는 근원이 된다. 성격들이 형성되어 사건이 전개되고, 그 사건 속에서 선악의 행동은 똑같이 파멸되고 만다.

　맥베스의 말처럼 원래 서투른 배우일 뿐인 우리는 인생에 자전적 통찰력이 결핍될 경우 실체를 파악하지 못하는 오류를 범하게 마련이다. 그러나 이런 오류는 시련과 진통의 대가로 비로소 시정되게 마련이다.

　이 작품이 우리에게 주는 교훈은 고통을 부정하지 말라는 것이다. 코델리아의 죽음은, 이 궁극의 힘이 가장 상징적으로 표현된 형태다. 그녀의 죽음은 '세계의 해체와 붕괴'라는 이 작품의 주제를 가장 강렬하게 표현하고 있다. 그녀의 죽음을 통해 리어왕은 정화되고 그의 비극적 위대성은 회복된다. 셰익스피어의 비극에서는 이처럼 고난의 향불이 신의 제단에 바쳐짐으로써 인간의 영혼이 구제되는 양상으로 이야기가 흘러간다.

❖ 맥베스

스코틀랜드의 무장 맥베스는 왕위를 노리는 야심을 품고 있었는데, 우연히 황야에서 만난 세 마녀들의 기괴한 예언에 감동한다. 양심이라고는 전혀 없다고 할 만큼 과격하고 저돌적인 맥베스 부인의 말에 현혹된 그는 마침내 야심을 실행하게 된다. 그는 왕인 덩컨을 자기 성으로 맞이하여 살해한 뒤 왕위를 빼앗는다. 그러고는 그 빼앗은 왕위를 잃지 않을까 하는 불안감에 동료 장군 뱅코우를 먼저 암살한다. 더욱 피에 미친 맥베스는 차례차례로 희생을 부르는 범죄를 거듭해간다. 그러나 복수의 유령은 뱅코우 망령이 되어 나타나고, 이미 유혈의 악귀로 변한 맥베스도 덩컨의 아들 맬컴이 거느린 군사의 손에 죽는다.

이 극에서 흥미로운 점은 셰익스피어가 맥베스를 처음부터 악의 전형으로 창조하지는 않았다는 점이다. 그는 오히려 용감한 군인이자 양심의 소유자였다. 그러한 그가 권력 야심에 사로잡히게 되는데, 그 인간성의 변천을 그리기 위해 셰익스피어는 마녀를 등장시킴으로써 솜씨 좋게 맥베스의 내면의 상징으로 삼았다. 그와 동시에 맥베스 부인을 그와 대조적으로 설정함으로써 야심과 양심의 갈등을 극적으로 부각시켰다.

덩컨왕 살해는 맥베스를 악의 길로 인도하여 그를 파멸시킨다. 살해 직전에도 주저했고 살해 후에도 참회 속에서 공포감에 시달린다. 그러나 그는 다시 돌아설 수도 없고 죄를 씻을 수도 없다. 일단 죄업의 길로 들어서다 보니 연속적으로 또 다른 죄를 저지르게 되는 함정에 빠진다. 이것도 죄를 의식적으로 저지르기 위한 행위가 아니

맥베스 포스터

라, 파멸로부터 보호하기 위한 방어 본능에 의한 행위인 것이다. 뱅코우에 대한 공포와 증오가 그에게 살의를 품게 하는 경우를 보면 알 수 있다. 폭력을 통해 획득한 왕관을 잃지 않기 위해 그는 계속 악행을 거듭하는 폭군이 되고 만 것이다.

따라서 이 작품은 어느 야심가의 권력욕과 그의 궁극적 몰락의 과정을 그린 것이라기보다는, 인간성을 좀먹는 지나친 야심이라는 '악'이 걷잡을 수 없이 발동할 때, 거기서 일어나는 악의 연쇄 반응이 인간을 얼마나 도덕적 붕괴의 상태에까지 몰아가는가를 보여주는 것이다.

맥베스는 악인이지만 그의 양심은 언제나 악에 저항하려는 의지를 갖고 있기 때문에 오히려 그가 저지르는 끔찍스런 행동에는 핏자국이 더 선명하고 피비린내가 더 짙게 풍긴다. 파멸을 향해 맹목적으로 치닫는 그의 행동 뒤에는 욕망이든 야심이든 이성이든 모든 것을 거부하는 숙명의 그림자밖에 남지 않는 것이다.

〈햄릿〉은 인간의 지성에서 비롯된 숙명적 비극이고, 〈오셀로〉는 질투심에서 비롯된 비극이다. 또한 〈리어왕〉은 오만함이 야기한 비극이고, 〈맥베스〉는 야심 때문에 일어난 비극이다. 주인공들은 모두 인격적인 결함을 가지고 있으며, 그렇기에 비극을 자아내기에 적합하다. 그리고 주인공들의 처벌에 대해서는 일종의 도덕적 합의가 있기 때문에 정신적 만족감마저 느낀다. 이 또한 비극의 카타르시스가 될 것이다.

10부

인문학 공부,
미술 어떻게 볼 것인가?

❖ 관념적 생각 타파하기

미술을 감상한다고 할 때, 대부분 작품을 이해하기 위해서는 작가의 의도를 먼저 생각하면서 그걸 궁금해한다. 그렇게 작가의 숨은 메시지를 알고자 노력하는데, 결국 그 아이디어는 일반적인 것이 결코 아닌 조금 엉뚱하고 난해한 그 어떤 것인 경우가 많다. 그런데 이것이 진정한 미술 감상의 의미를 생각하게 해준다. 우리가 일상에서 마주하는 현상과 대상을 늘 그렇게 당연한 것으로 여기는 방식을 깨뜨리고 전환시켜 새로운 아이디어를 만나게 해준다. 즉, 미술은 누구나 고정관념 속에서 당연시하는 생각들이 지닌 관념적 편견 등을 깨뜨릴 수 있게 해주면서 새로운 가능성을 제시하는 그 무엇이다. 결국 '관념적 생각 깨뜨리기'는 일상 속에 내재한 의미를 만나게 하는 미술 감상의 제일 중요한 기능이 된다.

새롭게 바라보기

가치 있는 미술 감상의 또 하나의 의미는 새롭게 보는 방법에서 찾을 수 있다. 흔히 우리가 전시장에서 인상파나 피카소의 작품을 바라볼 때, 눈으로는 무언가 보게 되지만 변형된 작품의 이유와 방법 등에서 많은 의문을 갖게 된다. 즉, 미술 작품은 난해하다는 생각이 우선 들면서 우리가 쉽게 바라보는 것들에 회의를 갖는다.

역설적이지만 이처럼 상식과 통념을 거부하는 작가와 작품으로부터 배울 점은, 모든 것을 항상 새롭게 보아야 한다는 것이다. 즉, 타성에 젖어 일상성의 굴레에만 머문다면 새롭고 창의적인 미래는 없을 것이다. 각 시대와 문화에 맞게 미술은 다양한 이미지를 보고, 해석하고, 새롭게 읽어내는 방식을 개발함으로써 인간의 감성과 인식 능력을 발전시켜왔던 것이다. 미술을 감상함으로써 이와 같은 새로운 시각을 갖는다는 것은 새로운 미래에 동참하고 가늠할 혜안을 지닌다는 의미가 된다.

미적 안목과 정서 순화하기

미술 감상의 고유의 의미로 간주되는 것이 미적 안목의 신장과 정서 순화다. 우리의 일상에서 미적 안목은 미적 대상뿐만 아니라 우리의 삶 속에서 응용하고 활용해야 할 모든 것이다. 이러한 미적 안목의 습득과 긴밀히 연관된 것이 미술 감상이다. 다양한 작품의 감상을 통해 조형 요소나 조형 원리 등의 특징들을 찾아 비교하는 과정에서 미적 안목을 기를 수 있다.

또한 미적 감각이나 감수성은 작품의 미적 가치를 판단하는 과정을 통해 우리의 내면세계의 풍요로움과 정서를 기를 수 있다는 점이 미술 감상의 중요한 의미이기도 하다. 우리는 창작 위주의 작가로서 가 아닌 감상의 눈을 통해 심미안을 기르며 이 과정에서 내면의 정서 를 순화할 수 있는 것이다.

결과적으로 이러한 미술 감상의 의미가 우리를 둘러싸고 있는 환 경과 사회에 대해 열린 마음으로 소통할 수 있는 인격 형성의 바탕이 된다.

인문 소양 쌓기

오늘의 미술 감상은 알타미라 동굴 벽화에서부터 토털 아트 형식 을 취하는 현대 미술의 감상에 이르기까지 우리의 인식론적인 이해 의 폭을 넓혀왔다. 이러한 과정에서 우리는 순수 감상 자체에 대한 의미를 더욱 깊이 있게 하는 무엇이 있다는 것을 알게 된다. 그것은 작품을 둘러싼 시대를 이해하며 그 시대 문화의 전반적 상황을 동시 에 접근해야 한다는 것이다.

즉, 미술의 형식적 기원으로 치는 스페인의 알타미라(Altamira, 기 원전 15,000년경) 동굴 벽화나 프랑스의 라스코(Lascaux, 기원전 15,000~ 13,000년경) 동굴 벽화의 형식들이 주술설, 윤회설 등과 관련되어 있 다는 사실을 이해해야 한다는 것을 들 수 있다. 그리고 종교적인 색 채가 강하던 중세를 벗어나 15~16세기의 레오나르도 다빈치나 미켈 란젤로 같은 거장들이 등장하면서 미술도 인간의 지성에 합류하는 시대를 열어갔다는 사실 등을 알아야 한다는 것이다.

이 모든 과정에서 우리는 작품의 이미지가 지시하는 바를 단순히 읽고 설명하는 데서 벗어나 당시 시대 상황과 문화를 총체적으로 이해할 수 있다. 즉, 미술 감상이 미술 작품에만 국한되는 것이 아니라 그 작품을 둘러싼 더 폭넓은 인문학적 배경으로 접근해가는 과정을 통해 교양인으로서 인문학적 소양을 기르게 된다.

미술
감상의
요령

미술 감상은 기본적으로 주관적 감상과 객관적 감상의 일반적 원칙에 따라 접근하는 게 중요하다. 그러나 이러한 감상 방법이 효과적으로 이루어지기 위해서는 미술 감상의 자세나 예의가 우선적으로 고려되어야 한다. 우선 감상자는 작품을 대하는 자세가 겸손해야 한다. 또한 작가의 공들인 작품에 담긴 참신한 아이디어나 창의력에 경의를 표하는 자세가 필요하다.

❖ 주관적 감상

작품 의미의 출발점을 작가가 아닌 감상자의 눈과 판단을 바탕으로 미술 감상을 하는 방법이다. 따라서 감상자가 중심이 되어 작가의 의도나 외적·객관적 사실 이전의 감상을 중심으로 이루어지는 순수 감상 자체를 의미한다.

자신의 느낌과 애정으로 접근하기

솔직한 자신의 감동이나 느낌, 즉 인상으로 접근할수록 감상자 자신은 자유로워진다. 우리가 꽃을 감상할 때 꽃이 지닌 물리적 특성, 이를테면 꽃의 재질은 무엇이며 몇 퍼센트의 수분과 몇 퍼센트의 엽록소를 지니며, 꽃잎은 어떠한 진화 단계를 거치며, 필요한 일조량과 강수량 등을 따지자면 제대로 된 감상이 될 수 없다. 마찬가지로 순수미술 작품을 볼 때도 우선 자신의 느낌에 맡기고 마음을 열고 만나면서 이루어지는 것이 가장 본질적인 감상의 출발점이다. 작품에 대한 좋다, 나쁘다, 재미있다 등의 느낌에 충실히 맡기고 자신의 솔직한 반응을 읽을 수 있어야 한다.

남의 눈이 아닌, 자신만의 자유로운 시각으로 접근하기

일반적인 의미에서 유명한 그림이나 비싼 그림은 무조건 좋은 그림으로 생각해버리는 경향이 있다. 하지만 모든 사람은 각기 다른 얼굴, 다른 기호, 다른 식성을 지니고 있듯이 각자 기호와 취향에 따라 자신만의 좋아하는 작품 경향이나 스타일이 있게 마련이다. 그렇기에 작품의 가격과 명성이 자신에게 가치 있고 감동을 주는 기준이 되어서는 안 된다. 오히려 자신만이 끌리는 작품 스타일에 충실히 따라 선택할 때 작품에서 진정한 감동과 가치를 맛볼 수 있다.

'명화' 혹은 '비싼 가격' 등 타인의 시선이나 일반적 기준에 편승하여 따라다니다 보면 진정으로 자신이 좋아하는 자신만의 작품 스타일을 찾기가 쉽지 않다. 아무런 편견과 선입견을 갖지 말고 자유롭게 작품을 마주해보고, 자신의 가슴속에서 반응하는 대로 마음을 열어보자. 그러면 작품이 말하는 것이 느낌으로 전달되며, 비로소 감동의 즐거움을 만날 수 있을 것이다. 자신의 눈과 주체적 감각을 믿고 맡기다 보면, 어느새 자신이 좋아하는 작품의 스타일과 취향이 드러나게 될 것이다.

작품과 상호작용 수용하기

일반적으로 미술 작품 전시는 소통의 의미를 내포한다. 최근에는 관객들이 직접 만져보거나 맛보게 하는 작품들도 등장하는 등 다양한 방법의 소통을 이뤄내고 있다. 미술은 작품을 통해 이미지들을 해석하고 읽어내는 방식으로 인간의 감성과 인식 능력을 향상시켜왔다. 미술의 근본적인 역할로, 이러한 소통 방식은 오늘날 미술에서는 더욱 복잡하고 난해한 언어체계를 지니며 더 확장된 의미의 상호작용이 요구되기에 이르렀다. 또한 보는 사람의 관점에 따라 다르게 해석될 수 있기에 몇 마디 말이나 글보다 더 많은 의미를 함축한다.

이미지가 폭주하는 이 시대의 난해한 미술 언어체계를 이해하기 위해서는 더욱 함축적인 감각 작용을 통해 이루어지는 소통 방식의 과정이 필요하다. 이는 단순히 조형 요소만을 넘어서는 지성과 인식의 영역까지 확장되기에 더 직접적이고 적극적인 소통 방식의 활용이 필요하다.

그렇기에 오늘날의 미술 감상에서 감상자와의 '상호작용'이 중요한 추세 중 하나가 되고 있다. 전시장 작품에 때로는 '작품에 손을 얹

어보세요', 혹은 '기구를 돌려보세요', '컴퓨터를 사용하세요' 등의 문구를 담은 경우도 있다. 이럴 경우 감상자는 망설이거나 실수하면 어쩌나 하고 회피하는 경우가 많다. 그러나 현대미술 작품은 상호작용을 통해 작품 감상이 완성되는 경우가 많다. 따라서 가까이 다가가 실제 체험을 통해 작품 속으로 들어가는 적극적인 자세가 필요하다.

❖ 객관적 감상 요령

객관적 미술 감상이란 작품의 의미를 작가에서 출발하여 이해하는 감상으로, 감상자는 일반적인 작품의 의미와 제작자의 의도를 통해 접근한다. 이러한 과정은 감상자가 작품에 대한 객관적인 의미와 작가의 의도 등을 파악하는 행위를 포함하는 것으로, 작품 감상의 의미를 객관적 사실에 근거하여 접근한다. 결국 이 감상법은 작품에 대한 감상을 감상자가 아니라 제작한 작가가 중심이 되는 것이다. 요컨대 작가와 작품의 객관적 사실을 종합하여 최종 작품을 감상하는 방법을 말한다.

작가의 성격이나 성장 배경

사람은 환경에 의해 영향을 받으며, 인성과 주관이 형성된다. 즉, 빈부 격차나 가족 구성원, 자란 지역의 환경과 사회 환경 등에 의해 인격이나 성품이 달라질 수 있다. 작가마다 태어난 곳이 다르며 성장 과정 또한 다른 것처럼 작품을 감상하기에 앞서 작가에 대한 이해를 구하면 작품에 한층 가까이 접근할 수 있다. 이를 바탕으로 형성된 작가가 추구하는 정신세계나 의도와 주관을 이해하고 나면 작품의 이해가 훨씬 수월해진다.

미술 사조나 시대 상황

일반적으로 미술 작품은 그 시대를 반영한다. 미술 작품에서 시대마다 비슷한 표현 특징을 보여주는 경우, 그 시대적 배경을 이해할 수 있다. 따라서 작품의 표현 특징은 그 작가의 당대의 가치관과 의식의 배경을 가늠해볼 수 있게 한다. 예컨대 그리스 아르카익기(期)의 작품들은 입상 조각의 형태가 일정하게 서 있으며 미소(아르카익 미소)를 머금고 있다. 이는 완전하게 생명을 지닌 인체의 사실적 표현이 부족한 당시 테크닉의 한계를 미소로써 조금 더 살아 있는 인체의 표현을 가능하게 하려는 작가들의 의도에 따른 것이다.

❖ 작품의 구조 분석과 표현 수단 이해

작품을 이루고 있는 얼개나 구조 또는 화면의 짜임새를 꼼꼼히 해부해보면 작품의 조형 요소의 관계들이 보이고 조화로운 미에 대한 안목이 생긴다. 흔히 말하는 구도의 3요소도 막상 작품 앞에 서자면 기본적인 조형 원리조차 접목하기가 쉽지 않다. 이것은 작품의 감상을 심도 있는 자세로 접근하지 않고 단지 관념적이고 피상적으로만 훑어봄으로써 깊이 있는 분석의 과정을 거치지 않기 때문이다. 작품의 깊이 있는 감상을 위해서는 구체적인 구조의 분석, 표현 수단 등을 통한 심층적인 이해를 바탕으로 접근해야 한다.

세계
걸작
감상하기

❖ 미술, 왜 공부해야 하나?

미술 세계를 알면 알수록 새로운 것들을 발견하게 된다. 여러 재료를 이용하여 표현한 다양한 작품을 통해 우리는 감동을 받는다. 그리고 그 감동의 세계에 빠질수록 미술은 우리를 우주의 신비 세계로 인도한다. 게다가 작품을 통해 그 예술가들의 굴곡진 내면의 세계와 치열하게 살아온 삶을 들여다보게 되면 그들 예술의 끈질긴 생명력마저 느끼게 된다.

인류 발전과 함께 미술을 비롯하여 문화의 변천 과정은 시대와 민족에 따라 그 모습이 다양하게 변모하며 진보해왔다. 그 과정은 속도의 완급과 함께 보수와 진보의 모습이 서로 맞물리면서 고리 모양을 형성했다.

특정 유형의 미술 주류들이 흥망을 거듭하면서 과도기의 혼란을 가져오기도 했지만, 이 또한 새로운 것의 탄생을 위한 하나의 흐름이었다. 그런 발전과 변화 속에 늘 창조적 인간이 자리 잡고 있었다는 것을 우리는 알고 있다.

우리가 미술사를 공부하는 이유는 결국 그 흐름을 살펴 미에 대한 인식의 폭을 넓히고 공감하여 새로운 것에 대한 희망과 기대를 품으며 오늘을 창조적으로 살기 위함이다.

우리가 미술, 특히 서양 미술사를 공부하는 목적은 우리의 미적 시각을 더욱 풍부하게 하기 위함이다. 서양의 미술가들이 외국의 미술로부터 부단히 자극받아 자신들의 미술 세계를 풍부하게 살찌웠듯이, 우리도 서양 미술을 체험하고 창조적으로 변용함으로써 우리의 미술 세계를 더욱 의미 있는 것으로 만들기 위함이다.

꼭 미술 전공자가 아니더라도 누구나 서양 미술을 깊이 이해함으로써 그림 보는 기쁨과 행복을 맛볼 수 있다. 그림 보는 안목을 키울 때 우리는 삶을 좀 더 폭넓게 이해하고 의미 있게 살 수 있는 것이다.

❖ 미술사, 르네상스에서부터 18세기 신고전주의까지

'르네상스'란 이탈리아를 중심으로 14세기에서부터 16세기에 이르기까지 전 유럽에 영향을 미친 예술과 문화 대혁신운동을 말한다. 이 시대의 미술을 요약하면 다음과 같다.

14세기에는 상공업 발달과 활발한 무역으로 인해 재력이 풍부한 세력이 생겨나면서 이들이 문화와 예술에 힘쓰기 시작하였다. 그로 인해 일반인들도 학문 연구와 예술 제작에 많은 관심을 보이기 시작

했다. 그리하여 자연을 다시 보기 시작하였고, 인간의 존엄성을 회복하고자 하는 근대의식으로서의 르네상스라는 대혁명을 낳게 되었다.

　　1400년대의 미술에서 지적 가치로 내세운 것은 그리스 · 로마의 복귀다. 명확하고 강직한 선, 균형과 조화, 그리고 안정된 형식으로써의 미를 지향하였다. 그 당시 미술은 투시화법의 원근법 발견으로, 사실적 표현에 자연스러움을 얻게 되었다. 또한 인체에 대한 해부학적 파악으로 인체 묘사에 생명감을 불어넣었으며, 아름다운 육체 표현의 기쁨을 느끼기 시작했다. 르네상스 시대의 대표적인 작품으로,

〈최후의 심판〉, 슈테판 로흐너, 1435

〈니콜라스 튈프 박사의 해부학 강의〉, 렘브란트, 1632

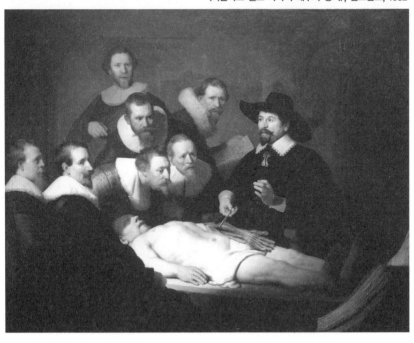

〈마리 앙투아네트와 그녀의 자식들〉, 엘리자베스 루이 비제 르 브룅, 1787

'비너스의 탄생', '최후의 심판', '모나리자', '그네' 등을 들 수 있다.

　17세기 들어서는 절대 왕권을 가진 왕족, 귀족 들의 취미에 부합하며 명암의 강한 대비와 함께 힘이 넘치는 생동감, 장중함, 활기찬 감정을 드러낸 '바로크 양식'이 생겨났다.

　18세기에는 프랑스를 중심으로 유행한 '로코코 양식'은 루이 14의 절대왕정의 세풍 속에서 귀족 중심의 화려하고 섬세한 미를 추구했다.

　그러나 바로크의 과장과 로코코의 화려함은 오히려 그림에 생명력을 잃게 하는 결과를 가져왔다. 이는 늘 그렇듯 또 다른 변혁을 예고하는 징조가 되었다. 결국 그리스 · 로마 풍의 단정된 형식미를 되찾으며 르네상스의 고전주의를 모범으로 삼고자 하는 것이 등장했으니, 바로 신고전주의다. 신고전주의 미술의 특색은 명확한 표현을 바탕으로 한 형식의 통일과 조화, 내용의 균형이었다. 신고전주의의 대표 화가로는 자크 루이 다비드, 장 오귀스트 도미니크 앵그르 등이 있다.

❖ 빛나는 색채의 마술사, 오귀스트 르누아르

　화려한 색채로 여인들의 인상을 담아낸 프랑스 화가 오귀스트 르누아르(Auguste Renoir, 1841~1919)는 작품 〈물랭 드 라 갈레트〉를 통해 독특한 그만의 찬란한 색채 인물화를 보여준다. 특유의 낙천적인 그의 성격처럼, 그는 카바레나 파티 테이블에 둘러앉아 담소하거나 춤을 추는 흥겨운 장면을 주로 그렸다. 특히 화려하게 미소 짓는 여인의 풍만한 육체와 생생한 금발머리, 그리고 화려한 피부색 등의 묘사는 어느 인상파 화가보다 훌륭하다.

일상의 행복, 〈보트 파티에서의 오찬〉

〈보트 파티에서의 오찬〉은 르누아르가 1880년 여름에 센 강변의 샤토 섬 선상 식당에서 뱃놀이하면서 행복한 시간을 보내는 남녀들을 묘사한 작품이다. 평소 행복한 일상을 그렸던 그는 이 작품에서 그 자신을 포함한 그의 친구들을 그려넣었다.

재미있는 것은 파티에 참여한 인물의 숫자다. 르누아르는 보통 불길한 수로 인식되는 13명으로 구성된 자신과 그의 친구들의 수를 한 명의 바텐더를 첨가함으로써 행운의 장면으로 전환시키고 있다. 긍정적인 르누아르는 다소 전통적인 이 그림을 그린 후 1881년 이탈리아로 여행을 떠났다. 거기서 르네상스와 바로크 대가들의 그림을 연구함으로써 1880년대 중반부터는 인상주의에서 탈피하여 고전주의적 경향의 그림을 그리게 된다.

한낮의 여흥, 〈물랭 드 라 갈레트〉

대부분의 인상파 화가가 인상파의 빛을 연구하기 위해 풍경화에 천착하였으나 르누아르만은 주변 인물들에서 그 빛을 표현하였다. 이미 19세기의 파리에서는 더 이상의 전통적인 계급적 구분이 존재하지 않았다. 새롭게 형성된 시민계급을 중심으로 살롱, 카페, 연회장 등 근대적 문화 공간이 그들의 사교의 중심이 되었다. 〈물랭 드 라 갈레트〉는 보통 사람들의 즐거운 일상사를 배경으로 한 대표적인 작품이다.

❖ 무희의 세계를 관조한 에드가르 드가의 시선

에드가르 드가(Edgar Degas, 1834~1917)는 파리의 부유한 은행가 집안에서 태어났다. 그는 본래 법률을 배웠으나, 1855년 미술학교에 들어가며 화가의 길로 들어섰다. 탁월한 데생 실력으로 유명한 그는 한때 고전파의 거장 앵그르로부터 직접 가르침을 받기도 하면서 고전주의에 대한 경의를 품게 되었다. 1874년부터 1886년까지 인상파 전에 출품하기도 하였던 그는 파리의 근대적 일상을 세밀한 소묘로 형상화하여 신선하고 화려한 색채감을 잘 표현했다. 실내광의 효과와 즉각적인 포즈, 그리고 사진을 보는 듯한 혁신적 구도를 채택한 그의 작품들은 당시 그림과는 차별화되었고 오늘날까지 신선한 충격을 준다.

그의 그림은 특히 발레, 경마장, 오페라하우스와 공연장을 다룬 것이 많은데, 서민의 삶에도 적극적인 관심을 갖고 다양한 그림을

에드가르 드가

남겼다. 특히 무용수 등 인물 동작의 순간적인 포즈를 예리하게 묘사해 새로운 각도에서 부분적으로 부각시키는 수법을 강조했다. 대표작으로 〈압생트〉, 〈반복〉 등이 있다. 대체로 긴장이 느슨하고 남의 시선을 의식하지 않게 되었을 때 드러나는 모습의 자연스러움을 강조했다.

우연의 시선, 〈푸른 옷을 입은 발레리나들〉

이 작품 역시 이전에서 보여준 것처럼 사진의 앵글처럼 잡아내 우연적 화면 구도와 주제를 보여주고 있지만, 표현 방식에서 이전과 몇 가지 차이를 보인다. 우선 드가의 발레리나라는 개체성의 사실적 묘사에 치중하기보다 화면에서 배경과 인물, 동작과 재료 자체의 전체적 어우러짐에 훨씬 주목하고 있는 인상이다. 하나하나의 인물 묘사에 바탕을 두었던 과거의 분위기와는 다른 느낌을 전한다. 이 작품에서 발레리나는 관객의 시선에 각각의 대상으로 놓인 것이 아니라, 배경과 자연스럽게 하나를 이룬 전체적인 조형의 요소들로 분해되어 있다.

❖ 근대 조각의 시조, 로댕

프랑스의 조각가 오귀스트 로댕(Auguste Rodin, 1840~1917)은 근대 조각의 시조로, 오늘날 가장 위대한 인상파 조각가로 평가받고 있다. 서양의 현대 회화를 만들어낸 것이 19세기에 등장한 인상파였다면, 현대 조각의 문을 연 것은 근대 조각의 아버지로 불리는 로댕이었다. 19세기 말, 로댕은 시대에 뒤떨어진 장르가 되어버린 듯했던 조각을, 다시 미술의 중요한 분야가 되게 했다는 점에서 미켈란젤로와 견줄 만하다. 그는 거의 인체만을 다루었으면서도 원초적인 감정부터 추상적인 가치에 이르는 모든 것을 표현할 정도로 작품 주제의 폭이 넓었다.

로댕은 1840년 파리 빈민가에서 경찰서 말단 직원의 아들로 태어났다. 그는 어려운 가정 형편으로 응용미술학교를 3년 다닌 것으로 교육을 끝내야 했다. 이러한 이유로 그는 젊은 시절 오랜 기간 생활을 위해 장신구 조각 작업을 지속하였으나, 이후 조각가로서 기념비적 작품인 〈지옥의 문〉을 비롯하여 〈칼레의 시민〉, 〈발자크상(像)〉 등을 남겼다.

인생의 고뇌, 〈생각하는 사람〉

로댕의 대표작 〈생각하는 사람〉은 로댕이 작가로서 인정받는 전환점이 된, 파리장식미술관의 정문을 장식한 〈지옥의 문〉의 일부로서 중앙부에 자리 잡고 있는 조각상이다. 단테의 《신곡》 '지옥' 편에서 영감을 얻은 〈지옥의 문〉은 인간이 운명적으로 맞게 되는 소외, 절망, 죽음에 대한 고뇌의 표정을 다양한 인물 형태로 묘사하고 있다. 그 장면 속에서 '생각하는 사람'은 고통 받은 인간군상을 내려다보며 자신의 과거를 생각하고 반성하는 모습이다.

생명력을 담아내는 작품을 만들려 애쓰던 로댕은 이 작품이 포함된 〈지옥의 문〉을 시작으로 프랑스 인상주의 시대를 휩쓰는 큰 발자취를 남겼다. 이후 그가 남긴 작품들은 건축의 부속물로 기능하던 이

〈지옥의 문〉

제까지의 한계를 벗어나 독자적인 예술로서의 조각 작품으로 자리매 김하게 하였다. 거친 질감과 격렬한 긴장감이 표현된 근육 등을 통해 인간의 내적 진실을 전달하는 인상파적 기법을 구사함으로써 표현 기법에서도 단순한 고운 표면 처리로 장식하던 이전까지의 소극적인 장식품에서 벗어나고 있다. '생각하는 사람'을 담아내고 있는 '지옥 의 문'이라는 웅장한 문은 건물의 부속물이기보다는 그 자체가 건물 로서, 기념비적 작품이다.

실존적 인간 군상, 〈칼레의 시민〉

〈칼레의 시민〉은 1885년에 칼레 시정부에서 주문받아 제작한 작품으로, 전통적인 공공조형물과 조각의 성격을 혁신적으로 바꿔놓은 걸작이다. 작품의 내용은 14세기, 백년전쟁 중 위기에 처한 프랑스 북동부의 도시 칼레를 구하기 위하여 기꺼이 자신들을 희생하고자 자원했던 영웅 6인을 기린 작품이다. 이들은 도시를 포위한 영국의 왕 에드워드 3세가 요구한 도시민 6명의 목숨을 담보로 항복을 인정하고 봉쇄를 풀겠다는 조건에 응해 대표로 나선 용감한 시민들이다.

이 작품 역시 다른 장치 없이 여섯 명 인물의 몸짓을 표현주의적으로 거칠게 드러냈는데, 특히 실제보다 크게 만들어진 손과 발이 모든 것을 전하고 있다. 이 작품의 가장 큰 혁신 중 하나는 공공조형물이 지닌 전통적 통일성에서 벗어난 파격적인 배치다. 인물들은 각기 자신만의 실존적 문제에 몰두한 표정을 드러내며, 서로 전혀 접촉이 없고, 그중 누구도 다른 사람을 바라보고 있지 않다. 이들 여섯 명 모두 작품에서 동등한 비중을 가지고 있어, 이 작품에는 정면이라고 할

〈칼레의 시민〉

254

만한 곳이 없다. 즉, 일정한 틀에 짜 맞추어진 구성 방식과 동떨어져 있다. 감상자가 작품 주위를 돌면서 보면, 한 사람 한 사람이 차례로 나왔다 들어가고, 무리는 모였다 흩어지면서 실제로 사람들이 움직이는 것 같은 느낌을 받는다. 눈높이에 맞추어진 낮은 좌대는 조각의 공간을 관람자의 공간에 침투시키고, 인물들의 특별한 구성은 조각의 시간을 관람객이 보는 실제 시간과 일치시킨다. 이렇게 하여 그는 작품을 통해 시간 속의 현존하는 움직임, 즉 생명 자체를 극명하게 재현하고자 했던 과제를 완수했다.

이러한 내적 진실을 드러내는 표현주의적 사실주의로 인해 로댕의 예술 세계는 '조각에서의 인상주의'로 평가받고 있다. 인상주의가 회화를 사실적 재현으로부터 해방시켜 현대 회화의 자유로운 세계로 향하게 했듯이, 로댕은 조각을 전통적 조각의 원리인 기계적 사실성으로부터 해방시킨 것이다.

11부

인문학 공부,
음악 어떻게 들을 것인가?

지적인 음악 감상자가 되라

❖ 음악을 알지는 못하지만 좋아한다?

처음 클래식을 접하는 사람들에게 어떤 종류의 음악이 존재하는지 아는 게 불필요하다고 말할 수는 없다. 하지만 그보다 더 중요하게 다루어야 할 것은 바로 그 음악의 내용을 이해하는 일이다.

많은 사람이 음악을 이해하는 것과 음악 지식을 늘리는 것을 혼동한다. 그러다 보니 음악 지식이 음악을 이해하는 데 오히려 방해가 되는 경우가 적지 않다. 음악 지식은 음악 현상에 대한 감각적 이해와 적절히 병행되면 음악을 제대로 감상하는 데 강점으로 작용할 수 있다. 그럼에도 불구하고 대부분의 경우 이와는 반대의 역효과를 나타내는 이유는 음악 지식이 음악에 대한 감각적인 이해와 연결되지 못하기 때문이다.

음악 감상 가이드의 역할이 음악을 잘 알지 못하는 사람들에게 음악이 무엇인지 이해하도록 하는 데 있다면, 구체적인 음악 작품의 의미를 이해하는 일은 또 다른 차원에서 '음악을 어떻게 들을 것인가?'라는 질문에 답하는 것이다. 클래식을 처음 접하는 이들에게 '바흐의 음악을 들을 것이냐, 베토벤 음악을 들을 것이냐?' 혹은 '바흐의 음악 중에서도 어떤 음악을 먼저 들을 것이냐?' 하는 문제는 물론 무시할 수 없는 것이다. 그러나 그보다 더 중요한 것은 역시 '어떻게 들을 것인가?'이다.

같은 공간에서 같은 음악을 들을지라도 각기 다른 음악으로 들을 수 있다. 사람마다 음악의 여러 요소에 주의를 집중시킬 수 있고 개인적 경험을 할 수도 있다. 그뿐 아니라 아예 음악을 듣지 않는 경우도 적지 않다. 이 말은 좀 이상하게 들릴지 몰라도, 음악 감상을 하면서도 전혀 음악을 듣지 않는 경우는 우리가 흔히 상상하는 것보다 더 빈번히 볼 수 있다.

극단적인 예로, 옛 추억에 잠겨 과거 어느 누구와 함께 들었던 음악에 감동하는 경우를 생각할 수 있다. 이때 청자는 음악을 배경으로 삼고 있을 뿐 전혀 음악에 주의를 집중시키고 있지 않다. 이보다 더 흔한 경우는 음악의 어떤 요소는 듣고 있는 반면, 또 다른 요소는 전혀 관심 밖으로 밀려난 경우다. 많은 음악 애호가가 이 부류에 들지 않을까 싶다. 이는 마치 조각 작품을 감상할 때, 앞면만 보고 뒷면은 보지 않는 것과 같다.

클래식 애호가 중 "음악을 잘 알지는 못하지만 좋아해요"라고 말하는 사람들이 있는데, 우리가 쉽게 들어 넘기는 이 말들은 그들이 음악을 대하는 태도를 반영하고 있다고 할 수 있다. "음악을 알지는 못하지만 좋아한다"라는 말은 음악은 알아야 될 대상이 아니라 느끼는 대상이라는 일반인들의 잘못된 생각을 드러낸다. 음악 안에 구체적으로 알아야 할 어떤 내용들이 있다는 사실을 깨닫지 못할 때, 음악을 듣는 것이 아닌 즐거운 음향의 덩어리들만을 듣고 감동해서 눈물을 흘리는 해프닝이 일어나게 된다.

음악 감상에 관한 책을 수십 권 읽었다고 해서 음악을 제대로 이해했다고 말할 수는 없다. 음악을 이해하기 위한 지름길은 바로 직접 음악을 듣는 것이다. 그러나 음악을 듣는 것보다 더 중요한 것은 음악을 듣되, 어떤 태도로 듣느냐 하는 것이다. 처음 클래식에 입문하면서 음악에 대한 바른 태도를 지니고 올바로 접근하는 법을 배운다면, 진정한 의미에서 음악을 감상하고 즐길 수 있을 것이다. 따라서 이 책에서 되풀이되어 강조될 단 하나의 주제가 있다면 그것은 '지적인 음악 감상자가 되라'는 것이다.

지적인 음악 감상 태도는 음악에 대한 지식이 많다는 것과는 별개의 문제다. 음악을 잘 알지 못하면서도 음악사적 지식이나 음악적 문법의 규칙을 많이 알고 있는 경우가 있는데, 이는 흔히 지식이 언어를 매개로 전달되기 때문이다. 진정한 의미에서의 음악적 지식이라면 음악적 감수성과 밀착되어야 한다. 다시 말해, 감각적 인식과(perception) 지적 인식(cognition)이 하나가 되어 움직일 때만 제대로 음악을 이해할 수 있다는 말이다. 따라서 지적인 음악 감상의 태도란 감성과 지성이 분리되지 않은 상태로 음악을 듣는 것이라고 할 수 있다.

음악을 들을 때
반드시
알아야 할 것

　앞서 이야기했듯이, 음악 감상 시 지성과 감성이 분리되어서는 안 된다. 그 이유 가운데 하나는 음악 안에 바로 지적 요소와 감성적 요소가 함께 존재하기 때문이다. 음악 안의 지적 요소에 대한 바른 인식은 음악에 대한 바른 태도를 기르는 데 필수적이다. 왜냐하면 음악 안에 무언가 알아야 될 요소가 있다는 사실을 깨닫는다면, 음악을 들을 때 그것이 무엇인지 이해하려고 노력하게 될 것이기 때문이다. 따라서 음악의 지적 요소에 대한 강조는 중요한 주제 중 하나다. 음악 감상의 지적 태도와 음악 내의 지적 요소에 대한 인식은 동전의 앞뒷면처럼 같은 존재의 다른 면모라고 할 수 있다.

　그렇다면 음악을 들을 때 알아야 할 것은 무엇일까? 바로 '음악적 질서에 대한 인식'이다. 음악이 단순한 음향이 아닌 이유는 바로 음악 안에 어떤 질서가 있기 때문이다. 음악적 질서의 법칙은 무질서

한 음 현상에 어떤 의미 체계를 부여할 수 있게 한다. 따라서 음악을 이해한다는 문제는 그 음악을 형성하는 음악적 질서를 이해하는 것과 분리해서 생각할 수 없다.

어떤 음 현상의 예를 들어보자. 어린아이가 피아노 위에서 G음을 눌렀다고 가정하자. 그 음 하나만으로는 어느 누구도 그것을 음악이라고 하지 않을 것이다. 그러나 그 아이가 일정한 박자와 리듬으로 같은 음을 되풀이했다고 하자. 누군가 그 아이에게 "그게 뭘 의미하니?"라고 물었을 때, 그 아이가 "비가 내리고 있는 거야"라고 대답한다면 벌써 거기서 원초적인 음악적 개념이 발생하는 것이라고 할 수 있다. 쇼팽의 〈빗방울 전주곡〉은 바로 이러한 단순한 구조에서부터 전개되고 있다.

여기서 어떤 음 현상과 그것에 질서를 부여하는 법칙, 그리고 거기서 발생하는 하나의 의미체계를 찾아볼 수 있는데, 이 세 가지는 서양음악을 구성하는 기본 구조다. 따라서 음 현상을 구성하는 문법적 구조와 의미체계에 대한 이해는 바로 음악 자체를 이해하는 것과 다르지 않다.

음악의 문법적 구조에 대한 이해 없이 음악을 이해할 수 있다고 주장하는 사람이 있다면, 그것은 마치 프랑스어나 독일어를 알지 못하고도 프랑스어, 독일어로 쓰인 문학 작품을 읽을 수 있다고 말하는 것과 같다. 요컨대 어느 정도의 음악적 문법에 대한 이해 없이는 결코 제대로 된 음악 감상을 할 수 없다.

물론 음악 애호가들이나 음악대학의 학생들처럼 전문적 지식을 습득할 필요는 없다. 그러나 기본적인 음악적 질서에 대한 개념과 그에 대한 인식은 클래식을 듣는 데 필수적이며, 또한 클래식을 쉽게 배울 수 있도록 도와준다. 흔히 사람들은 음악을 일종의 언어처럼 생각하는 경우가 많은데, 이는 타당하다고 할 수 있다. 음악의 경우도 언어처럼 무엇인가 이야기하고 있다. 그 내용에 대한 이해는 그 문법에 대한 이해와 밀접한 관계가 있다는 점에서 음악은 또 다른 언어라고 말할 수 있는 것이다.

서양의 클래식을 이해한다는 것은 바로 그 문화가 만들어낸 음악적 어법을 이해하는 것을 의미한다. 음악도 무언가를 이야기하지만, 그 이야기의 내용과 전달 방법은 언어와 똑같지는 않다. 음악은 음악만이 할 수 있는 말을 하고 음악 고유의 방법으로 의미를 전달한다. 음악의 문법적 구조에 대한 이해는 음악적 어법을 이해하는 데 선행되어야 할 기초 과정이라고 하겠다.

음악적 소리를
들을 줄 아는
내적인 귀

　대중음악과 달리, 클래식을 듣는 데에는 음악적 전개 과정의 이해가 필수불가결한 요소다. 대중음악을 들을 때 우리는 그 내용에 지적 관심을 보이지 않아도 된다. 대중음악 감상은 주로 청자의 감각적 쾌감에 의존하고 있다. 물론 클래식을 감상할 때도 감각적 즐거움을 배제할 수는 없다. 그러나 클래식에서 이 같은 감각적 즐거움은 음악적 내용에 대한 지적 이해와 서로 떨어질 수 없는 불가분의 밀접한 관계에 놓여 있다. 이런 의미에서 클래식 감상은 대중음악과는 달리 듣는 사람 쪽의 특별한 주의력과 감수성 및 이해 능력을 필요로 한다. 따라서 '어떻게 클래식을 들을 것이냐?' 하는 음악 감지 방식의 이해 문제와 상관관계 속에서 그 의미와 중요성을 지닌다고 해야 할 것이다.

　그렇다면 클래식을 제대로 이해하기 위해서는 어떠한 태도가 요구될까? 이 질문에 대한 답은 한마디로 '지적인 감지 방식'이다. '음악을 지적으로 감지한다'는 말은 클래식을 감상하는 데에서 지성과 감성이 하나의 능력으로 통합되는 것이 중요함을 시사한다. 음악적 지식이 음 현상에 대한 감각적 이해와 연결되는 과정이 중요하다는 뜻이다. 따라서 클래식 감상 시 어떤 주의력과 감수성이 요구된다면, 지적인 음악 감상 태도를 기르기 위해서는 순수한 음악적 지식을 음악적 감성과 하나 되게 하는 훈련이 필요하다.

여기서 지식이란 음악적 내용에 관한 기본 개념의 습득을 말한다. 이 과정이 음악을 들을 때 감성적인 음악적 감수성과 통합되는 정도가 바로 음악 감상자로서 필요로 하는 자질과 능력을 재는 척도가 된다.

이 자질과 능력을 기르기 위해 음악 감상자는 비판적 안목을 갖고 제3의 음악 창조자로서의 역할에 참여하는 태도를 가져야 한다. 클래식 감상 시 이 능동적인 참여의 문제는 지적인 감지 방식 및 능력과 함께 지적인 음악 감상자로서의 훈련에 필수불가결한 요소임을 거듭 강조한다.

❖ 작곡자의 음악적 창조 과정에 참여하는 능동적 감상자

능동적 감상자는 '음악적으로' 들을 줄 아는 사람이다. 능동적 감상자는 음악적인 소리의 의미를 이해한다. 수동적 감상자는 그저 귀에 울리는 음향의 청각적 인상으로 듣고 즐거움만 추구한다. 수동적 감상자는 그 안에서 어떤 일이 일어나고 있는지를 알지 못한다. 부분과 전체 사이의 관계를 이해하지 못하고, 음악 작품 전체가 하나의 유기적 조직을 지니고 움직인다는 사실을 깨닫지 못한다.

이와는 반대로, 능동적 감상자의 음악 태도는 음악적 내용에 대한 인식이 감성을 통해 이루어진다고 말할 수 있다. 수동적 감상자가 단순히 음향에 감각적으로 반응하고 있다면, 능동적 감상자는 음악적 움직임을 비판적인 안목으로 감지할 수 있다. 능동적 감상자는 음악에 대해 분석적인 태도를 가지고 접근한다. 이런 분석적 감지 방식은 음악적 감수성 안에서 하나로 통합된다. 한마디로 음악적 소리를 들을 줄 아는 '내적인 귀'를 지니고 있는 것이다.

작곡자가 어떤 음악 작품을 만들고자 할 때, 그는 그 작품을 통해 무언가 이야기하려고 한다. 그가 이야기하려고 하는 내용은 다양하다. 그것은 어떤 상념일수도 있고, 막연한 감정일 수도 있고, 단순한 마음의 상태일 수도 있다. 그가 이야기하고 싶어 하는 것이 무엇이건 간에 그는 그 내용을 음악적 상징을 통해 표현하고자 한다.

따라서 음악을 듣는 사람이 어떤 작품을 대할 때는 그 음악이 이야기하고자 하는 바가 무엇이며, 그 이야기의 표현 방식이 어떠한가에 대해 주의를 기울일 필요가 있다. 이런 의미에서, 클래식을 듣고 이해하는 과정은 바로 작품을 만든 사람의 음악적 창조 과정을 함께 나누는 것이라고 할 수 있다. 그러므로 진정한 의미에서 음악 감상이란 감상자의 상상력을 통해 음악을 들음으로써 그 작품을 다시 만들어내는 재창조 활동에 참여하는 행위라고 하겠다.

능동적 감상자는 듣고 있는 음악에 참여하는 사람이며, 작곡자의 음악 세계를 제대로 이해하고 다시 만들어낼 줄 아는 사람이다. 감상자의 재창조 과정은 그가 음악을 듣는 동안 경험하는 작품의 내용과 의미에 대한 이해를 통해 이루어진다. 그것은 어떤 감정적 반응을 수반할 수 있지만, 어떤 경우에는 거의 순수하게 음악 형식에 대한 지적 인식의 형태를 취할 수도 있다. 그러나 어떤 경우에서든 음악적 경험을 수반하는 재창조의 과정은 음악을 만드는 데 기본적으로 필요한 음악적 자료에 대한 이해와 그것들이 유기적으로 조직되는 과정에 대한 이해를 통해 이루어진다고 보아야 한다.

❖ '무엇을, 왜, 어떻게' 전달하는지에 주의를 기울일 것

음악 양식의 경우도 마찬가지다. 많은 클래식 애호가에게 음악 양식의 참다운 인식이 결여되어 있는 경우가 많은데, 그 이유는 음악 양식에 대한 지적 이해가 구체적인 음악적 내용과 적절히 연결되지 못하기 때문이다. 음악 양식은 음악적 구조물이 의미를 지니게 되는 음악적 담화의 배경을 형성하는 것으로 이해되어야 한다. 음악 양식은 음악의 의미체계를 이룬다는 말이다. 음악에서 양식적 차이는 그 양식 내에서 각각의 음이나 그 음들 사이의 관계에 변화를 가져오는 것이다.

서양의 클래식은 하나의 유기체적 구조물로 이루어져 있다. 특히 클래식 애호가들이 즐겨 듣는 바흐 · 베토벤 · 모차르트의 음악은 더욱 유기적인 상관관계를 중시한다. 각 음악에서 부분들은 전체 구조와의 연관 아래 그 의미를 지니도록 계획되어 있다는 말이다. 만일 바흐나 베토벤의 음악을 들으면서 그 안에서 어떤 일들이 일어나고 있으며 그 일들의 의미가 무엇인지 이해하지 못한다면 그 음악 속에서 반드시 들어야 할 것을 듣지 못하는 결과를 초래할 것이다.

따라서 처음 클래식을 접하는 사람들은 음악을 들을 때, 그 음악이 나에게 어떤 즐거움을 주느냐 하는 문제에 앞서 작곡자가 '무엇을, 왜, 어떻게' 이야기하고자 하는지의 전달 방식에 주의를 기울인다면 클래식을 바르게 이해할 뿐만 아니라 더 큰 즐거움으로 음악을 대할 수 있을 것이다.

음악도 하나의 인식 대상으로, 다면적인 구조를 가지고 있다. 이런 음악의 다양한 차원을 있는 그대로 보지 못한다면, 음악은 본래의 깊이를 잃고 단순한 음향으로 전락해버리는 꼴이 될 것이다. 따라서 감각적 차원과 음악 구조적인 차원, 그리고 문화 양식의 차원이 음악적 감수성 안에서 하나로 통합되었을 때, 비로소 그 음악은 감상자의 음악적 경험 안에서 본래의 모습대로 다시 탄생되고, 그때 음악 감상자는 능동적 음악 재창조자로서 음악을 소비할 수 있다.

문학 작품을 통해
다시 듣는
명곡들

    음악과 문학은 떼려야 뗄 수 없는 밀접한 동반자관계다. 문학이 음악에 큰 영향을 주기도 하고, 반대로 문학이 음악 작품을 모티프로 하여 창작되기도 한다. 기사들의 연애담, 십자군의 무용담을 시로 읊어서 노래로 불렀던 중세 음유시인의 전통을 생각해보면 두 예술의 장르가 아주 오래전부터 밀착되어온 것을 알 수 있다. 19세기 낭만주의 사조에서 만연했던 음악과 문학의 교류도 결국 두 예술이 서로를 갈망할 수밖에 없는 본질적 속성에서 비롯된 것이라 하겠다. 그래서 음악은 문학을 고향처럼 그리워하고, 문학은 음악을 연인처럼 사모한다고 말할 수 있는 것이다.

    이제 클래식을 모티프로 한 문학 작품 세 편을 살펴보고자 한다. 이들 작품을 통해 음미해보는 음악은 음악 그 자체와는 또 다른 매력을 선사하며 문학성의 근원인 철학의 명제까지 선명하게 해준다.

❖ 앙드레 지드의 《전원교향곡》에 흐르는
베토벤 교향곡 6번 〈전원〉

악함을 알지 못하는 선함, 추함을 모르는 아름다움은 매우 위험하다. 그것은 언제 붕괴될지 모르는 위태로운 구조물과 같다. 프랑스 작가 앙드레 지드는 소설 《전원교향곡》을 통해 진정한 사랑이 무엇인지 그리고 무지 위에 쌓아올린 행복이 얼마나 쉽사리 허물어지는지 여실히 보여준다.

시골 마을의 목사가 가여운 처지의 맹인 소녀 제르트뤼드를 하나님이 주신 의무로 여기고 집으로 데려온다. 아내의 못마땅한 눈초리에도 불구하고 목사는 그녀의 성장을 위해 헌신하게 되는데, 이 소설의 몇 페이지를 넘기지 않아 제목이 되는 클래식 명곡이 등장한다.

마침 '전원교향곡'이 연주되고 있었다. 내가 '마침'이라고 말한 것은 이 작품만큼 그녀에게 들려주고 싶었던 곡은 없었기 때문이다. 연주회장을 나와서도 제르트뤼드는 오랫동안 침묵을 지키고 있어, 황홀한 기쁨에 빠져 있는 것 같았다.

"목사님이 보시는 세계는 정말 그렇게 아름다운가요?"

그녀가 입을 열었다.

"그렇게라니, 뭐?"

"그 '시냇가의 정경'만큼 말이에요."

나는 금방 대답하지 못했다. 그 형용할 수 없는 아름다운 음의 조화가 사실은 현실의 세계가 아니라 죄악이 존재하지 않는다면 있을 수 있는 세계를 그려낸 것이라 생각했기 때문이다.

목사가 제르트뤼드에게 연심을 품게 되는 한편 목사의 맏아들 쟈크가 이 순결한 처녀에게 사랑을 느끼게 된다. 이를 알게 된 목사는 둘을 어떻게든 떨어뜨려 놓으려 애쓴다. 그는 제르트뤼드가 눈을 떠 아들의 매력, 곧고 날씬하면서도 훤칠한 몸매, 주름살 하나 없는 고운 이마, 맑은 눈길, 앳되지만 의젓한 기운을 띤 얼굴 등에 매혹될 것을 두려워한다.

맹인 소녀는 결국 자신의 지능과 정신의 발달을 인도해준 목사에게 입맞춤을 허용한다. 제르트뤼드의 개안 수술을 기점으로 소설의 스피드는 빨라진다. 그녀는 시력을 찾는 순간, '전에 법을 깨닫지 못할 때에는 내가 살았더니, 계명에 이르매 죄는 살아나고 나는 죽었도다'라는 성서 구절처럼 자신의 추악한 죄를 보게 된다. 그리고 자신이 상상했던 연인의 모습이 사실은 목사가 아닌 그의 아들 쟈크였다는 것을 깨닫는다. 쟈크는 그녀와 결혼에 이르지 못한다는 것을 알게 된 후 개종하여 성직자의 길을 택하고, 제르트뤼드는 괴로움과 절망 속에 스스로 목숨을 끊는다. 세상은 교향곡 〈전원〉만큼 아름답지 않았던 것이다!

많은 문학평론가가 지적하듯이, 이 소설에는 두 명의 시각장애인이 등장한다. 하나는 육체적인 시각장애인 제르트뤼드이고, 또 하나는 영혼의 시각장애인 목사이다. 목사는 그저 자신의 사랑을 빼앗기지 않으려고 안간힘을 쓰는 속물의 심리를 드러낸다. 특히 제르트뤼드를 사랑한다는 아들 쟈크의 고백을 듣고 "순결한 영혼을 혼란시키지 말라"며 꾸짖는 한편 이성을 잃은 스스로를 '양심의 본능에 충실한 것'이라고 위장하는 대목은 가증스럽기까지 하다. 아들의 배신과 제르트뤼드의 자살이라는 파국을 맞으면서 목사는 비로소 자신의 과오를 알게 되나 이미 때는 늦었다.

'나는 기도하고 싶었다. 그러나 내 마음속이 사막보다도 더 메말라 있음을 느꼈다.'

소설의 마지막 구절이다.

소설《전원교향곡》은 짧은 길이에도 불구하고 진정한 사랑의 의미, 위선에의 저항, 종교와 현실 간의 모순 등 많은 삶의 근원에 대한 깊은 통찰과 본질적인 문제의식을 제기하고 있어 과연 대가의 작품은 다르다는 생각을 갖게 한다. 베토벤의 작품 중 가장 온화한 곡인 〈전원〉의 2악장 '시냇가의 정경'이 그토록 위험한 모티프를 품고 있을 줄 그 누가 짐작이나 했을까.

❖ 톨스토이의 《크로이처 소나타》에 흐르는
   베토벤 바이올린 소나타 9번 〈크로이처〉

러시아의 대문호 톨스토이의 소설 중 《크로이처 소나타》만큼 강렬하고 충격적인 작품도 없을 것이다. 이 소설은 러시아에서 출판되기도 전에 필사본으로 널리 읽히는 등 지대한 관심 속에 등장하여 센세이션을 일으켰다. 소설에 대한 반응은 찬반으로 확연히 갈렸는데, 일부는 열광했고 일부는 냉혹한 비판을 가했다.

소설은 기차에서 귀부인과 변호사가 결혼과 사랑에 관해 이야기를 나누는 데서 시작된다. 주인공 포즈도누이셰프가 그들의 대화에 끼어든다. 이 남자는 자신의 아내를 살해했다고 고백하면서 불행했던 결혼생활을 털어놓기 시작한다.

러시아 귀족인 주인공은 젊음을 향락으로 탕진하다가 어느 날 청순한 여자를 만나 결혼한다. 다섯 명의 아이를 낳은 아내는 출산에서 해방되어 한동안 손 놓았던 피아노를 다시 치기 시작한다. 이때 몰락한 지주의 막내아들 투르하체프스키가 바이올리니스트가 되어 돌아와 주인공의 아내와 2중주를 통해 어울린다. 두 남녀는 베토벤의 〈크로이처〉를 같이 연주하면서 불같은 사랑으로 타오르고, 이를 알게 된 포즈도누이셰프는 지독한 질투심에 휩싸인다.

출장을 떠난 주인공은 아내에 대한 의심으로 잠을 설치다가 남은 일정을 팽개치고 집으로 돌아온다. 아내와 바이올리니스트가 다정하게 함께 있는 장면을 목격하고 남편은 마침내 일을 저지른다. 주인공이 아내를 살해하기로 결심하고 이를 행동에 옮기는 장면은 날카롭고 집요한 문체로 한 편의 잔혹한 영상을 보는 듯하다. 이 대목은 소설 전체 중에서 실로 압권이라 할 만하다. 결국 주인공은 살인죄로 기소되나 아내의 불륜이 인정되어 무죄를 선고받는다.

성욕이라는 것은 아무리 교묘하게 위장하더라도 역시 해롭고 악한 것입니다. 우리의 사회에서처럼 그것을 장려할 것이 아니라 어디까지나 그것을 상대로 싸우지 않으면 안 됩니다. 여자를 보고 음란한 마음을 느끼는 자는 이미 마음속으로 간음하였다는 성경 말씀은, 비단 남의 아내에 대해서뿐만 아니라 주로 자기 아내에 대해 적용해야 한다고 생각합니다.

동물은 새끼를 번식시킬 수 있을 때에만 교미를 하는 법입니다. 그런데 만물의 영장이라는 이 더러운 인간들은 때를 가리지 않고 그 짓을 할뿐만 아니라, 그 원숭이 같은 짓거리를 사랑이라는 이름을 붙여 미화하고 있습니다. 사랑이라는 이름 아래 다시 말하면 그 추잡하기 짝이 없는 행위를 하느라고 인류의 반수를 차지하는 여성들을 파멸로 이끌고 있습니다. 진리와 행복을 지향하는 인류의 전진에서 동반자의 역할을 해야 할 여성을 남성의 향락 때문에 오히려 적으로 몰아넣고 있는 것입니다.

인류가 성욕의 본능으로 인하여 종족을 유지한다는 점에서 약간 씁쓸한 아이러니를 느낄 수 있겠지만 톨스토이의 계명은 지나치게 가혹한 것이 아닌가 싶다. 불행인지 다행인지 톨스토이도 그의 주장하는 바를 제대로 지키지 못했다. 아마도 그의 거침없는 표현은, 실은 소설가 자신에게 향한 것이리라. 신은 그에게 도박 욕구, 육욕, 허영심 등을 보통 사람보다 훨씬 강하게 주고는 그것과 최대한 투쟁하게 만들었다. 그는 젊은 시절 도박과 난봉질을 일삼았으며 결혼 후에도 아내를 열여섯 번이나 임신시켰다. 톨스토이의 금욕적 이상에 매료된 젊은이들이 그의 주위에 모여들었지만, 그는 실제 삶에서 '스스로 실천할 수 없는 원칙을 가진 선지자'라는 아내의 표현대로 육욕과의 싸움에서 철저히 실패한 것이나 다름없었다.

일단 바이올린과 피아노가 완전히 따로 등장하는 도입부부터 심상치 않다. 바이올린이 두 개의 현을 동시에 긋는 주법, 즉 더블 스토핑(double stopping)으로 자신의 존재를 알린다. 음 하나를 충실히 내는 것도 어려운 바이올린 주법의 세계에서 한 활로 동시에 두 음을 제어한다는 것은 그야말로 연주자의 피를 말리는 일이다. 더블 스토핑에 서툰 연주자들에 대해 '한 개의 완벽한 악기를 두 개의 멍청한 악기로 가른다'는 농담을 던질 정도이다.

감상자는 바이올린의 시작에서부터 팽팽한 긴장감을 느낀다. 그리고 바이올린에 이은 피아노의 단독 등장! 이미 이때부터 두 악기가 어울리기보다는 서로 대결하리라는 것을 짐작할 수 있다. 그래서 작곡가가 이 곡을 선보일 때 '완전히 협주풍의 소나타'라는 부제를 달았다.

그 뒤의 음악은 굳이 해설을 할 필요가 없을 정도로 직관적이다. 오케스트라의 100대의 악기로도 도달하기 어려운 파워와 에너지를 단 두 대의 악기가 실감나게 전달한다.

❖ **토마스 만의 《키 작은 프리데만 씨》에 흐르는
바그너의 〈로엔그린〉**

토마스 만은 흔히 '20세기 초반의 가장 위대한 독일 소설가'로 손꼽힌다. 《마의 산》, 《파우스트 박사》, 《토니오 크뢰거》, 《베니스에서의 죽음》 등 그의 대표작에서 탐미적인 문제를 통해 고뇌하는 인간상을 접할 수 있다.

그는 음악에도 조예가 깊었다. 말러의 교향곡 8번 초연에 참석하여 너무나 깊은 감동을 받은 나머지, 작곡가에게 자신의 소설 《태공전하》를 선물로 보내면서 "당신이 제게 주신 감동에 비하면 보잘것없습니다"라고 고백했다는 일화가 전해진다. 이렇듯 토마스 만은 말러와의 친숙한 관계 속에서 예술 교류를 했다.

무엇보다 그의 예술에 깊은 영향을 끼친 사람은 바그너다. 그는 "세상 어느 것도 바그너의 작품만큼 내 안에 잠재된 예술적 충동을 강렬하게 자극하지 못했다"고 말할 정도로 바그너의 예술에 푹 빠져 있었다.

토마스 만은 소설에서 바그너 음악극의 중요한 음악 형식인 라이트모티프(Leitmotiv, 특정 인물과 사물을 담고 있는 짧은 주제) 기술을 사용했을 뿐만 아니라 바그너의 오페라를 자신의 창작 세계에 끌어들이기도 했다. 그의 장편소설 《부덴브로크가(家)의 사람들》은 작품의 성립과 전개 과정이 《니벨룽의 반지》와 놀랍도록 닮았고, 단편 〈트리스탄〉은 동명의 오페라를 소재로 한 일종의 몽타주다. 그리고 소설 《키 작은 프리데만 씨》는 오페라 〈로엔그린〉의 패러디에 해당한다. 그럼 여기서 잠시 《키 작은 프리데만 씨》 일부를 소개한다.

보모의 실수로 프리데만은 작은 키, 톡 튀어나온 가슴, 펑퍼짐하게 돌출한 어깨, 지나치게 길고 여윈 두 팔을 소유하게 되었다. 육체가 일종의 감옥이 된 그는 심적인 고통에도 불구하고 많은 독서와 바이올린 연주를 통해 도락(道樂)가로서의 충족된 삶을 살아간다.

어린 시절 실연의 상처로 다시는 사랑을 하지 않겠다고 다짐한 그가 30세 되던 해, 새로 부임한 사령관의 부인 게르다 폰린링엔에게 끌린다. 그리고 결정적으로 시립극장에서 〈로엔그린〉을 관람하다가 곁에 앉게 된 그녀에게 깊은 사랑을 느낀다. 전주곡에서는 게르다 부인의 풍만한 가슴에 눈길이 가더니 2막 끝부분에서는 그녀가 떨어뜨린 부채를 줍다가 그녀와 아주 가까이 마주하게 된다. 그녀 가슴의 따뜻한 향내를 들이쉬자 온몸이 오그라들고 심장은 숨이 막힐 정도로 뛰게 된다. 프리데만은 공연을 도저히 끝까지 볼 수 없게 되자 혼미해진 정신으로 극장을 빠져 나와 길거리로 향한다.

"나 원, 이럴 수가?"

그는 놀랍고도 걱정스런 눈길로 자신의 내부를 들여다보았다. 그가 그렇게도 부드럽게 가꾸어온, 항상 온화하고 현명하게 다루었던 자신의 감정이 격앙되고 소용돌이치고 마구 휘저어지게 된 꼴을……. 갑자기 그는 현기증과 도취, 동경과 고뇌의 상태 속에 완전히 압도되어 어느 가로등의 기둥에 몸을 기대고는 떨면서 속삭였다.

"게르다!"

프리데만은 결국 용기를 내어 게르다 부인의 집을 찾아간다. 그리고 정원에서 단둘이 있을 때 떨리는 심정으로 사랑을 고백한다.

"당신도 왜 아시지 않습…… 저로 하여금 고백하게 해…… 저는 더 이상 어떻게 할 수…… 제발…… 제발…….."

그러나 짤막하고 오만하며 경멸적인 웃음과 함께 내동댕이쳐졌을 뿐이다. 홀로 남겨진 프리데만은 증오와 분노를 이기지 못해 물속에 고개를 처박고 다시는 들지 않는다.

12부

한국의 인문학

한국 인문학이 안고 있는 문제점

❖ 자성과 함께 고치는 실천력이 필요하다

이제 범위를 좁혀 우리 인문학의 문제점에 대해 알아보자. 우리나라 인문학의 문제점은 학자마다 의견이 조금씩 다르겠지만 다음에 제시한 문제점에 대해서는 공통적으로 인정할 것이다.

첫째, 우리나라 인문학은 여전히 식민사관에서 자유롭지 못하다. 우리나라가 일제로부터 해방된 지도 어느덧 한 세기가 지났지만, 인문학의 뿌리는 식민사관에서 멀리 벗어나지 못하고 있다.

둘째, 군사정권 이후 이데올로기가 권력의 도구로 전락되면서 그로부터 발생한 인문학의 편협성이다.

위의 두 문제를 정당화하려고 상황을 조작하려는 정치적 권위가 학문 사회에도 고착되어 있으며, 그 구조가 인문학의 길을 막고 있다. 이것이 인문학의 위기를 불러온 원인이다.

셋째, 미국 문화와 서구 문화를 여과 없이 받아들인 탓에 우리의 인문학은 미국, 서구의 시녀로 전락했다. 또 역으로, 서구 문화에 대한 무조건적인 반발로 국수주의 고전 문학에만 매달린 결과 발전적 비교 해석과 전통의 재창조를 거부했다는 점도 문제다.

넷째, 우리 사회가 안고 있는 실천의 문제를 등한시하면서 중립성과 객관성이라는 허울로 잘못된 선비의식을 정당화하려는 편의적 상아탑의 가면이 문제를 야기했다.

다섯째, 물질만능주의와 학벌주의가 빚은 병폐적 교육구조가 만들어낸 문제다. 이로 인해 인문학에 대한 사회적 경시와 홀대가 이루어졌고 나아가 인문학에 대한 올바른 연구와 투자가 몹시 부족하게 되었다.

여섯째, 신자유주의의 논리를 교육에 대입하여 경제 논리에 맞춰 인문학을 비하하는 사회적 풍토가 조성되었다.

사실, 이러한 문제 지적은 누구나 할 수 있고, 많은 사람이 지금도 하고 있지만, 자성과 함께 이런 문제점을 시정하려는 노력 부족이 가장 큰 문제점이라고 할 수 있다. 지금까지 인문학의 개선과 대안 그리고 새로운 방향이 많이 제시되었지만, 그 대안이라는 것도 하나의 사회적 토론거리만 제공했지, 실천의 문제와는 동떨어진 이야기가 많았다. 따라서 이제 우리 인문학은 새로운 대안만 제시할 것이 아니라 앞에서 제시한 문제들을 비판하고 실질적으로 타파하는 노력이 수반되어야 한다는 과제를 부여받았다. 그럴 때 우리 인문학의 미래가 밝아지고 진정한 발전이 이루어질 것이다.

우리
인문학의
미래

우리 인문학의 미래는 있는가? 있다면 어디에 있는가?

인문학의 미래는 인문학이 인문학으로서 자기 존재를 다시 확인하는 데에서부터 찾아야 한다. 그리하여 이제 철학은 삶의 의미에서 자기인식을 위한 배움으로, 문학은 인간의 욕망과 감정, 인간성과 상호관계를 작품의 상상적 공간 안에서 관조적으로 이해하고 탐구하는 배움으로, 역사는 단지 과거사의 기록이 아니라 시간 속에서 구출된 인간 행위와 표현하는 배움으로, 언어는 단지 의사소통을 위한 수단의 학습이 아니라 인간과 세계를 이해하는 배움으로 각각 제자리를 찾아야 한다. 이러한 일은 인문학자뿐만 아니라 앞으로 인문학을 공부하는 학생들의 임무라고 생각한다. 한마디로 인문학자와 인문학 지망생은 무엇보다도 인문학 자체의 가치를 보여주어야 한다.

❖ 고려해야 할 인문학의 세 가지 가치

인문학 자체의 가치를 생각할 때 다음 세 가지를 고려해야 한다.

첫째, 인문학이 스스로 과학이 되려고 할 때 자연과학처럼 아무런 관점 없이 객관적으로 사물을 봐야 한다는 것처럼 오해를 받는다. 오늘날 자연과학조차 인격의 통합 행위에 근저한 지식이라는 점을 고려한다면, 인문학은 그보다도 훨씬 더 인격적 참여가 개입된 학문이 되어야 한다. 인문학이 전통과 관계되는 방식은 그것이 철학이든, 문학이든, 역사학이든 간에 언제나 텍스트를 통해서 해야 된다. 전승된 텍스트를 받아들이고, 그것을 매개로 자신의 삶과 주변 세계를 이해하여 또 다시 새로운 텍스트를 생산·전승하는 인격적 활동이 되어야 한다.

둘째, 현실에 대한 다양한 인식이 필요하다. 현실은 물리적 현실만 있는 것은 아니다. 즉, 현실에는 물리적 측면 외에도 생물학적 측면, 역사적 측면, 예술적 측면, 윤리적 측면 등 다양한 측면이 있다는 점을 인식해야 한다. 현실은 하나의 얼굴이 아니라 여러 얼굴을 하고 있고, 인문학은 그 얼굴을 그려내고 증언하는 여러 목소리 중 하나다. 따라서 인문학적 목소리 가운데 여러 각도의 목소리가 저마다 고유한 소리를 낼 수 있는 것이다.

셋째, 인격적인 인간과 '나'의 희망과 두려움, 그리고 인문학의 관계를 회복하는 일이다. 만약 인문학을 하나의 과학으로 간주한다면, 인간은 내면성이 전혀 없는 존재가 되고 만다. '나'라고 부를 1인칭적 존재는 사라지고, 인간은 3인칭적 존재로 환원된다. 그러면 사물처럼 관찰될 외형적인 것만 인간에게 남아 있을 뿐, 그 외의 요소는 마치 존재하지 않는 것처럼 보일 수밖에 없다. 이렇게 되면 자연 세계의 일부로서만 인간을 탐구하는 '인간과학'만 있을 뿐이다. 거기에는 문화를 만들고 그것을 통해 자신을 만들어가는 인간을 이해하고, 그러한 인간을 교육하는 인문학이란 결코 존재할 수 없다.

결론적으로 말해 인문학의 위기는 인격적으로 책임 있는 존재로서의 인간을 배제한 결과로 말미암아 생긴 위기이고, 위기 극복은 이것을 회복하는 방향으로 이루어져야 한다. 인문학은 인간의 얼굴을 가진 지식으로서, 과거와 현재와 미래를 잇는 역사적 지평 속에서 텍스트를 삶의 물음과 연관하여 꾸준히 읽어가고 응답하는 지적 추구의 학문으로 자리 잡아야 한다.

이제 우리 인문학계에 많은 영향을 주고 그만큼 많이 읽히고 있는 인문학의 대표적 명저와 고전을 살펴보자.

이중환,
인문지리적 접근 지리서
《택리지》

이중환(李重煥, 1690~1752)은 조선 후기의 실사구시(實事求是)에 입각한 실학자다. 그는 명문가 여주 이씨 집안이었으나 정치적 이유로 관료 활동이 좌절되었다. 유배와 국토 편력을 통해 현장에서 획득한 주자학적 모순점과 그 대안을 인문학으로 제시했다. 그 결과물이 바로 조선 후기의 대표적인 실학적 인문지리서 《택리지》다. 행정구역별로 서술한 기존의 백과사전식 지리지 체계와 달리, 《택리지》는 국토와 지방을 생활권 또는 문화권의 관점에서 종합적으로 파악하였다. 주제별로 인문지리적 접근을 시도한 새로운 지리지의 효시로서, 한국 중세 지리학의 새로운 틀을 정립한 한국적 인문지리서로 평가받고 있다.

내용은 〈사민총론〉, 〈팔도총론〉, 〈복거총론〉, 〈총론〉의 네 부분으로 구성되어 있다. 〈사민총론〉에는 사농공상의 유래와 사대부의 역할과 사명 등 국가를 구성하는 백성들의 역할, 그 백성들이 살 만한 곳에 관한 내용을 기록했다. 〈팔도총론〉에는 우리나라의 산세와 위치, 팔도의 위치에서 역사적 배경, 그리고 도별로 자연환경·인물·풍속·도내 각 생활권을 파악하여 각 지역의 특색을 기록했다. 〈팔도총론〉과 함께 이 책의 중심을 이루고 있는 〈복거총론〉에는 당시 조선 사회의 취락과 거주지의 이상적인 조건 등을 조목별로 제시했다. 〈총론〉에는 당시의 사회 혼란상을 비판함과 동시에 《택리지》 저술의 의의를 밝혔다.

《택리지》가 조선 시대의 획기적인 인문지리서로 평가받는 가장 큰 이유는 국토를 행정구역 단위가 아닌, 생활권 단위로 구분해 기술한 체계 때문이다. 동일한 풍속 지역으로 구분한 지역의 내용은 사람의 삶과 문화지만 지역 구분의 기준은 산과 하천이었다. 각 지역은 하천을 통해 동일한 생활권으로 연결되지만, 산줄기들은 이 하천 유역권을 구분하는 분수령이자 경계선이다.

《택리지》에서 산줄기와 하천을 중심으로 국토를 파악한 것은 자연 지역과 문화 지역이 상호관계에 있음을 인식한 결과라 할 수 있다. 또한 책 전반에서 발견되는 문화생태학적 서술도 당대에는 보기 드문 것이었다. 그는 전국적인 인구 증가에 따른 경지 확장과 이로 인한 산지의 황폐화, 토양 침식, 하상 퇴적, 하천 수심의 얕아짐과 토사 충적, 조수 차단, 선박 통행 지장 초래 등 일련의 생태학적 순환 과정을 지적했다. 조선 시대의 유학자들에게서 보기 힘든 자연 지형에 대한 놀라운 관찰력, 자연 환경의 파괴와 변형의 중요성 강조, 생태학적 사고와 이를 기반으로 한 현실 개혁 사고는 실학자들 중에서도 독특한 면모라 할 수 있다.

이중환은 《택리지》를 통해 정치, 경제, 문화 등 각 방면에서도 독자적인 견해를 제시했다. 특히 그가 이 책에서 주장한 사민(四民)평등론과 상업 활동을 중시하는 경제사상은 시대에 앞선 혁신적인 것이었다. 그는 사대부 계급에 비판을 가하고 인간은 원래 모두 평등했으나 계급이 분화되면서 사대부와 농·공·상으로 갈라진 것이며, 사민의 구분은 단순히 직업상 차이에 불과한 것이라고 생각하여 지배계급의 특권을 부정했다.

경제에 대해서는 인간의 생산 활동을 중시하고 사대부도 경제 활동에 종사해야 하며 이를 위해 지리적 환경을 잘 이용해야 한다고 보았다. 특히 상업의 최적지는 판매를 위한 생산품이 많이 모이는 교통의 요지라고 했다. 또한 그는 상업과 국제무역의 발달을 추구하고 운송수단 등을 이용한 물품의 유통을 권장해야 한다는 매우 적극적이고 현실적인 경제 진흥 방안을 제시했다.

《택지리》는 '팔역지', '팔역가거지', '동국산수록', '동국총화록', '형가승람', '동국지리해', '동악소관', '박종지', '팔역기문', '팔도비밀지지' 등 다양한 제목으로 필사되어 전한다. 이는 이 책이 정치, 경제, 사회, 문화 등 폭넓은 내용을 포함하고 있으며 다양한 관점에서 해석, 보급되었음을 의미한다.

안확,
민족사에 대한 강한 긍정
《조선문명사》

안확(安廓, 1886~1946)은 조선 역사와 문화를 연구한 국학자로, 주요 저서로는《조선문법》,《조선문학사》,《자각론》등이 있다.

1922년에 나온 《조선문명사》는 1983년 〈중앙일보〉사에서 문고 판으로 다시 간행되기도 했다. 부제가 '조선정치사'인 만큼 이 책은 상고 시대부터 조선 시대 말까지의 한국 역사를 정치사 측면에서, 특히 자치제가 어떻게 실시되었는가를 중심으로 살폈다. 그는 머리글에서 '19년 전부터 역사 연구에 재미를 붙였으나 중간에 정치학을 배운 후 다시 정치사를 연구하게 되었는데, 이 책은 그 연구의 결과로서 1920년 여름부터 1922년 1월에 이르기까지 썼다'라고 밝힘으로써 이 책을 쓰게 된 계기와 집필 시기를 밝혔다.

《조선문명사》는 역사가 진보, 발전한다는 입장에서 서술된 책이다. 안확은 머리말에서 '조선정치사를 알면 조선 민족의 생활사를 알 수 있으며, 조선 민족의 생활사를 살피려면 그 정치사를 먼저 연구하지 않을 수 없을 것이다'라고 해서, 우리 역사를 유럽의 선진 문명과 유사하게 자치제를 발달시킨 역사로 보고자 했다. 이러한 관점 아래 그는 근대적 역사 연구 방법론을 적용해 조선정치사를 상고(上古) 소분립 정치 시대(단군 건국~삼한 말), 중고(中古) 대분립 정치 시대(삼국 시대 초~남북조 시대), 근고(近古) 귀족 정치 시대(고려), 근세(近世) 군주 정치 시대(조선 시대)의 네 가지 시기로 구분했다. 그리고 본문은 모두 139개의 절로 세분화되어 있다.

또한 《조선문명사》는 근대적 역사 연구 방법론과 진보사관, 우리 민족사에 대한 강한 긍정에 입각해 서술되었다. 안확은 고대사 중심의 민족사 인식을 넘어서 고려와 조선 시대의 역사에 주목했다. 그는 '근래 고려로부터 조선에 이르기까지 무릇 천 년간의 정치와 문명은 삼국 시대보다 퇴보되었다고 오인하는 사람이 있는데, 이는 근래 나라가 어지러운 것을 지나치게 강조해서 옛날을 그리워하는 현상'이라고 보았다. 그리고 우리가 중국적인 것의 영향을 많이 받았다는 주장에 관해서도 조선 시대 유교적 영향은 궁중과 양반 귀족의 영역이지, 우리 역사 전체의 모습은 아니라고 보았다. 조선 시대를 부정적으로 보는 근거인 당쟁에 관해서도 이는 정당의 활동이며 조선 말의 어려운 상황은 세도정치에서 초래되었다고 보았다. 즉, 그는 사대주의와 당쟁을 강조하는 식민사관의 헛된 주장을 통렬하게 비판하는 입장에 서 있었다. 아울러 조선 시대 향회와 촌회 같은 것은 우리 정치사에서 자랑할 수 있는 자치제의 역사와 연결된다고 분석했다.

박렬,
실천적 행동주의
《신조선혁명론》

박렬(朴烈, 1902~1974)은 일제 강점기 때 활동한 독립운동가로, 경성고등보통학교 재학 시절 3 · 1운동에 참가한 후 일본으로 건너가 흑도회, 흑우회 등의 단체를 조직하는 등 아나키즘운동을 하다 1923년 체포되었다. 1926년에는 그의 애인이자 동지인 가네코 후미코와 함께 천황과 황태자 테러 음모 혐의로 사형을 선고받았지만 곧바로 무기징역으로 감형되어 1945년 일제가 패망할 때까지 계속 감옥에 있었다. 일제 패망 직후 출옥한 그는 재일조선인거류민단(약칭 민단)을 조직하는 등 우익운동을 전개하면서 이승만과 손을 잡았고, 1948년 대한민국 정부 수립 이후 한국으로 돌아왔다가 1950년 한국전쟁 때 납북되었다.

박렬은 해방 후 일본에서 민단 활동을 하면서 《신조선혁명론》을 썼다. 이 책이 쓰인 1948년은, 한국이 일제의 지배에서 벗어난 지 3

년 만에 독립을 얻었으나 미소 냉전과 좌우 갈등으로 남과 북에 각각 단독정부가 들어섬으로써 분단이 되어버린 바로 그해다. 이런 상황에서 그는 《신조선혁명론》을 통해 조국 독립과 민족통일에 관한 자신의 구상을 제시했다.

결국 박렬은 《신조선혁명론》에서 우리 민족에 알맞은 민주주의와 좌우 분열을 극복할 통일전선을 강조했다. 또한 이론적 논의보다는 실천적 행동주의를 강조했다. 자본주의와 공산주의를 같이 비판하는 것처럼 보이지만, 사실 공산주의에 대한 비판이 훨씬 강하다. 반면, 이승만과의 긴밀한 협조관계 때문인지는 몰라도 친일 청산에 관련해서는 우리 민족 전체의 반성을 촉구하는 수준에 머물렀고 오히려 지나친 청산 작업은 반대했다. 무엇보다 그는 이 책에서 1920년대 자신이 추구했던 허무주의를 민족 재건에 분열을 꾀하는 악의적인 태도로 규정하여 강도 높게 비판했다. 하지만 자유와 평등, 연대와 협력 같은 아나키즘의 핵심가치들은 여전히 이 책의 기저에 흐르고 있다.

> **아나키즘**anarchism
> 무정부주의. 모든 제도화된 정치조직, 권력, 사회적 권위 등의 공공적 강제의 필요성을 부정하고 개인의 자유를 최상의 가치로 내세우려는 사상 및 운동. 프루동, 바쿠닌, 크로폿킨 등이 대표적인 사상가이다.

신남철,
현실 참여의식을 강조한
《역사철학》

신남철(申南徹, 1903~?)은 우리나라 최초로 역사의식과 참여의식을 강조한 사학자다. 그의《역사철학》은 사회철학·역사철학에 대한 매우 전문적인 우리나라 최초의 책으로, 해방 후 1948년 1월에 서울 출판사에서 간행되었다. 이제까지 한국에서 '역사철학'이라는 제목으로 책이 몇 권 나왔지만 이 책만큼 치열한 현실 참여의식과 역사의식을 가지고 집필된 것은 찾기 어렵다. 이 책을 읽을 때는 신남철의 철학적 글쓰기가 항상 그 시대의 현실적, 철학적, 사상적, 이데올로기적 상황에 대한 현실 개입과 실천이라는 것을 염두에 두어야 한다. 이러한 문제의식을 책의 서문에서도 잘 느낄 수 있다.

이 책에 수록된 일곱 편의 글은 모두 독립된 것으로, 특히 5장은 헤겔 사후 100년을 맞이해 서구와 일본에서 전개된 '헤겔 백년제와 헤겔 부흥'의 실상을 간략히 소개하면서, 식민지 지식인으로서 계급

해방과 민족해방에 관심을 가지고 서양철학과 일본철학을 주체적이면서 비판적으로 파악, 수용하려는 글이다.

6장은 1931년 11월 14일 신흥사와 조선일보 학예부가 후원하고 천도교기념관에서 열린 헤겔 백년제 기념강연의 초고다. 신남철은 이 글에서 당시 유럽과 일본에서 유행하고 있던 신헤겔주의가 제국주의 파시즘과 어떤 관련이 있음을 제시하면서 단호하게 비판한다.

부록으로 편집된 '헤라클레이토스 단편어'의 번역은 한국 최초의 마르크시즘 철학자라 할 수 있는 그의 철학사상의 특징을 잘 보여준다. 부록에 나타난 그의 철학사상은 다음과 같다.

첫째, 신남철은 식민지 현실에서 민족해방과 계급해방을 추구했던 철학자로서 현실과 주체적·실천적 입장을 강조하고 실천했다.

둘째, 그의 마르크시즘 철학의 수용은 마르크스 철학을 수용하면서도 한국의 전통사상과 맺었던 관련과 더불어 한국 사회의 특징인 일제 시대의 좁았던 지식인 사회의 인간관계를 잘 보여준다.

셋째, 신남철은 실천적·변증법적 유물론에 기초한 '사상사로서의 철학사' 입장에서 서양 고대 철학사와 근세 철학사를 해석한다. 또한 1930년대 서양과 일본 철학계의 중요한 흐름인 신칸트학파, 현상학, 실존주의, 신헤겔주의 등과 당시 일본 철학계에 영향력이 컸던 미키 기요시 등을 비판한다.

넷째, 그는 '신체적 인식'을 중시하면서 인식과 실천의 문제를 인식론과 역사학의 변증법적 통일로 발전시킨다.

다섯째, 그는 식민지 현실을 주제로 한 다른 분야에서의 연구를 충분히 소화하면서 이를 토대로 현실에 대한 연구를 하고 발언했다.

여섯째, 신남철의 휴머니즘론은 해방 직후 한국 사회의 정치적 현실과 노선에 대한 그의 입장과 함께 철학적인 기초로서의 가치론과 인간론에 대한 그의 견해를 잘 반영하는 것이다.

일곱째, 신남철은 헤겔의 정신현상학과 역사철학의 관념성을 비판하면서도 개인의 희생과 역사적 발전이라는 관점에서 실천적으로 해석하여 혁명적 실천의 논리를 도출함으로써 해방 공간에서의 신문화 창조를 위한 집단적 실천과 공동 노작을 주장한다. 이러한 해석은 개인의 생명을 전체의 운동에 종속시키는 위험이 따를 수 있다. 그러나 해방 후 분단체제가 성립되어가는 상황에서 민족통일과 민중해방을 추구했던 마르크시즘 철학자의 비통한 현실 인식과 각오를 볼 수 있는 점이기도 하다. 이것이 바로 실천적 마르크시즘 철학자로서의 신남철의 특징이 매우 잘 드러나는 부분이라고 하겠다.

김동석,
비극적 지식인
《부르주아의 인간상》

김동석(金東錫, 1913~?)은 인천 출신으로 영문학을 전공했다. 주요 저서로 《예술과 생활》, 시집 《길》, 수필 《해변의 시》 등이 있다. 그는 해방기 문단에서 비평가로 활동하다가 월북하여 그 이후에는 거의 행적이 알려지지 않은 인물이다. 다만, 한국전쟁 직후 인민군 통역장교로 참전하여 서울에 내려온 사실이 증언과 기사를 통해 알려져 있다.

《부르주아의 인간상》은 1949년에 간행된 그의 두 번째 평론집으로, 좌익 진영을 대표하는 비평가로서 확고한 정치적 입장을 가지게 된 이후 문학적 관점을 보여주는 저작이다. 그가 이런 정치적 입장을 바탕으로 비평적 활동을 하기 시작한 것은 대체로 1947년 무렵이다. 그 이전 김동석의 비평적 면모는 첫 평론집 《예술과 생활》에서 시와 현실 간의 모순관계에 대한 인식을 바탕으로 논의를 펼친 데서 볼 수 있다. 그러나 그 둘을 극단적으로 분리시켜 시와 산문의 대립으로 설정해버리는 장면을 자주 보여준다. '예술을 위한 예술'과 '생활을 위한 예술'을 분리하여 대립시키고 그것을 시와 산문에 각각 대응시키는 것이 김동석의 논리라고 할 수 있다.

문학 논쟁과 정치적 활동 등으로 타올랐던 그의 현실적 의지는 단독정부 수립을 계기로 크게 약화되며 1948년 후반부터는 사회·정치 평론이 현격하게 줄어들고 매슈 아널드와 셰익스피어에 대한 학문적 연구의 편린들이 보이기 시작한다. 그는 다시 상아탑으로 돌아오고자 했던 것일까. 그러나 현실적 정세의 일반적 약화는 그것마저도 용납하지 않았으며 남로당 문인들의 검거와 보도연맹 가입 등의 분위기 속에서 결국 김동석은 1949년 중반의 시점에 월북을 선택한다.

그가 해방 직후 펼쳐 보였던 '상아탑'의 사상은 예술과 현실의 긴장관계 속에서 문학의 순수성 자체에 내재되어 있는 부정성의 기능과 민주주의적 민족국가 건설이라는 해방 공간의 시대적 요청을 결합시키고자 하는 시도였다. 그는 순수성과 시대성 사이에서 방황하던 문학도이자, 근대화의 진행 과정 속에서 민주주의적 욕구로 불타오르던 19세기의 영국을 해방 공간의 현실과 대비시키면서 이상적인 민족국가를 꿈꾸었던, 적어도 양심적인 지식인이었다. 그 희망에 기대어 해방 공간의 정치적 현실 속에 몸을 던졌으며 죽음을 무릅쓰고 삼팔선을 넘어 '북조선의 인상'에 감격하기도 했다.

예술과 생활이 선택으로 놓여 있던 해방 공간에서 한 지식인이 감내한 운명이 비극적인 표정을 드러내는 것은 이 때문이다.

백남운,
소련 여행기
《쏘련인상》

백남운(白南雲, 1894~1979)은 한국 사회에 마르크스–레닌의 사회주의사상을 최초로 학문적으로 체계화하여 소개한 경제학자다. 주요 저서로 《조선사회경제사》, 《조선봉건사회경제사 상(上)》 등이 있다.

그의 저서 《쏘련인상》은 그가 조선민주주의인민공화국 내각교육상으로서, 1949년 2월 22일부터 4월 7일까지 소련을 방문하고 돌아와 작성한 여행기다. 그러나 이를 한 개인의 단순한 여행 감상문 정도로 치부할 수는 없다. 당시 그의 지위와 영향력을 고려해봤을 때 이 책은 조선민주주의인민공화국 공식 방문기의 위치를 겸하고 있기 때문이다. 따라서 이 책은 당시 지식인의 최고봉이라 할 수 있는 백남운의 시각을 통해 북한의 대외 인식, 특히 사회주의 대국 소련을 어떻게 인식하고 판단했는지 알아볼 좋은 계기가 된다.

《쏘련인상》은 북한의 정권 수립 이후 닥친 당면 과제를 해결하기 위해 추진된 북한 내각 최초의 공식 소련 방문 일정과 성과를 정부 각료의 입장에서 정리한 것이라 기본적으로 공적 성격을 띠는 일종의 방문 보고서다. 즉, 일차적으로 북한의 '교육문화일꾼'을 대상으로 기획한 인텔리용 사상교양서의 성격을 지니고 있으므로 이 책을 접할 때에는 이러한 간행 의도를 염두에 두어야 한다. 더불어 1949년 3월 5일 스탈린과 북한대표단의 회담에 관한 내용을 간과해서는 안 된다. 소련의 문서가 공개되기 전까지는 북한대표단이 소련을 방문해 스탈린과 어떤 실질적인 대화를 나눴는지 알기 어려웠다. 《쏘련인상》에도 이 부분은 자세히 나와 있지 않다. 따라서 그가 《쏘련인상》을 집필하면서 '남한에 대한 국토완정론'이라는 북한의 남침 계획을 의도적으로 삭제했으리라는 추측이 가능하다. 결국 백남운의 《쏘련인상》은 해방 직후 한국전쟁 시기의 북한 당면 과제를 일부 드러냈다는 평가를 내릴 수도 있지만 필요에 따라 사실을 은폐했다는 비판도 제기할 수 있는 저작물인 것이다.

하지만 백남운의 사회과학적 방법론도 해방 이후 현실정치 참여와 그에 따른 좌절, 월북, 관료체제로의 투신 등 그를 둘러싼 환경의 변화와 맞물려 그 치열함이 상쇄될 수밖에 없었다. 특히 《쏘련인상》에서 보이는 스탈린과 소련 사회에 대한 무조건적인 애정과 흠모는 비판적 사고를 통해 냉철한 현실 인식이라는 평생의 학문적 성과를 반감시키고 있다. 이런 여러 면을 감안해봤을 때, 《쏘련인상》은 당대 지식인들의 현실 인식과 대응을 보여주는 또 하나의 중요한 사료로 평가할 수 있다.

배성룡,
농민의, 농민을 위한, 농민에 의한
《농민독본》

배성룡(裴成龍, 1896~1964)은 일제 때 민중의 자각을 통해 경제적 자립을 달성하고 민족해방을 추구하는 '생활혁명론'을 제시하였다. 해방 이후에는 좌우의 이념을 극복하고 민족 단합을 이끌어 자주 독립된 통일국가를 주장하였다.

그가 저술한《농민독본》은 1953년 12월 대한금융조합연합회에서 발행한 책이다. 당시는 6 · 25 한국전쟁이 휴전으로 마무리되고 5개월이 지난 시점이어서 농촌 재건이 필요한 때였고 동시에 농지개혁법 실현으로 농민들이 3정보(町步, 1정보는 3,000평으로 약 9,917.4제곱미터에 해당한다) 정도의 토지를 소유하게 된 지 3년이 지난 시점이었다. 그러나 식민지 시기부터 존재했던 농민 및 농업 단체에 대한 정비는 아직 이루어지지 않고 있었다. 이러한 때에 대한금융조합연합회에서 농민의 권익 신장과 단결을 위해 농민계몽서 출판을 기획하고, 그 필자로 배성룡을 선정했던 것으로 보인다. 대한금융조합연합회는 오늘날 농업협동조합의 전신이다.

배성룡은 1948년 이승만을 중심으로 추진되던 단독정부 수립에 반대하고 김구와 김규식을 중심으로 추진되던 남북협상운동에 참여했다. 김규식의 비서로 평양에서 열린 남북협상에도 참석했지만 북한이 통일 의지가 없다는 것을 확인하고 돌아와서는 반공주의적 태도를 견지했다. 6·25 한국전쟁 기간 동안에는 장준하 등과 함께《사상계》를 통해 북한 공산정권과 사상전쟁을 전개했다. 그의 생각에 대한민국이 자본주의로 공산주의와 싸워서 이길 수는 없었기 때문에 민중의 지지를 이끌어내기 위해서는 평등을 추구하는 사회주의가 필요했다. 이 사회주의는 의회를 통한 민주적 절차를 밟아 점진적으로 실현해야 했다. 말하자면 그는 대한민국이 사회민주주의를 지향할 때 북한 공산정권과의 사상전쟁에서 승리할 수 있다고 판단한 것이다. 이런 그의 정치사상은《사상과 도의》에 나타나 있는데, 이 책은 문교부 국민사상연구원 추천도서로 선정되기도 했다. 이후 배성룡은 서울대학교에 출강하면서 동양이 독자적으로 근대화할 수 있는 길을 모색하는《근대화 과정의 동양사회 분석》을 집필했지만 이 작업은 질병으로 중단되었고 8년여의 투병생활 끝에 1964년 작고했다.

이처럼 배성룡은 한국 사회가 좌우의 이념으로 분열되었을 때 이를 극복하고 민족적 단합을 이끌어 자주독립된 통일국가를 건설하기 위해 노력한 지식인이었다. 그는 당시 한국 사회를 자본가와 노동자 계급이 미약하고 농민이 대다수를 차지하고 있는 상황이라고 보았다. 따라서 한국에서의 참다운 민주주의는 농민의 관점에서 사고하고 농민을 위한, 농민에 의한 정치가 실현될 때 가능하다고 여겼다. 이러한 생각은 1930년대 생활혁명론을 제창할 때부터 확립된 것이었다. 그러므로 그는 자본가와 노동자의 계급투쟁 노선을 고수한 좌경 노선과 결별하고 '농민 속으로'를 외치면서 농민계몽 활동에 주력했던 것이다. 그의 농민주의적 관념은 식민지 시기부터 해방 직후까지 좌우의 연합을 통해 민족독립과 민족통일을 달성하려 했던 민족협동전선론의 토대였다. 대한금융조합연합회에서는 아마도 이러한 배성룡의 농민 중심적 관점에 주목하여 집필을 의뢰했을 것으로 생각된다. 아니면 농민의 정치적 각성이 한국 민주주의 발전에 가장 중요하다는 것이 배성룡의 평소 소신이었으므로 그가 먼저 제안하여 이 책이 대한금융조합연합회에서 출판되었을 수도 있다.

어쨌든 이 책은 농민주의적 관점을 갖고 있는 사람들의 손으로 쓰이고 출판되었다. 그런데 이 시기 농민들은 농지개혁법 시행에 따라 농지를 3정보 정도 소유한 자영농이 된 직후였다. 우리나라의 오랜 역사에서 처음으로 농촌 인구의 대다수가 자신의 농토에 대한 소유권을 갖고 경작하기 시작한 것이다. 또한 농민들은 일본 제국주의 침략 이후 자본주의적 변화를 겪고 있었고, 전통적인 농업 외에 상업과 공업 분야가 점차 발전하고 있는 상황이었다. 따라서 농민들이 어떻게 농사를 짓고 살아야 농민의 사회를 만들 수 있는지가 시대적 문제로 대두하게 되었다. 이러한 질문에 대한 답변을 농민들이 알기 쉽게 정리해놓은 책이 바로 《농민독본》이다.

혜초,
내면의 탐구
《왕오천축국전》

혜초(慧超, 704~787)는 신라 시대의 승려로, 71세에 불공에 입적한 불공삼장 6대 제자의 한 사람이다.

그의 저서 《왕오천축국전》은 완전한 저술의 형태로 남은 우리나라에서 가장 오래된 고전 가운데 하나다. 이 작품은 신라 시대의 문인 최치원이 당나라에서 활동한 시기보다도 무려 110년 이전에 작성되었다.

혜초는 신라 성덕왕 때 태어났다고 하는데, 출신 지역과 불교에 귀의한 동기 등이 불확실하다. 그는 20세가 되던 해인 723년 당나라 광저우에 도착하여 남천축 출신의 승려 금강지의 제자가 된다. 혜초는 금강지의 권유로 배로 광저우를 떠나 인도로 향했다. 혜초는 일단 수마트라 섬과 서북부 과로국을 거쳐 동천국에 상륙한다. 그 뒤 약 4년 동안 인도 서역의 여러 지역을 여행하고 742년 11월 상순에 당시 안서도호부가 있는 쿠차에 이르렀다.

혜초가 그 여행을 토대로 작성한 이 여행기는 매우 짧은 글로 이루어져 있으며, 40여 지역의 견문과 전문을 개괄적으로 썼기에 내용은 빈약하다. 지명, 국명 등이 없는 부분도 있고, 언어, 풍속, 정치, 사회에 대해서 간략하게 메모한 부분도 있다. 하지만 8세기의 인도와 중앙아시아에 대한 유일한 기록으로, 세계적으로도 주목받고 있다.

《왕오천축국전》은 우리나라 기행문학의 최초의 작품으로, 혜초는 이 작품에서 간혹 서정시를 넣는 독특한 방법을 취하였다. 모두 5편의 시가 있는데, 이 시를 통해 혜초의 사상과 마음의 변화를 느낄 수 있다.

이 작품에서 삽입된 시를 통해서뿐만 아니라 여행의 견문을 통해서 모두 자신의 내면을 응시하는 진지한 탐구 정신을 담고 있다는 점에서 이 작품은 더욱 가치가 있다고 하겠다.

이황,
세상살이의 필수 덕목
《성학십도》

이황(李滉, 1501~1570)은 조선 중기의 문신이자 유학자로, 주자의 사상을 토대로 조선 성리학 발달의 기초를 다진 인물이다. 주요 저서로는《자성록》,《주자서절요》,《이학통록》등이 있다.

《성학십도》는 이황이 선조에게 올린 글과 그림이다. 좀 더 구체적으로, 당시 기득권 세력인 훈구파와 신진 세력인 사림파 사이에서 고뇌하고 있는 선조에게 결단을 촉구하기 위해 집필한 것이《성학십도》이다.

《성학십도》에서 '성학(聖學)'은 성인이 되기 위한 학문이고, '십도(十道)'는 열 개의 그림이라는 뜻이다. 말하자면 성학십도는 성인이 되기 위한 학문의 내용을 요약한 열 개의 그림인 것이다. 여기서 성인이란 중국의 요임금과 순임금, 그리고 공자를 가리킨다. 또한 열 개의 그림이란 엄밀히 말해 태극(太極)이나 인(仁) 같은 성리학의 중요한 개념을 그린 도표이다.

《성학십도》가 열 개의 그림으로 구성된 것은 옛 사람들이 완성의 숫자를 10으로 보았기 때문이다. 그래서 열 개를 맞추다 보니 겹치는 그림도 있다.

물론 열 개의 그림을 모두 이황이 직접 그린 것은 아니다. 대부분 중국의 학자들이 그린 그림을 인용했고, 이황이 직접 그린 것은 〈심통성정도〉의 일부분과 〈소학도〉, 〈백록동규도〉, 〈숙흥야매잠도〉이다.

이황이 선조에게 《성학십도》를 올린 뒤 학자들 사이에서 이 책자가 계속 화제가 되었다.

《성학십도》의 내용은 지도자에게 필요한 책이기도 하지만, 우리 보통 사람들이 세상을 살아가는 데도 꼭 필요한 덕목들이다. 어른을 공경하고 나라에 충성하며 자신과 남을 귀하게 존중하고, 그러기 위해서는 끊임없이 자신을 돌아보고 수양해야 한다고 말한다. 이는 시대를 초월해서 인류가 공통적으로 추구해야 할 덕목이다.

속도와 개인 간의 경쟁, 물질적인 이익이 우선시되는 현대 사회에서 자신을 수양하고 이웃과 사회를 돌보게 하는 이러한 교훈은 더 인간답게 살아가고 한편으로는 균형 잡힌 사고를 하기 위해 반드시 읽어야 할 가치 있는 서적이라 하겠다.

김시습,
한국 전기체 소설의 효시
《금오신화》

김시습(金時習, 1435~1493)은 조선 시대의 생육신의 한 사람이다. 주요 저서로 《매월당집》, 《탕유관서록》 등이 있다.

《금오신화》의 '금오'는 경주 남산을, '신화'는 새로운 이야기를 의미한다.

《금오신화》는 '풍류기어(風流奇語)' 다섯 편을 창작하여 모은 단편소설집이다.

우선 〈만복사저포기〉는 고려 말 해적의 침략을 배경으로 하였다. 〈이생규장전〉은 고려 말 홍건적의 난을 배경으로 삼았다. 〈취유부벽정기〉는 옛 도읍 평양을 무대로 삼아, 풍경 속에 민족사의 흐름이 들어 있음을 나타내었다. 〈남염부주지〉는 조선 초에 유행한 지옥의 관념을 소재로 삼으면서 현실의 악(惡) 상태를 고발하였다. 〈용궁부연록〉은 개성의 박연포에 연관된 '용'의 전설을 소재로 삼았다.

김시습은 개인의 본성을 구현할 수 없을 정도의 훼손된 사회 현실을 응시하여 그 깨달음에서 느끼는 슬픔과 고통을 소설 속에 담아 내었다.

《금오신화》는 주제가 깊을 뿐만 아니라 문체도 매우 정교하다. 특히 한시를 삽입하여 인간의 심리, 사건의 분위기, 대화의 뉘앙스를 잘 드러낸 작품이다.

김시습 초상

작자 미상,
민간설화의 집성
《춘향전》

《춘향전》은 조선 시대 영조에서 순조 사이에 이루어진 것으로 추측되는 애정소설로, 작자와 연대는 미상이다. 이 소설은 순수한 연애와 평등사상을 고취한 반봉건적인 문학으로서 조선 시대 소설 중에서 최대의 걸작으로 꼽힌다.

《춘향전》은 춘향과 이도령의 연애담을 중심으로 춘향이 수청을 강요하는 변사또에 맞서 절개를 지킨다는 구성으로 되어 있는데, 일종의 동양적 정조관념을 나타낸 것이라고 볼 수 있다. 하지만 자세히 들여다보면 춘향과 이도령의 사랑이 이루어지는 것은 기생 신분을 벗어나 신분 상승이라는 동기를 충족시키기 위한 것이라고 볼 수 있다. 이를 통해서 볼 때 열녀의식이라는 주제는 춘향의 목적인 신분 상승을 위한 수단으로 보인다.

한편, 이 작품은 조선의 망종이 울리기 시작한 말엽의 부패상을 보여주는 동시에 탐관오리의 극성으로 몰락하는 관료 봉건제도에 대한 반항이 성춘향의 수청 거부로 표현되었다고 보는 견해도 있다.

《춘향전》은 춘향의 '말'을 통해 지방 수령의 횡포에 노출되어 있던 민중의 비판의식을 드러내었다. 《춘향전》의 '말'은 울림이 없는 독백도 아니며, 죽은 언어도 아니다. 사상과 정서에서 우러나왔기에 그 말은 마력을 지니고 있다. 그래서 《춘향전》은 소리 내어 읽거나 판소리로 들어야 그 맛이 난다.

춘향전 한글판 영인본

허균,
혁명사상의 작품화
《홍길동전》

허균(許筠, 1569~1618)은 조선의 문신이자 소설가로, 자는 단보이고 호는 교산이다. 시문에 뛰어난 그의 주요 저서로 《성서복부고》, 《도문대작》 등이 있다.

《홍길동전》을 우리 소설사 초기에 올려놓을 수 있는 것은 이 작품이 신화와 깊숙이 연계되어 있기 때문이다.

홍길동은 실제 용에 의해서 태어나지는 않았지만 용꿈을 꿔 얻은 영웅으로 작품 중간중간에 납득하기 어려운 신통력을 발휘한다. 특히 그가 도술을 사용하여 변신한다든가 사람이 아닌 괴물을 퇴치하는 등의 능력을 보이는 것은 신화에서 그대로 가져온 것이다. 이는 다른 영웅소설에서 쉽게 발견하기 어려운 부분이다.

하지만 또 한편으로는 너무나 현실적인 문제를 파헤치고 있다. 가정, 사회, 국가, 심지어 유토피아 문제까지 거침없이 다루고 있는 것이다.

《홍길동전》은 도적을 주인공으로 한 영웅소설이자, 양반 가정의 모순을 척결하고 서열 차별의 불합리에 항거한 사회소설이자, 이상향을 꿈꾼다는 낙원사상의 소설이기도 하다.

한글로 된 최초의 소설이라는 점에서 한국소설사에서 중요한 위치를 차지할 뿐만 아니라 후대 소설에서는 찾을 수 없는 다양한 면을 지니고 있다는 점에서 더욱 주목받는다.

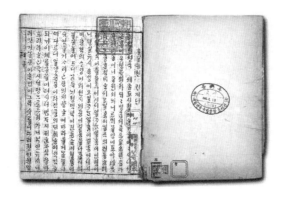

국립도서관이
소장하고 있는
《홍길동전》 첫 쪽

강릉 초당동의
허균 생가

박태원,
모더니즘소설의 대표작
《천변풍경》

박태원(朴泰遠, 1910~1986)은 1930년 《신생》, 《수염》을 발표하면서 문단에 등단했고, 구인회에서 활동했다. 소시민의 일상적인 삶을 소재로 한 소설을 많이 썼다. 그의 대표작으로는 《소설가 구보 씨의 1일》, 《갑오농민전쟁》 등이 있다.

1936년 8월부터 10월, 1937년 1월부터 9월까지 종합잡지 〈조광〉에 연재된 《천변풍경》은 박태원의 대표적인 장편소설이자 세태소설이다. 서술의 시간은 1930년대 어느 해 2월 초부터 다음 해 정월까지 1년 동안이다. 그는 이 시기에 청계천을 중심으로 일어나는 시시콜콜한 일들을 50개의 절로 나누어 도시인의 다양한 삶의 양태와 풍속 측면에서 아주 사실적으로 제시하고 있다. 서술 방식은 해설자로서의 서술자, 등장인물로서의 서술자, 관찰자로서의 서술자를 등장시켜 서술 시점상의 혼란을 느낄 정도로 다양하게 구사하고 있다. 그럼에도 각 장이 지닌 독립성 때문에 그것이 단점으로 인식되지 않고 다양한 삶의 양태를 보여주는 역동성으로 인식된다. 이 점이 《천변풍경》이라는 소설이 지닌 매력이다.

박태원의 《소설가 구보 씨의 1일》이 경성 도심에 대한 기록이라면, 《천변풍경》은 도시의 주변부에 대한 관찰이다. 청계천은 분명히 도시에 속해 있으면서도 도심과는 다른 공간이다. 현란한 도시 문화의 영향을 받아 천변에도 카페와 구락부 같은 유흥 시설이 있기는 하지만, 거기에는 아직 동네 아낙들이 모여드는 빨래터가 있고, 이웃집 속사정을 자신의 일처럼 아는 공동의 공간이다.

또한 이러한 생활 공간은 당시의 전환기적 도시 세태를 담아내는 역할을 하고 있기도 하다. 즉, 네 가구가 옹색하게 살아가는 셋방, 옹색한 하숙방, 당구장, 술집, 금은방, 백화점 등은 전근대적인 전래의 장소와 신흥 도시의 모습을 보여주고 있는 것으로, 과도기의 도시 모습을 보여주고 있다.

《천변풍경》은 그런 청계천 근처 사람들의 생활을 파노라마처럼 잡아낸다. 그러기에 이 소설에는 특별한 주인공이 없다. 천변과 근처의 상점들, 그리고 사람들 모두가 주인공이다. 마치 영화의 한 장면을 보여주듯, 영화에서 쓰는 카메라 기법을 통해 상이한 장소에서 동시에 일어나는 사건들을 보여줌으로써 시간성과 공간성을 극대화하고 있다.

소설 전체가 그러한 특징을 유지하고 있는데, 특히 등장하는 인물 중 이 카메라의 눈을 체현(體現)하고 있는 인물은 재봉이다. 그 관찰에는 어떤 목적도 의식도 없다. 그저 그는 오가는 사람들에게 호기심을 가지고, 그들이 어떤 태도로 어디를 향해 가는지를 관찰할 뿐이다. 이런 재봉의 시각은 소설 전체를 관통하는 작가의 시각이자 카메라의 눈이다.

그러나 장면의 무조건적인 배열만으로는 소설적 완결성이 획득되기 어렵다. 박태원은 여기서 '시간적 공간적 폐쇄성'이라는 장치를 마련한다. 곧 사건들의 무한한 나열을 막기 위해 시간과 무대를 제한하고, 등장인물들의 운명도 이 무대에서 벗어나지 않게끔 조정하는 것이다.

시간적 폐쇄성은 '1년의 순환'을 소설의 시간적 배경으로 하는 데에서 생긴다. 그런가 하면 공간적 배경은 천변에 제한되어 있다. 주요한 등장인물들의 운명 역시 천변으로 모아짐으로써 공간적 폐쇄성을 강화시킨다. 그러면서도 중심적 인물이나 사건이 없음으로 인하여 생길 구성의 해이함을 견제하고 있다.

결국, 작가는 천변의 다양한 인물을 통해 천변의 갖가지 삶의 양식을 나타내고 있다. 그 속에서 1930년대 우리나라의 무규범적 혼란함과 다양성을 대변하였다고 볼 수 있겠다.

이광수,
한국 최초의 현대 장편소설
《무정》

　이광수(李光洙, 1892~1950)는 평북 정주 출생으로, 1917년 〈매일신보〉에 《무정》을 발표하면서 한국 현대소설의 개척자가 되었다. 일제 말 친일문학 단체인 조선문인협회장을 역임하였으며, 6 · 25 한국전쟁 때 납북되었다. 주요 작품으로 《무명》, 《꿈》, 《소녀의 비애》, 《할멈》 등이 있다.

　그는 《무정》의 연애 문제를 민족적 현실의 자각과 계몽적 민족주의로 승화시켰다. 이 작품은 봉건 도덕의식을 가진 백영채와 근대적 인간형인 이형식을 비롯한 여러 유형의 과도기적 인물을 설정하여 갈등을 전개시킴으로써 전환기의 시대상과 가치관을 집약적으로 나타내고 있다. 표면적으로는 근대문명을 지향하고 있지만, 이면적으로는 전통가치와 근대가치와의 충돌이 들어 있다. 전통적인 여성인 영채, 신여성을 대표하는 선형, 그리고 이 둘 사이에서 갈등하는 형식의 삼각관계는 단순한 애정 문제에 그치는 것이 아니라 전통가치와 근대가치의 대립이 포함되어 있다. 이들의 갈등은 수재민을 위한 자선음악회를 계기로 민족 현실에 눈을 뜨게 되고, 민족을 구원하기 위해 힘써야 한다고 합의하면서 해소되고 있다.

이형식은 동경 유학에서 돌아와 경성학교에서 영어를 가르치는데, 김장로의 딸 선형의 가정교사가 된다. 영채는 10여 년 만에 이형식을 찾아가서 사랑을 고백한다. 영채는 억울하게 투옥되어 아버지를 구하기 위해 기생이 된다. 이 사실을 안 이형식은 선형에 대한 사랑과 기생이 된 영채에 대한 의무감에서 갈등한다.

경성학교 배학감에게 정조를 빼앗긴 영채는 자살을 결심하고 평양을 떠난다. 그런 영채를 찾으러 형식은 평양에 갔으나 영채를 만나지 못한다. 한편, 우연히 만난 동경 유학생이자 신여성인 병욱과 유학길에 오른 영채는, 약혼하여 함께 미국 유학길에 오른 형식과 선형을 공교롭게도 기차 안에서 만난다. 이들은 삼량진에서 수재민을 돕기 위해 음악회를 연다. 그런 가운데 선형과 영채는 협심하게 되고, 개인적 감정은 물거품처럼 사라진다. 여관방에 모인 이들은 민중계몽과 민족의 미래를 위해 자신들의 사명을 다할 것을 다짐한다.

1917년 1월 1일자 매일신보에 연재된 소설 〈무정〉. 1월 1일부터 6월 14일까지 연재되었다

13부

또 다른 인문학,
만남의 미학

만남이라는
인생의
미학

미국 클리블랜드 대통령은 젊은 시절 방탕한 생활을 하였다. 어느 날 친구와 함께 술 취한 채 길에서 자던 그는 새벽에 교회 종소리를 듣고 교회를 찾아가 목사를 만난다. 그 목사가 새로운 삶을 권유하자 클리블랜드는 방탕한 생활을 청산하였다. 그러나 목사를 만나지 않은 그의 친구는 다시 술집을 배회하며 생활하였다.

그렇게 세월이 흘러 친구는 절도, 강도 등을 저지른 범죄자가 되어 결국 옥에 갇히는 몸이 되었다. 어느 날, 친구는 옥중에서 대통령 취임식을 라디오로 듣게 되었다. 미국의 22대 대통령으로 취임한 사람이 바로 그 옛날 방황 시절의 친구인 클리블랜드임을 알고 그는 대성통곡하며 울었다.

인생은 만남에서 비롯된다. 한 인간의 운명뿐만 아니라 나라의 명운도 만남에서 시작된다. 만남에도 불행의 계기가 된 만남이 있는가 하면, 행복의 씨가 되는 만남도 있다.

성공적인 인생을 살기 위해서는 성장기에 좋은 친구를 만나야 한다. 좀 더 자라서는 훌륭한 스승을 만나야 하고, 인생의 길잡이가 될 좋은 멘토를 만나야 한다. 성장한 다음에는 좋은 배필을 만나야 하고, 자신이 바라던 직장에서 존경할 만한 상사와 사장을 만나야 한다. 정상에 올라서기 위해서는 훌륭한 사람들이 자신을 만나기 위해서 스스로 찾아오도록 해야 한다. 그러기 위해서는 제갈량처럼 세상을 바라보는 안목을 키워야 하고, 맡은 일은 무엇이든지 잘 처리할 수 있는 능력을 갖추어야 한다. 무엇보다도 인격적으로 성숙한 사람이 되어야 한다. 그러기 위해서는 인문학 공부가 필수적이다. 오늘날 인성을 중시하는 풍토에서는 인문학이 더욱 요구된다.

이제 만남의 사례 중 운명과 역사를 바꾼 몇 가지를 살펴보자.

미국 제25대 대통령 그로버 클리블랜드

정도전과 이성계의 만남

정도전은 1342년, 고려 말 청백리로 널리 알려진 정운경의 장남으로 태어났다. 그는 성균관에서 성리학을 공부한 뒤, 도탄에 빠진 민심을 구하기 위해 권신과 싸우다가 우왕 원년에 첫 번째 귀양살이를 하였다. 9년에 걸친 권신의 박해 속에서 새로운 사회를 이룩하기 위하여 이성계와 손을 잡았다.

당시 고려의 개혁을 주도하던 인물은 공민왕이었다. 하지만 그는 개혁을 위해 주도면밀하게 계획을 세워 밀어붙이는 인물은 아니었다. 다만, 그는 정력적인 사람이었고, 무슨 일이든 나라의 일에 앞장서서 밀어붙이는 스타일의 왕이었다. 그는 이성적인 성향보다는 감정적 성향이 강했다. 그런 만큼 노국공주가 죽자 그는 모든 개혁을 중단했다. 나랏일도 제대로 돌보지 않은 채 그저 실의의 나날을 보냈다. 결국 그는 환관 일당에게 피살되었다.

이후 정권을 잡은 인물은 이 인임이었다. 신돈의 최측근인 그는 나라를 마음대로 주물렀다. 이때 정도전은 나라를 무너뜨리고 새 왕조를 세울 결심을 했다. 그리하여 찾은 사람이 바로 이성계였다.

당시 이성계는 고려 왕조와는 아무런 인연이 없는 이방인의 장수였으며, 그의 군사들은

태조 이성계 생애 후반의 어진

거의가 여진족이었다. 정도전은 마침내 함흥으로 가 이성계를 만났다. 두 사람의 만남은 이렇게 시작되었다.

이날 정도전과 이성계 두 사람의 만남은 '이씨왕조'라는 새 역사를 만드는 결정적 만남이 된 것이다. 그날 두 사람은 허약하고 무능한 고려 정권을 뒤엎고 새 조정을 만들기로 극적으로 합의했다.

마음속에 야심을 품고 있던 이성계는 5년을 기다리다가 1938년 7월, 마침내 위화도회군을 하면서 혁명을 일으키는 데 성공했다. 조선왕조 500년 역사는 이렇게 시작되었다.

정도전은 조선왕조를 세우는 데 1등 공신이었으나 이성계의 셋째 아들 이방원과의 갈등으로 결국 꿈을 이루지 못했다. 이방원의 부하 칼에 삶을 마감하는 불행한 종말을 맞이한 것이다.

흥선대원군 이하응과
조대비의
만남

　흥선대원군 이하응은 1820년 지금의 서울 안국동에서 영조의 현손(5대)으로 태어났다. 이하응은 12세 때에 어머니를 여의였고, 17세 때 아버지 남연군마저 여의였다. 부모를 모두 여의였으나 그는 실망하지 않고 학문을 닦았고, 그림은 물론 붓글씨도 썼다. 나이가 들면서 왕권을 찾을 기회를 엿보았으나 당시 안동 김씨의 세력이 막강하여 곧바로 뜻을 이루지는 못했다.

　이하응은 아들 명복이 왕위에 오르기까지는 불행한 나날을 보냈다. 그는 당시 세도가 안동 김씨로부터 몸을 지키기 위해 건달과 어울려 다니며 주정뱅이 노릇을 하기도 했다. 그렇게 그는 장차 대원군이 되려는 야망을 가슴속에 품은 채 아들의 왕 자질을 키워갔다. 그렇게 그는 밖에서는 주정뱅이 노릇을 하였지만, 집안에서는 체통을 지키고 교육을 엄하게 했다.

이하응은 당시의 왕 철종이 후사 없이 죽으면 자신의 아들이 왕이 되리라 믿었다. 그는 야망을 이루기 위해 전략을 세웠다. 바로 조대비를 이용하기로 하였던 것이다. 당시 조대비는 왕이 사망하면 새로운 왕을 임명할 수 있는 권한이 있었고, 국새(國璽)를 쥐고 있었다. 술주정뱅이 노릇도 마다하지 않은 그에게는 세상을 볼 줄 아는 안목이 있었던 것이다.

이하응은 조대비의 조카 조성하를 이용하기로 하고 그를 불렀다. 두 사람은 긴 대화도 없이 뜻이 통하게 되었다. 그날 이하응은 조성하에게 조대비를 만나도록 주선해달라고 부탁하였다. 그리하여 이하응은 고대하던 조대비를 만나게 되었다. 이 만남은 마침내 대원군이라는 권력을 쥐게 되는 결정적 계기가 되었다.

이하응은 대원군이라는 조선 역사상 처음 있는 지위를 만들어 막대한 권력을 잡았으나 그가 택한 민비와의 갈등, 임오군란, 갑오개혁 등으로 은퇴, 재집권 등 파란만장한 삶을 살다가 1898년 영원히 돌아올 수 없는 몸이 되었다.

흥선대원군

흥선대원군, 금관 조복, 1869

롬멜과 히틀러의 만남

에르빈 롬멜은 제2차 세계대전 당시, 아프리카 사막의 전투에서 승승장구하여 '사막의 여우'라 불렸던 독일 장군이다.

롬멜은 1891년 11월 15일 하이덴하임에서 교사인 아버지와 루츠 가문 출신의 어머니 사이에서 둘째 아들로 태어났다. 롬멜은 항공사가 되기를 원했지만 아버지의 권유로 군인의 길을 택했다. 그 당시 특별한 재능이 없는 고위층 젊은이들에게는 군인이 되는 것 외에는 성공을 보장받는 다른 길이 없었기 때문이다.

롬멜은 군인으로서의 특별한 힘을 가지고 있었다. 바로 훌륭한 지도자로서의 카리스마였다. 제1차 세계대전에 참여하여 많은 공을 세운 그는 어느 날부터인가 나치스운동에 심취되기 시작했다.

결국 그는 나치를 이끄는 히틀러를 존경하게 되면서 그를 찾아갔다. 그렇게 두 사람의 극적 만남이 이루어졌다. 이때부터 롬멜은 승승장구하여 1938년에 친위대장이 되고, 1942년에는 원수의 자리에 올랐다.

하지만 제2차 세계대전 당시, 롬멜은 돌아가는 상황을 보고 전쟁에서 승리할 수 없다는 것을 알았다. 시대를 보는 안목은 있었던 것이다. 시대가 변한 것을 깨달은 그는 히틀러를 배신하기로 마음먹었다. 그러나 그의 배신을 안 히틀러는 그를 체포하여 1944년 10월 14일 처형했다.

그 당시 롬멜의 선택은 어쩔 수 없는 것이었는지도 모른다. 왜냐하면 전선에서 직접 전투를 지휘하고 경험하면서 연합군에게 도저히 이길 수 없다는 사실이 너무나 생생하게 다가왔기 때문이다. 그는 자신이 계획했던 일, 즉 히틀러 암살을 성공시켰다면 제2차 세계대전

롬멜이
북아프리카 전역에서 입었던 군복

1945년 5월 2일자 성조기 신문 위에
HITLER DEAD(히틀러 죽음)라고
크게 쓰인 기사의 일부분

종식 이후 전범자 재판을 받지는 않을 것이라고 생각했을 것이다. 그러나 계획대로 이루었을지라도 그가 바라던 결과는 얻지 못했을 것이다. 왜냐하면 그동안의 전쟁 전범자로서의 죄목이 컸기 때문이다. 이래도 죽고 저래도 죽는다는 미래 예측 속에서 그는 어떡하든 새로운 희망을 찾으려고 했을 것이다.

어찌되었든 사형이라는 그의 불행한 말년으로 볼 때, 히틀러와의 조우는 잘못된 역사적 만남이었던 셈이다.

《바람과 함께 사라지다》의 저자 마거릿과 남편 마시의 만남

마거릿 미첼은 1900년 변호사인 아버지와 자상한 어머니 사이에서 태어났다. 그녀는 사립학교에 다녔지만 공부에는 관심이 없었다. 하루는 수학 공부가 하기 싫다고 고집을 부리자 그녀의 어머니는 그녀를 데리고 황폐한 농가를 보여주었다. 그러고는 이렇게 말했다.

"마거릿, 저 모습을 보니 슬프지? 저런 모습은 처음 있는 일도 아니고, 앞으로도 일어날 거야. 저런 일이 일어나면 사람들은 모든 것을 잃게 된단다. 그렇게 되면 스스로 용기를 내어 다시 일어설 수밖에 없어. 머리와 용기만 있으며 인간은 언제든지 일어설 수 있어."

마거릿은 어머니의 그 충고에 마음을 고쳐먹고 열심히 공부하여 명문 스미스 대학에 들어갔다. 이후 그녀는 헨리라는 군인을 만나 약혼하였으나 약혼자는 1차 세계대전 도중에 사망하였다. 설상가상으로 그녀의 어머니마저 스페인 독감으로 세상을 떠나고 말았다.

대학을 중퇴한 그녀는 집에 돌아와서 지내다가 업쇼우와 결혼하고 〈애틀랜타 저널〉이라는 신문사에 기자로 취직했다. 그녀가 기자로서 뛰어난 활약을 보이는 반면, 남편 업쇼우는 점차 몰락의 길로 접어들었고, 마침내 두 사람은 합의하여 이혼했다.

마거릿은 이혼한 지 1년이 안 되어서 존 마시와 재혼하였다. 그때부터 그녀는 매우 행복한 인생을 사는 듯했다. 그러나 어느 날 그녀는 말을 타다가 낙마하여 심하게 다쳤다. 그녀는 기자생활을 더 이상할 수 없었기에 사표를 냈다.

그녀는 걷기조차 힘든 상태였다. 그렇게 그녀는 좁은 아파트 갇혀 사는 신세가 되었다. 그녀는 자신이 허송세월한다는 사실에 몹시 괴로워했다. 그러던 어느 날, 남편 마시가 도서관에서 책 한 보따리를 빌려 와 마가렛에게 건넸다.

"심심할 텐데, 이것을 읽어봐. 그러면 상처도 잊을 수 있을 거야."

얼마 후, 남편 마시는 레밍톤 타이프라이터를 사 와서 그녀에게 주었다.

"그걸로 책을 써보라고. 당신이라면 명작을 쓸 수 있을 거야."

남편의 말에 용기를 얻은 그녀는 어렸을 적에 할머니로부터 들은 이야기들을 회상하면서 스토리를 구성하기 시작했다. 그리하여 마침내 대작을 완성했다. 그것이 바로 세계적 불후의 명작으로 꼽히는 《바람과 함께 사라지다》이다.

이 작품은 한마디로 말해서 마거릿과 마시의 좋은 만남이 이루어낸 결과물이었다.

제갈량과 유비의 만남

제갈량은 낭야군 양도현에서 제갈풍의 후손으로, 태산 군승을 지낸 제갈규의 아들이다. 어릴 때 아버지가 돌아가시자 숙부 제갈현의 손에서 자랐다. 제갈량은 와룡강 부근에서 농사를 지으며 글을 읽고 시를 읊으면서 세월을 보내고 있었다. 그가 비상한 인물임을 안 서서는 유비에게 그를 천거하였다.

유비가 서서에게 제갈량에 대해 묻자 서서는 이렇게 대답했다.

"저의 능력은 둔한 말이라면 그는 기린과 같고, 저는 길가마귀라면 그는 봉황과 같습니다. 그는 스스로를 관중과 악의에 비하지만 제가 보기에는 그 이상으로 훌륭한 인물입니다."

당시 유비는 나라를 제패하려는 야심은 품고 있었으나 한나라의 변두리 촉(蜀)나라를 다스리고 있는 미미한 장수에 불과했다.

그는 서서의 천거를 받아들여 제갈량을 참모로 삼고자 두 번이나

찾아갔다. 그때마다 부재중이라 만나지 못했다.

세 번째 방문하였을 때 제갈량은 낮잠을 자고 있었다. 그때 해는 중천에 떠 있었다. 해가 질 무렵에 깨어난 제갈량, 결국 유비는 마침내 그를 만나게 된다. 당시 처음 만난 제갈량의 모습에 대해 유비는 후일 이렇게 말했다.

"팔 척 신장에 얼굴은 관옥과 같고 머리에는 윤건을 쓰고, 학창의를 입은 표표한 신선의 모습이었다."

유비는 물론 서서의 천거도 있었지만 제갈량의 첫 모습에 반한 것이다. 사람들은 누구든지 첫 대면에 좋은 인상을 남겨야 한다. 그래야 호감을 얻을 수 있다.

이렇게 두 사람의 운명적인 만남이 이루어졌다. 이 두 사람의 만남은 후세에 '삼고초려(三顧草廬)'라는 명언을 남겨 리더가 훌륭한 인재를 구할 때의 지침으로 활용되고 있다.

유비와 제갈량은 적벽대전이라는 역사에 길이 남을 전쟁에서 조조를 물리치고 촉나라를 확장시키는 데 성공하였다.

두 사람의 극적인 만남이 있기 전부터 유비는 그 이름이 천하에 울려 퍼지고 있었다. 더구나 연령은 쉰 살에 가까웠다. 이에 비해 제갈량은 20대 청년으로, 완전 무명의 존재였다. 오늘날로 말하면 대학을 갓 졸업한 젊은이라고 할 것이었다. 그런 상대임에도 불구하고 유비는 삼고초려의 예의를 갖추었다. 이처럼 겸허한 태도로 다가갔기에 제갈량이라는 최고의 인재를 맞이할 수 있었던 것이다.

부록

인문학 속의 인문학

계몽주의

　계몽주의는 18세기에 유럽과 북아메리카에서 일어난 사상운동이다. 이것은 이성을 신뢰하고, 개인의 자율과 자유를 옹호하였으며, 사회 · 정치적 문제의 과학적 접근을 주장하고, 과학 자체를 장려하였다. 또한 절대군주제, 제도화된 종교, 미신, 성직자 권력을 인간의 진보를 가로막는 것들로 규정하여 반대하였다. 계몽주의의 슬로건은 권리와 관용, 사상의 자유, 정치적 사회의 토대로서의 '사회계약'이다.

　계몽주의는 16세기 종교개혁이 일어나면서 시작되었지만 어쩌면 오늘날까지도 이어져왔다고 말하는 것이 역사적으로 더 정확할지 모른다. 그동안 역전과 퇴보가 있고 그런 것들을 낳은 다양한 형태의 '반계몽주의' 기류가 있었다. 하지만 한편으로는 과학 혁명이, 다른 한편으로는 정치적 절대주의와 인간 정신을 지배하는 종교로부터의 해방이 오늘날 선진 자유민주주의가 된 서양 나라들의 삶과 사회를 바꾼 조건을 마련하는 데 중요한 역할을 했다.

　이러한 역사적 맥락에서 보았을 때 '계몽'이라는 개념의 고전적 정의는 이것이 낳은 가장 위대한 아들 가운데 하나인 임마누엘 칸트의 글 '계몽이란 무엇인가?'에서 찾아볼 수 있을 것이다. 칸트는 말했다.

　'계몽이란 인간이 스스로 강요한 미성숙으로부터 벗어나는 것이다. 미성숙하다는 것은 어떤 다른 것의 안내와 지도 없이는 자신의 오성을 사용하지 못하는 것이다. 이런 미성숙은 그 원인이 오성의 결

여에 있지 않고 다른 것의 안내와 지도 없이도 그것을 사용하려는 결
단과 용기가 없을 때 스스로 강요하는 것이 된다. 감히 알려고 하라.
용기를 내 자신의 오성을 사용하라! 이것이 계몽의 모토다.'

경험적 체계

프로이트를 아버지처럼 따랐고, 프로이트 또한 자신의 후계자가
되기를 바랐던 수제자 칼 구스타프 융. 그러나 그들은 시작부터 결별
이 예정되어 있었다.

단어 연상 검사를 통해 무의식적인 콤플렉스 등을 밝혀내는 데 몰
두하고 있던 융은 매우 유사한 방법인 자유연상법을 사용하는 프로
이트에게 끌렸다. 시작은 얼핏 유사해 보였지만, 프로이트는 확고한
기계론자의 접근법을 고수하며 과학적으로 밝힐 수 없는 것에 대한
적대감을 가졌고, 융은 어찌 보면 미신처럼 보이는 인간 정신이 가진
심령적인 면과 과학적으로 밝힐 수 없는 측면까지 관심의 폭을 넓혔
다. 이 엄격한 과학주의자와 신비주의자 간의 메울 수 없는 간극이
그들을 돌아서게 만든 주요 원인일 것이다.

칼 융은 과학을 내세우는 많은 심리학자와 다르게 비과학적이고
영적인 것까지 추구했으며, 그만큼 자신도 신비로운 경험의 소유자
이기도 했다. 그런 탓에 많은 이가 그의 이론을 쉽게 받아들이지 못
했다. 원형이니, 집단 무의식이니 하는 그의 이론들은 특히 유물론적
사고에 입각한 사람들에게는 더욱 받아들이기 힘든 것이었다.

그러나 그의 이론은 많은 상담 치료와 자신의 경험에 기반을 둔 것

이며, 동시에 수천 년을 이어져온 신화와 다양한 종교 등과도 맥을 같이했다. 그 결과 많은 사람이 그의 뒤를 따르며 자기실현을 꿈꾸고, 심리적 안정 효과와 치료 효과를 경험하게 된다.

프로이트에게 꿈이 성적 충동을 상징하고 무의식 외상이나 욕망 등의 어두운 것으로만 얼룩져 있는 것이었다면, 융에게 꿈은 성적 충동뿐만이 아니라 자신이 가지고 있는 다양한 욕망, 자신이 애써 피하고 있는 자신의 단점, 조상으로부터 전해져오는 원형이라는 신화와 비슷한 체계까지를 포함한다. 그런 이유로 융의 꿈 해석은 예지몽과 조상의 메시지 같은 신비로운 요소에 대한 해석까지 그 가능성을 열어놓고 있다.

융의 이론에 접근하려면 먼저 '그림자'라는 개념을 알아야 한다. 그림자란 우리 자신이 인정하기 힘든 인격의 다른 측면을 말한다. 자아와 그림자는 서로 양극에 있으면서도 균형을 이루는데, 우리가 볼 때는 열등하거나 야만적으로 보이는 어두운 면이다. 우리가 이유 없이 어떤 사람을 싫어하게 되는 경우, 그 사람이 바로 자신의 그림자를 보여주고 있기 때문이라고 한다. 이 그림자는 꿈속에서 대개 부정적인 인물 등으로 나타난다. 융은 그림자를 나쁜 것으로 외면하기보다, 자신의 일부분으로 적절하게 받아들임으로써 자아와 무의식이 통합될 수 있다고 말한다. 그리고 자신의 그림자를 충분히 고찰할 수 있을 때 꿈을 통해 다음 단계라고 할 수 있는 아니마(anima)와 아니무스(animus)를 접할 가능성이 높아진다고 이야기한다.

그렇다면 융이 말한 자기실현이란 무엇인가? 자아가 이드와 초자아 사이에서 이를 조정하는 의식이라면, 자기(self)는 의식 또는 자아와 집단 무의식까지를 포함한 무의식 전부를 통합하는 핵심을 말한다. 자기의 모습을 찾아가는 것이 자기실현으로, 인간의 삶은 바로 자기를 실현해나가는 과정이라는 것이다. 참고로 융의 이런 생각들을 가장 유사하게 담아낸 책이 있다면, 파울로 코엘료의 《연금술사》가 될 것이다.

융은 개인 무의식과 집단 무의식 등을 의식화하는 데 이해를 돕기 위해 인간 행동의 유형을 외향형과 내향형, 감각형과 직관형, 사고형과 감정형, 판단형과 인식형 등의 네 가지 기능으로 나누어 설명했는데, 이는 후에 'MBTI'라고 하는 성격유형 검사에 반영되어 널리 사용되고 있다. 또한 융의 의식화를 돕기 위한 놀이와 만다라 그리기 등의 작업은 미술 치료 등에도 직접적인 영향을 미쳤다.

구체화

전통적 철학에서 '구체적 용어'는 특정한 인물이나 사물을 지시하는 단어라고 규정되고, '추상적 용어'는 특정한 인물이나 사물의 속성으로서 밖에는 존재하지 않는 특성을 가리키는 명사로 정의된다. 어떤 문장이 특정한 주제에 관해 어떤 단정을 할 때, 그것을 구체적이라고 한다. 그리고 추상적인 주제에 관해 단정을 할 때에는 추상적이라고 한다.

그러나 문학과의 관계에서 이 용어는 좀 더 광의로 사용된다. 즉, 어떤 구절이 그 제재를 일반적이거나 비감각적 단어들로 표현했거나, 그 경험적 특징을 근소하게 표현했을 때에는 추상적이라고 한다.

그리고 뚜렷한 특수성과 감각적 상세성이 주어져 제재가 표현되었을 때에는 구체적이라고 한다.

꿈의 해석

의식은 우리가 의식할 수 있다. 그렇지만 무의식은 말 그대로 의식할 수 없는 의식이다. 그러므로 우리가 무의식을 의식할 수 있게 하려면 특정 방법이 필요하다.

당시 의학계에는 최면술이 풍미했다. 프로이트도 최면 치료에 열광했지만 서툴렀다고 한다. 그래서 프로이트는 환자에게 최면을 걸지 않고 생각을 집중시켜 떠오르는 대로 말하게 하는 자유연상법을 고안해낸다.

프로이트는 환자에게 아무렇게나 떠오르는 생각들을 계속해서 말하게 하고, 그 과정에서 일어나는 저항 등을 통해 숨겨진 무의식을 파악하려 했다. 환자가 떠오르는 단어와 생각들을 스스럼없이 열거해 나아가다가, 주저하거나 회피하고자 하는 부분에서 심리적 저항을 읽어내고 이를 해석해나가는 등의 방법을 사용한 것이다. 그는 여러 환자를 통해 빠르게 무의식에 대한 체계를 잡아나가기 시작했다.

그러나 그의 분석 대상은 여성 히스테리 환자들뿐이어서 한쪽 성에 치우치면서도 환자만의 무의식에 국한되었다는 한계가 있었다. 그러던 중 1900년, 프로이트는 마침내 환자가 아니면서도 남성인 자기 자신을 스스로 심리 분석하며 쓴 책《꿈의 해석》을 들고 나온다. 오늘날 프로이트의 최고 명저로 손꼽는 이 책을 통해, 그는 꿈의 분석이 무의식으로 가는 지름길이라고 천명한다.

자유연상법과 꿈의 분석, 이 두 가지 방법은 이제 무의식으로 가는 분명한 지도를 그려주며, 정신분석학의 가장 기본적인 토대가 되어 준다. 꿈은 미래를 예측하는 예지적 성격이 강하다. 물론 현재의 불안이나 걱정거리로 해석하기도 한다. 시간적으로 본다면 현재에서 미래다.

그러나 꿈의 해석, 꿈의 분석은 시간적으로 반대다. 현재로부터 과거를 파악한다. 그리고 길흉을 이야기하기보다는 과거의 마음속 상처와 응어리를 이야기한다. 따라서 해몽처럼 현재 자신이 안고 있는 불안과 걱정거리를 이야기하면서도 좀 더 오래된, 좀 더 내면 깊은 곳, 쉽게 말할 수 없는 억제된 바람 같은 무의식적인 욕망까지 구체적으로 읽어낼 수 있는 것이다.

해석하는 방법에도 차이가 있다. 해몽은 상징과 이야기 카테고리를 중시한다. 해몽자는 꿈을 들어보고 자신이 알고 있는 꿈의 상징들과 이야기 카테고리를 빗대어 해석한다. 예컨대 돼지가 돈을 상징하는 것으로 해몽하거나, 나체로 거리를 헤매는 꿈은 재수가 좋아지고 주변의 일들이 거짓말처럼 자연스럽게 해결된다는 식으로 해몽한다.

한편 꿈의 해석도 꿈의 상징들을 이용해 해석하기도 하지만 그것은 일부분에 지나지 않는다. 대부분은 해석가의 상징체계와 지식이 아닌, 꿈을 꾼 사람 자신이 꿈과 관련해 떠올리는 생각의 파편들에 의존하여 해석한다. 그래서 꿈의 해석을 시작할 때 꿈을 꾼 사람에게 어떤 부분이 기억나는지 물은 다음, 그 부분에 대해 누가 떠오르는지, 어떤 사건이 생각나는지, 어떤 느낌이 드는지를 연상하고 또 말하게 한다.

따라서 해몽이 하나의 꿈 이야기에서 그 해몽을 결정한다면, 꿈의 해석은 당시의 꿈과 그 꿈으로 인해 연상되는 또 다른 꿈까지 함께 연계하여 해석하는 것이다. 한마디로 꿈의 해석은 꿈꾸는 사람의 꿈과 꿈꾸는 사람의 꿈 바깥의 세상과 꿈꾸는 사람의 또 다른 꿈들을 넘나들며 그 연결고리들을 찾아가는 퍼즐게임이라고 할 수 있다. 그래서 꿈의 해석에서는 꿈의 스토리가 중요한 것이 아니라, 각 꿈의 파편이 서로 어떻게 연결되며 나름의 의미를 어떻게 형성하느냐가 중요한 것이 된다.

모더니즘

이것은 1차 세계대전 이후, 문학과 예술에 나타난 개념, 감각, 형식, 양식 등에서 가장 현격한 요소를 정의하기 위해 흔히 사용되는 말이다. '모더니즘'이라는 말이 의미하는 특성은 이 말을 사용하는 사람에 따라 일정하지 않다. 그러나 대부분의 비평가는 이 말이 서구 문화나 서구 예술의 전통적 토대와의 근본적이고 고의적인 결별을 의미하는 데에 의견을 함께하고 있다. Z의 중요한 지적 선구자는 종래의 사회 조직, 종교, 도덕, 인간 자신에 대한 개념의 뒷받침이 되어 왔던 확실성에 대해 의문을 품는 사상가들, 즉 니체, 마르크스, 프로이트, 프레이저 같은 사람들이었다. 특별히 제임스 조지 프레이저는 그의 저서 《황금가지》에서 기독교의 중심 사상과 미개인의 신화나 의식 사이의 조응관계를 강조했다.

무신론

'신은 아마 없을 것이다. 그러니 이제 걱정을 멈추고 인생을 즐겨라.'

이는 2009년 영국을 시작으로 전 유럽으로 확장된 무신론 광고다. 과연 무신론의 공격은 세상을 바꿔놓을 것인가? 역사상 다양한 종교의 신자들이 믿어온 신 같은 초자연적 존재나 그와 비슷한 어떤 것이 우주에 있다고 믿지 않는 사람들, 그것을 믿는 신자들을 '무신론자'라고 부른다. 여기에서 알 수 있듯이, 이 말은 유신론자들이 만들어서 그들의 믿음을 공유하지 않는 사람들을 가리킬 때 쓰는 말이다. 거의 모든 역사를 통틀어 대다수를 차지한 사람들에게는 공포의 의미가 담긴 경멸적인 말이다.

무의식

딱 한 줄로 프로이트를 말한다면? 그는 '무의식'을 만들어냈다. 물론 무의식이라는 개념은 이전에도 있었다. 중요한 것은 그 무의식이 실재한다는 것을 보여주었고, 자유연상법이나 꿈의 해석을 통해 무의식에 어느 정도 접근 가능하다는 것을 제시해주었다는 점이다. 게다가 인간이 이 무의식에 강한 지배를 받는다고 주장했다. 이로써 프로이트는 이성적인 의식을 전제로 논의되던 기존의 철학과 사유체계에 엄청난 충격을 주었다. 그동안의 이성 중심의 인식론이 뿌리째 흔들린 것이다. 그런 이유로 프로이트는 다윈과 함께 20세기 사상에 가장 큰 영향을 준 사람으로 평가된다. 또한 그가 주장한 성적 충동은 당시 지배적이었던 기독교적 가치에 큰 충격을 주며 인간의 욕망에 대한 이해를 높여주었다.

이로써 인간을 바라보는 관점도, 인간 머릿속에 있는 생각이나 마음속에 있는 심리를 바라보는 관점도 달라져버렸다. 이제 인간을 이야기할 때 '무의식'적인 부분을 빼고 이야기한다면, 무언가를 놓치고 이야기하는 것이 되어버린다. 프로이트를 빼고 문화와 예술을 이야기한다는 것은 더 이상 상상하기 힘들어진 것이다.

하지만 심리학에서만큼은 프로이트에 대한 평가가 그리 호의적이지 않다. 무엇보다 그가 과학적이라고 주장하는 정신분석 기법은 경험적으로 방증되기가 어려워 과학으로 쉽게 인정받기 어렵다. 게다가 지나친 성에 대한 강조는 제자들까지 등을 돌리게 했다. 치료 효과 또한 그리 탁월한 편이 아닌 데다, 오랜 상담 기간과 과중한 상담료는 소수의 부유층이 아니면 쉽게 접근하기조차 힘든 실정이었다.

그럼에도 심리학에서 여전히 프로이트의 영향력은 남아 있다. 무엇보다 정신에 대한 또 하나의 탐구 방법을 제시했다는 것과 성격 발달을 설명하는 데에서 무의식을 도입한 것, 아동 초기의 성과 관련된 경험이 이후 성격 발달에 영향을 준다는 주장 등은 변함없이 높이 평가받고 있다. 더불어 그의 성과들은 성격 형성과 이상행동, 임상심리학과 상담심리학 등에도 여전히 많은 시사점을 던져주고 있다. 무엇보다 그가 심리학에 끼친 가장 큰 공헌은, 그가 심리학을 놀랍고도 흥미로운 아주 매력적인 학문으로 만들었다는 점일 것이다.

무의식은 한 여인의 히스테리에서 태어났다. 그렇다면 프로이트는 무의식에 대해 어떻게 알게 되었을까? 이 이야기에서 빼놓을 수 없는 사람이 있다. 이름은 안나 오. 프로이트가 아버지처럼 따르던 브로이어는 안나 오라는 여인을 최면치료하고 상담하게 된다. 그리고 이를 프로이트와 의논하면서 두 사람은 서서히 무의식적 실체를 알아가기 시작한다.

안나 오는 늑막염을 앓고 있는 아버지를 헌신적으로 간병하던 중에 독특한 히스테리 증상을 보이기 시작했다. 그녀는 물이 두려워 6주 동안 물을 못 마셨고, 모국어인 독일어를 잃어버리고 영어와 프랑스어, 이탈리아어로만 말을 했으며, 이유 없이 마른기침을 했다. 또한 시간이 지날수록 환각 증세와 더불어 팔다리가 마비되는 증상까지 보였다. 당시에는 악마가 붙었다고밖에 볼 수 없는 상황이었다. 최면 치료를 하면서 도중에 안나 오는 스스로가 인식하지 못했던 무의식 속의 불편한 감정들을 떠올렸고, 이에 대한 불평과 혐오감을 털어놓았다. 그런데 흥미로운 점은 이런 불편한 감정들을 이야기하고 나면, 어김없이 그 증세가 사라져버린다는 점이었다.

안나 오의 사례는 브로이어와 프로이트에게 행운과도 같은 것이었다. 다른 사람들의 사례에 비해 원인과 결과가 분명하게 드러났기 때문에 그들은 마음속의 사건과 현실의 이상행동 간의 상관관계를 분명히 볼 수 있었던 것이다.

그녀는 기분 나쁜 영국인 친구와 개에 대해 평소에는 전혀 인식하지 못하고 있었다. 의식은 전혀 모르고 있었다는 말이다. 하지만 그녀의 마음속에는 그 기분 나쁜 사실들을 분명하게 저장해두고 있었던 것이다. 이것이 무의식이다. 그 무의식이 언제부터인가 현실의 신체를 지배하기 시작했고, 그래서 물을 입에 대는 순간 개가 먹던 물에 대한 불쾌감이 물을 거부하게 만들어버린 것이다. 이 무의식의 불쾌감을 해소해줌으로써 무의식이 안정을 찾아간 것이다.

이로써 브로이어와 프로이트는 의식이 모르고 있는, 무의식이 분명 존재한다는 것을 알게 된다. 그리고 그 무의식이 의식보다 더 강하게 작용할 수 있다는 것도 알게 된다. 의식은 알아채지 못하고 있지만 신체조차도 마음대로 조종하는 무의식이 탄생하는 순간이다. 그래서 안나 오의 사례가 실려 있는 책 《히스테리 연구》를 무의식 연구 또는 정신분석학의 시발점으로 본다.

부조리의 문학

이 명칭은 인간의 조건이란 본질적으로 어쩔 수 없이 부조리한 것이며, 이 인간 조건은 그 자체가 부조리한 문학 작품을 통해서만 적절히 표현될 수 있다는 공통적인 의미를 가진 희곡이나 소설의 여러 작품들을 지칭하는 데 사용된다. 부조리 문학은 제임스 조이스와 프란츠 카프카의 소설 《심판》, 《변신》과 아울러 표현주의와 초현실주의에 뿌리를 두고 있다. 그러나 오늘날의 부조리 문학운동은 전통적인 문화나 문학에 대한 본질적인 신뢰나 가치관에 맞서는 하나의 반항으로, 제2차 세계대전 이후에 나타난 것이다.

이 운동에 가담한 모든 작가 중 가장 영향력 있는 인물 사무엘 베케트는 파리에 살던 아일랜드 사람인데, 그는 먼저 프랑스어로 작품을 쓰고, 다음에 자신의 많은 작품을 영어로 번역했다. 《고도를 기다리며》는 고도라는 정체불명의 인물을 헛되이 거의 절망적으로 기다리고 있는 두 사람의 뜨내기 나그네를 제시하고 있는데, 고도라는 인물이 실재하는지 어쩐지도 분명치 않으며, 두 사람은 고도와 만날 약속을 했을지도 모른다는 생각이 가끔 날 뿐이다. 그들 중 한 사람은 이렇게 말한다.

"아무 일도 일어나지 않고, 아무도 오지도 가지도 않는다. 끔찍한 일이다."

이러한 양식을 갖는 대부분의 작품과 마찬가지로 이 희곡은 비정상적으로 우스꽝스럽고 동시에 불합리하다는 두 가지 의미에서 '부조리'하다. 이것은 서구 문화의 전통적 가설과 전통적 연극과 그 자체가 불가피하게 연극이라는 매체를 통해야 한다는 사실 등에 대한 고의적 패러디다. 평이하지만 소용돌이치듯 하고 일정한 방향이 없는 대화는 대개 우스꽝스러운 것이고, 꼴사나운 실수나 그 밖의 익살스러운 양식은 형이상학적 소외감과 고뇌를 표출하기 위하여 사용되고 있다.

서사시

문학 비평가들이 사용하는 엄격한 의미에서 '서사시' 또는 '영웅시'라는 용어는 최소한 다음과 같은 기준에 맞는 작품을 가리킨다. 즉, 그것은 한 종족이나 국가 혹은 인류 전체의 운명이 그 행동 여하에 달려 있는 영웅적이거나 반신적인 인물을 중심으로, 고귀한 문체로 서술되는 위대하고 엄숙한 주제의 장편 설화적 시다. 서사시의 특징은 다음과 같다.

첫째, 주인공은 국가적이거나 우주적이기까지 한 매우 중대한 인물이다.

둘째, 서사시의 배경은 규모가 광대하여 세계 전역일 수도 있고, 그보다 더 커질 수도 있다.

셋째, 서사시의 행동은 트로이 전쟁에서의 아킬레스의 무훈처럼 전쟁터에서의 초인적 행위도 포함하고, 몇몇 신의 반대를 무릅쓰고 오디세우스가 고향으로 돌아오는 길에 하게 되는 방랑 여행처럼 대담하게 감행되는 길고 힘든 여행도 포함한다.

실존주의

20세기 중반에 합리주의와 실증주의에 반발하여 독일과 프랑스에서 나타난 철학사상이다. 20세기 초의 '생의 철학'이나 현상학을 계승하여 제2차 세계대전 후에는 문학, 예술 분야로 확대되었다. 대표적인 실존철학자로 야스퍼스, 마르셀(유신론적 실존주의), 사르트르(무신론적 실존주의) 등을 들 수 있다. 실존은 보편적 본질에 대하여, 특히 인간 개개인의 존재를 강조한다는 의미에서 사르트르는 인간에게는 실존이 본질에 선행한다고 주장하였다. 그 기원을 하이데거, 야스퍼스, 니체, 도스토옙스키, 키르케고르, 포이어바흐까지 거슬러 올라가 찾기도 한다. 대표적 실존주의 문학가로는 사르트르, 카뮈, 카프카 등이 있다.

실증주의

19세기에 일어난 실험과 관찰을 학문의 기반으로 삼는 주의 또는 학문 방법론이다. 자연과학의 방법을 철학에 적용하려고 한 생시몽에서 비롯되어 콩트가 실증철학을 확립하였다. 19세기 자연과학의 발달과 유물론의 등장을 배경으로 나타났으며, 1920년대부터는 빈학파의 철학자들이 논리학과 수학을 도입한 새로운 실증주의를 제창하였는데, 이를 논리실증주의라고 한다. 이후 논리실증주의는 분석철학으로 발전하였다.

에세이

어떤 문제를 논하거나, 하나의 관점을 밝히거나, 어떤 종류의 주제이든 여기에 관한 하나의 명제를 받아들이도록 독자를 설득하려는 산문으로 된 짧은 글이다. 체계적인 완전한 설명을 표방하지 않는다는 것, 그리고 특수한 독자가 아니라 일반 독자를 상대로 하는 글이기에 논문이나 연구 보고서와는 구별된다. 결과적으로 에세이는 논법이 비전문적이고, 글로서의 매력을 더하기 위하여 일화나 인상적인 예증이나 유머 등을 자유롭게 사용한다.

공식적 에세이와 비공식적 에세이는 구별되어야 한다. 공식적 에세이는 비교적 비개성적이다. 작자는 권위자 또는 매우 박식한 사람의 입장에서 글을 쓰고, 질서 정연하게 주제를 설명한다. 생각이 깊은 독자를 대상으로 하는 잡지에 게재되는 시사적 화제나 문제를 다론 진지한 기사들에서 찾아볼 수 있다. 비공식적 에세이에서는 작자가 독자에게 스스럼없는 어조를 사용하고, 공공의 문제나 특수한 화제보다는 일상생활 주변의 일에 관심을 가지며, 느긋하고 자기 현시적이며, 때로는 기분 내키는 대로의 방식으로 글을 쓴다.

오이디푸스 콤플렉스와 초자아

프로이트가 맨 처음 아기에게도 성욕이 존재한다고 들고 나왔을 때 세상은 떠들썩했다. 아이가 때 하나 묻지 않아 가장 순수하고 소중한 존재라고 믿었던 사람들에게는 모독처럼 들렸을 법도 하다. 그러나 오늘날에 그의 유아 성욕에 대한 주장은 많은 부분 인정되고 있다. 오히려 말도 많고 탈도 많은 것은 그 유명한 오이디푸스 콤플렉스다.

프로이트는 사람들이 6~8세 때 일어난 일들을 잊어버린다는 점에 의문을 가졌다. 그 나이의 어린아이들은 분명 풍부한 지각력과 통찰력을 갖고 있었고 최면을 이용하면 어린 시절의 기억들이 되살아났기 때문에 이 망각에는 분명 다른 이유가 있을 것이라고 생각한 것이다.

왜 그 나이가 기억상실이 일어날까? 그가 이에 답하기 위해 전제한 것은 '유아도 성적 욕망을 느낀다'는 것이었다. 그는 엄마 젖을 빨고 접촉을 좋아하는 것 자체가 이미 성적 쾌락을 추구하는 것이라고 전제한다.

그는 이 성적 욕망이 젖을 찾고 먹는 것을 추구하는 구강기를 지나고 변을 가리는 항문기를 거쳐, 3~5세쯤에는 남근기에 이른다고 했다. 유아들은 이 시기에 손으로 문지르거나 발로 조이는 등의 방법을 통해 성기를 자극하는 법을 배우고 자위를 시작하기도 한다는 것이다. 특히 유아들이 남녀의 성적 차이를 발견하는 시기로 고추가 있느냐 없느냐, 또 왜 그런지를 매우 궁금해하고 중요시한다는 것이다. 이 시기에 아이는 '아버지처럼 자유롭게 어머니를 사랑하고 싶다'는 욕망이 생기고, 아버지를 제거하고 어머니의 사랑을 독차지하고 싶어 한다고 한다. 하지만 고추가 있는 남자아이들은 아버지로부터 고추를 거세당할까 봐 두려워하게 되고, 아버지를 제거하고 싶은 욕망을 '아버지와 같이 되고 싶다'는 선망으로 변화시켜 아버지와 자신을 동일시하려 한다고 설명하고 있다. 그 결과 아이는 점진적으로 성적 욕망을 숨기고 억압하게 되는데, 바로 이것이 프로이트가 말하는 유아 기억상실의 근거가 되는 것이다.

반면, 여자아이는 고추를 잃은 것이 어머니 때문이라고 생각해 어머니를 원망하게 되는데, 이것이 융이 이름 붙인 일렉트라 콤플렉스다. 참고로 프로이트는 둘을 따로 설명할 필요가 없다고 하여 모두 오이디푸스 콤플렉스로 설명했다.

이어 프로이트는 오이디푸스 콤플렉스를 극복하고서야 비로소 성인의 정상적인 성애로 발전해 나아간다고 말하면서, 일반적으로 신경증 환자는 이를 극복하는 데 실패한 사람이라고 주장했다. 또한 그는 이 콤플렉스가 인간에게 보편적으로 존재하는 생물학적인 것이라고 믿었다.

근래의 프로이트 후계자들은 오이디푸스 콤플렉스가 사회적 원인과 가족 내의 대인관계로부터 생긴다고 주장한다. 특히 에리히 프롬은 부친의 권위가 강하지 않은 사회에서는 이러한 콤플렉스는 나타나지 않는다고 말한다.

그는 근친상간적 갈등을 해소하려는 과정에서 도덕관념이라고 할 수 있는 초자아가 발달한다고 주장했다. 즉, 아이들은 근친상간적 갈등 속에서 부모의 도덕적 금기 사항 등을 자신의 것으로 받아들이고, 나아가 자신의 나쁜 생각이나 행동에 대해 스스로를 나무라기도 하는 죄의식을 발전시킨다는 것이다. 그는 이를 바탕으로 정신을 세 가지로 나누어 설명했다.

첫 번째, 본능에 해당하는 '이드'다. 이드는 동물적이고 원초적인 무의식이며, 이기적인 욕구이고 쾌락의 원칙에 지배를 받는다. 이 이드의 욕망이 주로 꿈에 나타난다고 한다.

두 번째, '자아'다. 사람들이 흔히 '나', '자기'라고 생각하는 정신의 부분이다. 자아는 비교적 논리적이며 이드를 만족시키기 위해 노력한다.

세 번째, 오이디푸스적 욕망의 억압이 만들어낸 '초자아'이다. 초자아는 누군가가 자신을 지켜보고 있다는 느낌 같은 죄의식이나 도덕관념이다. 이것은 끊임없이 자아에게 사회적으로 받아들여질 행동을 하도록 유도하고 금기를 범하지 않도록 통제한다. 한마디로 자아는 본능인 이드와 도덕관념인 초자아 사이에서 줄다리기를 하며, 균형을 잡으려고 노력하는 것이다. 그리고 이것이 곧 인성이나 인격의 기반이 된다고 한다.

칼 융은 프로이트의 오랜 지지자였지만, 끝내 결별했다. 그리고 분석심리학이라는 나름의 이론을 전개하면서 오늘날 많은 분야에 영향을 미치고 있다.

라캉은 학계로부터 점점 멀어져간 프로이트 심리학을 언어학과 접목시킴으로써 다시 논쟁의 중심으로 끌어들였다. 특히 그는 현대사상을 대표하는 주요 철학자 목록의 단골손님이기도 하다.

유미주의

유미주의 또는 '유미주의운동'은 19세기 말 유럽 대륙에서 일어났던 현상이다. 이 운동은, 순수한 미적 경험은 '미적 대상'의 실재나 실용성 및 교훈성 등 '외면적' 목표를 고려하지 않고 대상에 대해 '이해를 초월한' 성찰을 하는 것이라는, 칸트에 의해 제기된 독일 이론에 뿌리를 두고 있다. 이것은 '시 자체'이며 '오직 시를 위해 쓰인 시'라고 하는 에드거 앨런 포의 견해 영향도 받았다.

당시에 성행하던 실용적이고 사회적인 가치관을 가르치는 것을 내용으로 하지 않는 모든 예술에 대한 사회의 냉담이나 적의에 맞서, 프랑스 작가들은 예술은 자족적이며 그 자체의 존재를 넘어서는 아무것도 노리지 않는다는 이유로 해서, 인간이 하는 일 가운데 최상의 가치를 갖는다는 신조를 발전시켰다. 즉, 예술 작품은 단순히 그 형식상의 완벽성을 갖추어 존재하는 것, 또 그리하여 아름다워지는 것을 목적으로 한다는 것이다.

장르

프랑스 용어로, 문학 비평에서는 문학의 유형이나 종류를 말한다. 오늘날 흔히 부르는 식으로 말한다면, '문학의 형식'을 가리킨다. 문학 작품을 분류한 장르의 수도 많고, 그러한 분류를 하기 위해 사용된 판단 기준도 매우 다양하다. 그러나 플라톤과 아리스토텔레스의 시대 이후로 문학의 전 영역을 세 가지의 포괄적인 종류로 구분하는 경향이 오늘날까지도 계속되고 있다. 요컨대 서정시, 서사시, 그리고 희곡이다.

윤리학

'윤리학'이라는 말은 두 가지 의미로 쓰인다. 일반적으로 널리 쓰이는 의미의 윤리학은 개인이나 집단, 또는 법인체의 행동을 규제하는 원칙과 태도를 뜻한다. 이것의 목적은 그들이 어떻게 해야 하는지를 밝히는 데 있으며, 이는 곧 그들이 어떻게 해야 좋거나 옳은가를 밝힌다는 말이다.

철학의 한 분야로서의 윤리학은 선과 악, 옳음과 그름, 도덕적 의무와 책임 같은 개념들을 연구하고, 어떤 상황에서는 어떻게 해야 하는지를, 더 나아가 일반적으로 어떻게 살아야 하는지를 밝힐 때 쓰는 '실천적 추론'을 연구하는 학문이다.

윤리학의 중심 문제는 '어떻게 살아야 하는가?' 또는 '어떤 종류의 삶이 가장 좋은가?' 하는 것이지만, 한동안 좀 더 학문적인 철학에서는 윤리적 개념과 추론의 형식을 분석하는 것이 중심 무대를 독차지했다. 이런 종류의 철학을 하는 사람들은 가장 좋은 삶을 규정할 수 있는 어떤 특권도 거부했다. 이 점에서 그들은 과거의 철학자들이 자신의 책임으로 생각했던 것일 뿐만 아니라 우리 모두가 자신의 책임으로 생각해야 하는 것을 포기했고, 따라서 이중으로 그것은 오늘날의 철학적 윤리학을 그것의 모태로부터 분리시킨다.

이타주의

칼 로저스와 매슬로우로 대표되는 이 심리학은 당시 유행하던 행동주의와 정신분석학을 거부하고 등장했다는 점에서 제3의 심리학으로, 또 과학 논쟁을 거부하고 인간의 자아실현을 강조했다는 점에서 인본주의 심리학으로 불렸다. 로저스의 경우 수많은 임상 경험을 통해 카운슬링 등에 막대한 영향을 미쳤으며, 매슬로우의 욕구 5단계설은 동기부여 이론에 모범적 모델을 제시해주기도 했다.

이렇듯 다양한 논쟁과 시도가 팽배해 있었던 심리학이지만, 시간이 지남에 따라 자신들도 알게 모르게 하나의 공통된 무기를 추구하게 된다. 그것은 바로 인간이 가진 인지구조를 연구하는 인지심리학이다.

언어학 말고도 더 거리가 있어 보이는 학문에서도 인지심리학의 발전을 부추기고 있었다. 우선 전쟁 과정에서 발달한 인간의 수행에 관한 생각과 정보론이 그것인데, 이는 정보 처리 과정을 분석하는 것을 보여줌으로써 인간 사고 과정을 정보 처리 과정으로 재현해내는 데 도움을 주었다. 게다가 컴퓨터의 발전으로 그 정보 처리 과정은 더욱 현실적으로 눈앞에 펼쳐질 수 있었다. 컴퓨터의 정보 수행은 마치 두뇌의 정보 수행을 비유하고 있는 듯했으며, 그런 만큼 컴퓨터의 정보처리 개념들이 자연스럽게 인지심리학에 채용되곤 했다.

이렇듯 심리학 내외부에서의 다양한 연구 성과는 인간의 의식 과정과 인지 과정 등을 좀 더 객관적이고 과학적으로 탐구해낼 수 있게 도왔다. 그 결과 인간의 의식과 심리를 과학적으로 연구한다는 심리학의 취지와도 가장 잘 어울리는 인지심리학이 크게 각광받는 기반을 마련해주었다.

오늘날은 인지과학의 시대인 만큼, 20세기 후반부터 인간의 마음을 해명하는 일에 관심을 갖고 있던 철학·심리학·신경과학·언어학·인류학·인공지능 등이 적극적으로 인지과학 연구에 동참하고 있다. 이 인지과학의 성과들이 학문은 물론 산업 전반에까지 모두 응용, 발전되며 그 영향력이 방대해지고 있기 때문이다. 그래서 이를 인지과학혁명이라고 부르는 것이다.

행동주의

존 왓슨은 행동주의라는 새로운 심리학의 포문을 열었다. 반면, 기능주의자였던 손다이크는 '자극과 반응의 연결'이라는 공식을 만들고, 잠시 심리적 요소의 해석은 유보해두었다. 이에 왓슨은 여기서 심리적 요소를 아예 제거해버린다. 그는 심리 실험 해석 시 객관적으로 보이는 자극과 반응만으로 해석해야 한다고 주장했다.

이로써 그동안 구성심리학과 기능심리학에서 연구하던 의식의 문제는 완전히 사라지고, 자극과 그에 대한 반응으로 연결되는 행동만이 남았다. 의식을 연구하고자 시작된 심리학은 아이러니하게도 의식을 배제한, 생물학과 유사한 길로 접어들게 된 것이다.

어쨌든 행동주의의 이러한 방법은 물리학이나 다른 자연과학처럼 연구 대상의 관찰 및 측정이 가능해졌다는 점에서 가장 과학적으로 보였다. 또한 이런 명확한 방법은 학습과 관련해서는 뚜렷한 성과들을 많이 만들어냈다. 이런 이유로 행동주의는 미국 전역뿐만 아니라, 전 세계 학계의 많은 지지를 받으며 퍼져나갔다.

참고문헌

《통찰력을 길러주는 인문학 공부법》, 안상헌 저, 북포스

《청춘의 인문학》, 안상헌 저, 북포스

《행복한 논어 읽기》, 양병무 저, 21세기북스

《CEO 인문학》, 고승철 저, 책만드는집

《인문학 두드림 콘서트》, 유재원 저, 한국경제신문사

《희망 인문학에게 묻다》, 신동기 저, 엘도라도

《인문학으로 스펙하라》, 신동기 저, 티핑포인트

《인문학은 밥이다》, 김경집 저, 알에이치코리아

《인문학 지도》, 스티븐 트롬블리 저, 김영범 역, 지식갤러리

《공병호의 고전강독》 1·2·3·4, 공병호, 해냄

《고전혁명》, 이지성·황광우 공저, 생각정원

《경제학자의 인문학서재》, 김훈민·박정호 공저, 한빛비즈

《인문학 콘서트》, 김경동 외 공저, 이숲

《지금 시작하는 인문학》 1·2, 주현성 저, 더좋은책

《스무살, 인문학을 만나다》, 서울대학교 인문대학 저, 그린비

《정관정요》, 나채훈 저, 씽크뱅크

《사마천 사기》, 사마천 저, 노만수 역, 일빛

《논어 경영학》, 민경조 저, 청림출판

《일리아스》, 호메로스 저, 천병희 역, 숲

《역사》, 헤로도토스 저, 천병희 역, 숲

《노자의 도덕경》, 최태웅 저, 북팜

《맹자》, 맹자 저, 박경환 역, 홍익출판사

《장자 오강남 풀이》, 장자 저, 오강남 편, 현암사

《로빈슨 크루소》, 대니얼 디포 저, 윤혜준 역, 을유문화사

《천로역정》, 존 버니언 저, 김창 역, 서해문집

《돈키호테》, 미구엘 드 세르반테스 저, 민동선 역, 청목

《걸리버 여행기》, 조나단 스위프트 저, 송낙헌 역, 서울대학교출판문화원

《삼국지연의》, 나관중 저, 김구용 역, 솔

《군주론》, 마키아벨리 저, 강정인 외 공역, 까치글방

《자유론》, 존 스튜어트 밀 저, 서병훈 역, 책세상

《한비자》, 한비 저, 김원중 역, 글항아리

《택리지》, 이중환 저, 이익성 역, 을유문화사

《춘향전》, 송성욱 글, 백범영 그림, 민음사

《홍길동전》, 허균 저, 김탁환 역, 백범영 그림, 민음사

《셰익스피어의 4대 비극》, 윌리엄 셰익스피어 저, 김재남 역, 하서출판사

《철학 에세이》, 조성오 저, 동녘

《한 권으로 읽는 한국철학》, 황광욱 · 정성식 · 임선영 공저, 동녘

《철학 콘서트》 1 · 2 · 3, 황광우 글, 김동연 그림, 웅진지식하우스

《3분 고전》 1 · 2, 박재희 저, 작은씨앗

《철학하라》, 황광우 저, 생각정원

《개념어 사전》, 남경태 저, 휴머니스트

《인문학의 미래》, 월터 카우프만 저, 이은정 역, 동녘

《인문학 개념정원》, 서영채 저, 문학동네

《일상의 인문학》, 장석주 저, 민음사

《불온한 인문학》, 최진석 · 문화 · 정정훈 외 2명 공저, 휴머니스트

《CEO 스티브 잡스가 인문학자 스티브 잡스를 말하다》, 이남훈 저, 팬덤북스

《일생의 독서 계획》, 클립톤 파디먼 저, 김주영 역, 태학당

《성공하는 리더를 위한 중국고전 12편》, 모리야 히로시 저, 박연정 역, 예문

《고전의 향연》, 심경호 외 공저, 한겨레출판사

《인문 고전 강의》, 강유원 저, 라티오

삶을 풍요롭게 하는 인문학

초판 1쇄 인쇄 2014년 11월 5일
초판 1쇄 발행 2014년 11월 12일

지 은 이 | 선호상
펴 낸 이 | 임종관
펴 낸 곳 | 미래북
신고번호 | 제302-2003-000326호
본   사 | 서울특별시 용산구 효창동 5-421호
영 업 부 | 경기도 고양시 덕양구 화정동 965 한화오벨리스크 1901호
전   화 | 02-738-1227
팩   스 | 02-738-1228
이 메 일 | miraebook@hotmail.com
본   문 | 미토스
표   지 | 김윤남디자인

ⓒ 선호상

ISBN 978-89-92289-66-5 03100